再生産表式の展開と現代資本主義

再生産過程と生産的労働・不生産的労働

村上研一

唯学書房

はしがき

　本書は、経済活動、そして資本の活動領域が生産過程のみならず流通過程および消費過程へと拡張している現代資本主義経済を念頭に、再生産（表式）論的視角から現状分析を行う際の理論的基準を明らかにすることを意図したものである。

　筆者は 6 年前に上梓した『現代日本再生産構造分析』（日本経済評論社）で、再生産（表式）論的視角から現代日本経済の構造的特質とその変容について、主に産業連関表を利用して検討した。その際、『資本論』第 2 巻第 3 篇の論理段階にもとづく価値次元の諸概念で構成される再生産（表式）論と、理論的・論理的にはより多くの媒介環を経て考察されるべき現実経済の統計資料との関連について検討したが、現実経済の統計資料から抽象的な価値次元の諸概念を推計するには大きな困難を伴うことが明らかになった。したがって、再生産（表式）論的視角から産業連関表の数値を利用した現状分析を行うには、『資本論』第 3 巻や『資本論』後の論理段階で展開が予定されていた諸問題を再生産表式に具体化すること、すなわちこれら論理段階において再生産表式を展開することが不可欠であると考えられた。

　とりわけ今日の資本主義経済では、生産過程における産業資本のみならず、流通過程および消費過程における不生産的資本、さらには国家の経済活動が無視できない比重を占めるようになっているが、『資本論』第 2 巻第 3 篇の再生産表式ではこうした部門は具体化されていない。故に、再生産（表式）論的視角から現状分析を行うためには、生産的労働ないし価値形成労働と流通・消費過程における不生産的労働とを区分する基準を明らかにしたうえで、これら不生産的部門や国家事業が再生産過程において果たす機能について解明し、これら部門を再生産表式に具体化することが不可欠の課題となる。前著ではこうした課題はとりあえず留保し、生産的部門を中心に分析を行った。しかしながら今日の日本経済では、生産的部門の資本の活動は停滞し、資本の活動領域が流通・消費過程を含む不生産的領域や、かつては国家が担って

いた公共領域に広がりを見せており、本書では、こうした課題に正面から取り組むこととした。

　生産的労働ないし価値形成労働の範囲をめぐっては、多くの論者が参加した論争が続いてきた。本書では、論争の争点を踏まえつつ、再生産過程における役割・機能という視角から、価値措定労働としての生産的労働と、流通過程および消費過程における不生産的労働とを区分する基準を明らかにした。そして、不生産的部門である流通部門とサービス部門を再生産表式に具体化することによって、流通・消費過程にまで活動領域を広げている総資本と賃労働者の社会的再生産の態様を示す理論的基準を提示した。さらに、産業連関表等の統計資料を利用して、資本の活動領域が生産的部門から流通・消費過程へと拡大・浸透している実態について明らかにした。

　本書は、内容的には三つの篇から成る。各篇および各章の内容の概要を述べておこう。

　最初の篇（第1、2章）では、生産的労働と流通過程および消費過程における不生産的労働とを区分する理論的基準について考察した。

　第1章では、『資本論』とその準備草稿の検討を通して、生産的労働の範囲をめぐる労働において争点の1つになってきた「本源的規定」の内容と意義、また消費過程における不生産的労働である「消費労働」についての認識を明確にした。対象的形態の使用価値に結実する労働を生産的労働と捉えるマルクスの「本源的規定」は、古典派経済学から継承したものであるが、『資本論』形成史上の「資本一般」範疇の修正と関わらせて理解する必要があることが明らかになった。さらに、『経済学批判要綱』の歴史理論の考察から、「本源的規定」における生産的労働と不生産的労働との区分が、労働の疎外や生産の無政府性など、資本主義経済の根本的矛盾と関連していることも明瞭になった。

　続く第2章では、前章で明らかにした「本源的規定」および「消費労働」についての認識を踏まえて、生産的労働と流通過程および消費過程における不生産的労働とを区分する理論的基準を明確にした。使用価値同士の等値関係を通じた交換価値の抽出という価値論の論理においては、「量的規定性」を有して度量可能な使用価値が取引対象となることが価値法則成立の重要な

要件となる。そして、労働の成果ではなく労働自体が取引対象とされる場合には、購入された「対象化されていない労働」が生産、流通、消費のいかなる部面において充用されるかによって、生産的労働と流通過程および消費過程における不生産的労働とが区分し得ることが明らかになった。

次の篇（第3、4、5章）では、不生産的部門が再生産過程において果たす機能を明らかにしたうえで、不生産的部門である流通部門とサービス部門、さらには国家事業の再生産表式への具体化を試みた。

第3章では、商業資本に代表される、流通過程における不生産的部門が再生産過程で果たす機能を明らかにしたうえで、利潤率の定式化、さらに再生産表式への具体化をはかった。価値次元に立脚した『資本論』第2巻第3篇の再生産表式では産業資本自らが流通費用を負担しているものと捉えられるが、生産価格次元で検討された商業資本は、流通費用を集中的に担当することでその社会的節減を実現するという再生産上の機能を果たすことを根拠に商業利潤の分与を得る関係にある。こうした商業資本に代表される流通過程における不生産的部門を、価値次元と生産価格次元との論理段階の相違を踏まえつつ再生産表式に具体化した。

第4章では、消費過程に介在する消費労働、さらに消費労働を提供する賃労働者を雇用するサービス資本の再生産上の機能を明確にしたうえで、再生産表式に具体化した。消費費用としての消費労働は、価値次元の再生産表式では消費者自身が担うものと把握できる。ただしアダム・スミスやマルクスによる叙述からは、消費労働の一部は不生産的労働者によって代行され、収入から対価の支払いを受ける関係が明らかになる。こうした消費労働やサービス資本は、消費費用の集中的代行を通じ、消費費用自体とともに消費手段の社会的節減を実現するという再生産上の機能を根拠に利潤を得る関係にある。なお国家事業についても、収入からの支払いを受けるという再生産上の位置を想定でき、サービス部門とともに再生産表式に具体化した。

第5章では、再生産表式にサービス部門を導入する課題について検討した先行諸研究について考察した。サービス部門の価値形成性についての認識や、不生産的部門用の資本財の再生産上の位置づけなど、理論的前提の異なる諸研究の検討を通じて、不生産的部門の活動を含めた再生産表式を展開するた

めの理論的諸課題が鮮明になった。

　さいごの篇（第6章）では日本経済を対象に、付加価値および労働力構成について、生産的部門と、流通過程および消費過程での不生産的部門との間の量的関係を推計し、資本の活動の流通・消費過程への拡張と、それが資本蓄積の態様に及ぼす影響について考察した。今日の日本経済では、生産的部門における付加価値と雇用が停滞する中で、不生産的部門とりわけ消費過程に介在するサービス部門の比重が高まっている。そして、資本蓄積のあり方も、理論的にはⅠ部門主導の蓄積が想定できる生産的部門内部での生産拡張だけでなく、不生産的部門での雇用と投資をも起点とする蓄積の様相もみられることが明らかになった。

　2019年9月

著　者

凡 例

1．『資本論』からの引用は、以下に示すような略語で表し、資本論翻訳委員会訳『資本論』新日本出版社新書版（1982 ～ 1989 年）の分冊・頁数を付した。

Kapital.,——Karl Marx, *Das Kapital : Kritik der Politische Ökonomie* Buch Ⅰ ～ Ⅲ, Dietz Verlag Berlin, 1955-1956.；資本論翻訳委員会訳『資本論』第①～⑬分冊、新日本新書版　なお、*MEW* 版の頁も（　）に入れて付記した。

・注記では、Kapital.,Ⅱ,S.126（S.134）；『資本論⑤』、218-219 頁のように記す。

2．『資本論』の準備草稿からの引用は MEGA 版に拠り、以下のように、巻数と原著頁数とともに、邦訳の頁数も示す。

1）『経済学批判要綱』、『経済学批判』および『1861-63 年草稿』からの引用は、MEGA 版の巻数（Ⅱ/1 ～ 3）・原著頁数とともに、資本論翻訳委員会訳『資本論草稿集 1 ～ 8』大月書店、1981 ～ 94 年の頁数を併記した。注記では、MEGA.,Ⅱ/3.2,S.447；『草稿⑤』、180 頁のように記す。

2）草稿『直接的生産過程の諸結果』からの引用は、MEGA 版の巻数（Ⅱ/4）・原著頁数とともに、岡崎次郎訳『直接的生産過程の諸結果』国民文庫版、1970 年の頁数を併記した。注記では、MEGA.,Ⅱ/4,S.108；『諸結果』、110 頁のように記す。

3）『資本論』第 2 部第 1 草稿からの引用は、MEGA 版の巻数（Ⅱ/4）・原著頁数とともに、中峯照悦・大谷禎之介他訳『資本の流通過程』大月書店、1982 年の頁数を併記した。注記では、MEGA.,Ⅱ/4,S.225-226；『Ⅱ-1 稿』、

viii

109 頁のように記す。

3．アダム・スミス、マルサス、リカードの下の著作（およびその訳書）は、
以下に示すような略語であらわした。

1) *Wealth.,*──Adam Smith, *An Inquiry into the Nature and Causes of the Wealth on Nations*, Edited by E. Cannan, The Modern Library, New York, 1937.；大河内一男監訳『国富論Ⅰ〜Ⅲ』中公文庫版
・注記では、*Wealth.,*Vol.Ⅰ,p.313；『国富論Ⅰ』、515-516 頁のように記す。

2) *Principle.,*── T.R. Malthus, *Principles of political economy : considered with a view to their practical application.* Verlag Wirtschaft und Finanzen, Düsseldorf, 1989.；小林時三郎訳『経済学原理（上）（下）』岩波文庫版
・注記では、*Principle.,*p.27-28；マルサス『経済学原理（上）』、47-48 頁のように記す。

3) *Definitions.,*──T.R. Malthus, *Definitions in political economy.* New York : A. M. Kelley , 1971.；玉野井芳郎訳『経済学における諸定義』岩波文庫版
・注記では、*Definitions.,*p.27-28；『経済学における諸定義』、57 頁のように記す。

4) *Note.,*──David Ricardo, *Note on Malthus's Principles of Political Economy.* Edited by Pierro Sraffa with the collaboration of M. H. Dobb : The Works and Correspondence of Ricardo,Vol.Ⅱ.Cambridge, 1951.　上記の小林時三郎訳『経済学原理（上）（下）』岩波文庫版
・注記では、*Note.,*p.14-15；マルサス『経済学原理（上）』、51 頁のように記す。

ix

目　　次

はしがき　*iii*

凡例　*vii*

第 1 章　生産的労働の「本源的規定」と「消費労働」概念　*1*

はじめに　*1*

第 1 節　生産的労働の「本源的規定」の成立　*2*

1　「本源的規定」と「資本主義的形態規定」　*2*

2　「資本一般」の修正と「不生産的賃労働」　*3*

3　『1861-63 年草稿』後半部分における「本源的規定」　*5*

4　『Ⅱ-1 稿』および『資本論』に見られる「本源的規定」　*8*

第 2 節　不生産的活動としての「消費費用」、「消費労働」　*10*

1　『要綱』序説における「消費」認識　*11*

2　『要綱』における「人身的用役給付」と「消費費用」　*13*

3　『1861-63 年草稿』ノート 8 における「消費費用」、「消費労働」　*14*

4　『1861-63 年草稿』ノート 15 および 23 における
「消費費用」、「消費労働」　*15*

5　『諸結果』および『Ⅱ-1 稿』における「消費過程」、「消費労働」　*18*

第 3 節　古典派経済学による生産的労働論の意義とその継承　*19*

1　アダム・スミス　*19*

2　マルサスとリカード　*21*

3　マルクスによる継承　*24*

第 4 節　マルクス歴史理論と「人身的用役給付」、「消費労働」　*26*

1　資本主義以前
——Gemeinwesen における経済活動と「人身的用役給付」　*26*

2 「疎外された労働」と Gemeinwesen の解体　　*30*

おわりに　*36*

第2章　生産的労働・価値形成労働の範囲について　　*41*

はじめに　*41*

第1節　『資本論』における生産的労働論の意図　*42*

1 「本源的規定」とその拡大　*42*

2 「資本主義的形態規定」と生産的労働論の意義　*43*

3 「非物質的生産」における労働の性格　*44*

第2節　生産物および価値形成労働の要件としての「量的規定性」　*46*

1 問題の所在　*47*

2 生産物の要件としての使用価値の「量的規定性」
——『資本論』第1巻第1章より　*50*

3 流通過程における生産的労働の規定と「量的規定性」
——形成史的観点を踏まえた検討　*55*

4 小括　*64*

第3節　生産的労働と、流通過程および消費過程における不生産的労働　*65*

1 「本源的規定」による生産的労働と消費労働との区分　*65*

2 個人的消費過程における「対象化されていない労働」　*67*

3 消費過程における不生産的労働と価値法則　*71*

4 生産的消費過程で充用される「対象化されていない労働」　*74*

5 生産的労働の「本源的規定」と流通部面における労働　*76*

おわりに——生産的労働、流通労働、消費労働の区分　*80*

第3章　流通費・商業資本と平均利潤率、再生産　　*87*

はじめに　*87*

第1節　再生産表式への商業部門導入の示唆　*88*

目次　　*xi*

第2節　再生産過程と不生産的資本　*90*

1　資本と交換される不生産的部門の再生産過程における位置　*90*

2　収入部分との交換としてのサービス資本の位置　*92*

第3節　流通費の性格と再生産過程における位置　*93*

1　流通費を含む利潤率の定式化をめぐる論争　*93*

2　流通費の性格と利潤率の定式への導入　*96*

3　流通費を導入した場合の利潤率の定式化　*101*

第4節　商業部門を組み込んだ単純再生産表式　*104*

1　単純再生産表式への流通費の導入　*105*

2　貨幣材料生産部門と流通資材生産部門の具体化　*106*

3　流通費の節減　*107*

4　商業資本・商業部門の具体化　*109*

おわりに　*112*

第4章　消費過程に介在するサービス資本および国家事業と再生産　*117*

はじめに　*117*

第1節　資本の活動の消費過程への浸透　*118*

1　「対象化されていない労働」としての消費労働　*118*

2　消費労働の提供と収入による補塡　*121*

3　消費労働へのサービス資本の介在と利潤の獲得　*125*

4　サービス部門用資材・設備の価値補塡とサービス資本の利潤　*127*

第2節　消費労働およびサービス資本の再生産上の位置について　*130*

1　第2巻第3篇次元における消費過程と「消費費用」の具体化　*130*

2　消費労働ないしサービスの提供と収入の分与　*132*

3　消費過程に介在するサービス資本の具体化　*135*

第3節　流通過程、消費過程に拡張させた再生産表式　*138*

１　流通過程を含む、生産価格次元での再生産表式　　*139*

２　サービス部門の構成と具体化　　*141*

３　サービス部門用資本財生産部門の具体化　　*143*

４　表式における物的補塡関係　　*146*

第４節　生産過程・流通過程・消費過程の総体における貨幣還流　*146*

１　Ⅰ部門からの貨幣の流れ　　*147*

２　Ⅱa部門からの貨幣の流れ　　*149*

３　不生産的部門からの貨幣の流れ　　*151*

第５節　再生産過程と国家事業　*152*

１　国家事業および公共物の再生産上の位置づけ　　*152*

２　公的サービスおよび公共財の再生産表式への導入　　*155*

おわりに　*158*

第５章　不生産的部門を含む再生産表式に関する諸説の検討　*163*

はじめに　*163*

第１節　サービス部門を不生産的部門として位置づける諸見解　*163*

１　不生産的部門用資本財生産部門をⅠ部門に含める見解　　*164*

２　不生産的部門用資本財生産部門をⅡ部門に含める見解　　*166*

３　不生産的部門用資本財生産部門をⅠ部門にもⅡ部門にも含めない見解　　*175*

４　不生産的部門用資本財生産部門の位置づけについて　　*176*

第２節　サービス部門を生産的部門として位置づける諸見解　*177*

１　サービス労働価値生産説に立脚する諸研究　　*178*

２　価値形成的な空費を表式に位置づける見解
　　──佐藤拓也氏の見解　　*184*

３　価値次元と価格次元との相違を踏まえる見解
　　──藤島洋一氏の見解　　*185*

目次　*xiii*

第3節　不生産的部門の再生産表式における位置づけ　*190*

　　1　不生産的部門の再生産上の位置づけをめぐって　*190*

　　2　不生産的部門用資本財生産部門の位置づけをめぐって　*191*

　　3　生産価格次元での表式の展開に関して　*192*

第6章　現代日本における不生産的部門の拡張と蓄積様式の変容　*197*

はじめに　*197*

第1節　生産的部門と不生産的部門の区分　*198*

　　1　先行研究の検討　*198*

　　2　生産的部門と流通・消費過程における不生産的部門との区分　*202*

第2節　付加価値構成とその変容　*209*

　　1　付加価値構成の長期推移　*210*

　　2　高度成長期から1980年代における付加価値額の増大　*213*

　　3　付加価値総額の減退と生産的部門および不生産的部門　*219*

第3節　労働力構成とその動向　*225*

　　1　概観　*225*

　　2　産業別の検討（1）――1985～2000年　*229*

　　3　産業別の検討（2）――2000～11年　*234*

第4節　不生産的部門の拡大と蓄積の態様　*240*

　　1　バブル景気と1990年代不況の性格　*242*

　　2　1990年代後半以降の蓄積の態様　*244*

補節　不生産的部門の拡大と資本蓄積に関する欧米マルクス派の諸研究について　*247*

　　1　オルセンの所説　*247*

　　2　パイタリディスとツォウルフィディスの所説　*251*

　　3　ロッタの所説　*252*

おわりに　*256*

あとがき　　263
事項索引　　267
人名索引　　273

第1章

生産的労働の「本源的規定」と
「消費労働」概念

はじめに

　価値形成労働の範囲をマルクス経済学的にいかに規定するかについては、活発な議論[1]が展開されてきた。本章では、従来の論争であまり注目されてこなかった叙述も含め、この問題を解く上で鍵となるマルクスの記述およびそこで提示された概念を検討することを通して、生産的労働ないし価値形成労働の範囲を画する規定を行う上での留意点を明らかにすることを課題とする。以下、第1節では、論争の一つの焦点となってきた生産的労働の「本源的規定」について、『資本論』形成史を踏まえて、その成立事情について考察する。第2節では、『経済学批判要綱』（以下、『要綱』と略記する）および『1861-63年草稿』を中心に「消費過程」における「消費費用」としての労働に関する記述を検討し、多くの不生産的労働について「消費過程」において機能する「消費労働」として認識されていたことを明らかにする。第3節では、消費過程における不生産的部門に関するマルクスの認識について、古典派経済学からの継承の面から考察する。さらに第4節では、『要綱』の歴史理論の観点から、価値措定労働との対比を通して、消費過程における不生産的労働の理論的性格を明らかにする。これらマルクスの認識を踏まえて生産的労働ないし価値形成労働の範囲を画する規定を明確にするという課題は次章で考察するが、こうした規定を行う際の基本的方向性を明らかにすることで本章のむすびとしたい。

第1節　生産的労働の「本源的規定」の成立

　論争においては、生産的労働ないし価値形成労働についてのマルクスによる2様の記述の解釈が争点の一つとなってきた。まずは、近年の論争における一つの基点となってきた金子ハルオ氏による生産的労働ないし価値形成労働に関わる規定を明らかにしておきたい。

1　「本源的規定」と「資本主義的形態規定」

　『資本論』第1巻第1章冒頭には「流動状態にある人間的労働力、すなわち人間的労働は、価値を形成するけれども、価値ではない。それは、凝固状態において、対象的形態において、価値になる」[2]との記述がある。これを受けて金子ハルオ氏は、「マルクスは、『資本論』第1巻第1章において、……物質的財貨である商品に対象化した（または凝固した、結晶した）労働を価値と規定し、価値は必らず物質的財貨＝使用価値をその質量的担い手としているものと把握した」と捉え、「物質的財貨である商品を生産する労働」[3]を「本源的規定」における生産的労働と規定している*。

　他方、『1861-63年草稿』ノート7では、生産的労働と不生産的労働に関するアダム・スミスの見解が検討される中で、「生産的労働と不生産的労働とのあいだのこの区別は、それ自体としては、労働のそれぞれの特殊性とも、またこの特殊性が物体化されているそれぞれの使用価値とも、なんの関係もない。一方の場合には、労働が資本と交換され、他方の場合には、収入と交換されるのである」[4]として、収入と交換されるのでなく資本と交換される労働こそが生産的労働であるという規定が示されており、金子氏はこの規定を「生産的労働の特殊的・資本主義的形態規定（いわゆる歴史的規定）」[5]（以下、「資本主義的形態規定」と略記する）と呼んでいる。

　論争については、これら2つの規定の適用をめぐって、サービス労働価値不生産説とサービス労働価値生産説とに大別できる**。金子氏を含む前者の立場では、「本源的規定」と「資本主義的形態規定」を同時に満たす労働を生産的労働と位置づける。これに対して後者の立場では、基本的に「資本

主義的形態規定」のみに基づいて生産的労働を理解するか、あるいは「生産的労働規定を価値論の前提とみなすことは誤りであ」[6]るとしてこれらの規定、とくに「本源的規定」によって価値形成労働の範囲を画する論理を否定する場合が多い。従って、対象的生産物を生産しない賃労働者が資本に雇用された場合の価値形成性の如何について、あるいは「本源的規定」が価値形成労働の基準たりうるか、すなわち価値形成労働が物質的生産物を形成する労働に限られるか否かが争点となってきた***。

* 　後に検討するように、「本源的規定」については、「物質的財貨」を生産する労働に限定して考えるべきではない。なお、「本源的規定」の内容に関しては諸氏の間で見解の相違も見られるが、本書では資本家に雇用された賃労働者が価値を形成する場合と賃労働者であっても価値を形成しない場合とを分かつ基準としてこの用語を用いる。なお、金子氏の旧稿における「本源的規定」についての記述[7]では、『資本論』第1巻第5章第1節「労働過程」の内容を受けて規定されていた。

** 　この他に、人間を労働対象とする労働をサービス労働と規定し、このようなサービス労働が労働対象としての労働力商品に対象化することをもって価値形成性を有することを主張する「サービス労働・労働力価値生産説」[8]も見られるが、こうした見解に関しては第2節での行論中に言及する。

*** 　「サービス労働価値不生産説」と「サービス労働価値生産説」との論争では、1970年代以降、「本源的規定」として金子氏の旧稿などが拠った『資本論』第1巻第5章および第14章の生産的労働論を論拠とするのではなく、『資本論』第1巻第1章における商品論に示された価値論を問題とする論稿が多い。金子氏も、注3で引用した新稿では、商品論での叙述に立脚して「本源的規定」を説明している。

2 「資本一般」の修正と「不生産的賃労働」

　それでは、そもそも生産的労働についての「資本主義的形態規定」と「本源的規定」という一見相矛盾する2つの規定がマルクスによって提示されているのはなぜであろうか。この点について渡辺雅男氏は、旧東ドイツのリーツの研究も参照しながら、『要綱』および『1861-63年草稿』*における「本

源的規定の未成立、また、それと歴史的形態規定との弁証法の未展開という方法的限界」という生産的労働論の成立に関わっての結論を導いている。すなわち、『1861−63年草稿』ノート7においてスミスの諸説を検討した時点で「本源的規定」は未成立であったのに対して、『資本論』において、Ⅰ部門およびⅡ部門との範疇に分けられた資本や有機的構成の異なる資本、銀行資本や地代などと並んで商業資本をも「特殊的」諸資本として考察対象に加えられたために、「不生産的資本のもとでの不生産的賃労働者（商業的賃労働者）への言及が初めて可能となった」[9]という事情に関連する。すなわち『資本論』での分析対象としての「資本一般」が、当初は一つの産業資本を対象とするものであったが、後に商業資本など不生産的資本も含む内容へと修正されたため、生産的労働と不生産的労働とを区分する「本源的規定」が考察される必要が生じるようになったのである**。

　「資本一般」の変更以前に書かれた『要綱』では、「流通費用〔Circulationskosten〕そのものは、……生産物の価値になにものも付加しない」[10]こと、さらに「商業〔Kaufmannsgeschäft〕は、……たんに資本の生産上の空費を表わすにすぎ」ず「この空費〔faux frais〕を減少させるかぎりでは、生産に寄与するが、これは、それらが価値をつくりだすことによってではなく、つくりだされた価値の否定を減少させることによってである」[11]ことが述べられている。すなわち、諸資本の流通費用を代行・集中することでその節減を実現することを根拠に剰余価値の分与を受ける、という『資本論』第3巻第4篇で明らかにされた商業資本の性格と同様の見解が示されている***。他方、このような流通費用ないし流通活動に関して『要綱』では、「……この遊休〔資本が流通過程にあり価値増殖過程に入らないこと─引用者〕がその特殊的生産部門の諸条件から必然的に生じるものであり、したがって資本一般〔überhaupt〕に関して、価値増殖を妨げるものとして、価値増殖一般の必然的な制限として現われる」との記述に続き、「生産過程を資本一般〔überhaupt〕によって行われるものと考えるなら、この遊休は資本の価値増殖の一般的な制限である」[12]との認識が示されている。故に、この段階の「資本一般」とは、価値増殖過程たる生産過程とともに価値増殖を妨げる流通過程をも自ら担当する一つの資本であると捉えられていたことが分かる。

先に述べたように、このような「資本一般」範疇は、次に検討する『1861-63年草稿』ノート15・17・18中の「商業資本。貨幣取引業に従事する資本」との表題を付された部分では修正され、価値不生産的過程である流通過程を専ら担当する商業資本、さらには商業資本に雇用された「不生産的賃労働」としての商業労働が考察の対象とされる。『要綱』段階の「資本一般」が自ら行うとされた流通過程は、分業によって自立化した「特殊的」資本たる「商業資本」および「貨幣取引業に従事する資本」が専ら担うものとして検討される。

* 　渡辺雅男氏の場合には『1861-63年草稿』を『剰余価値学説史』として引用しているが、本書では『1861-63年草稿』との表記に統一した。

** 　このような「資本一般」の変更について、渡辺雅男氏は「『資本論』では、方法論としての「資本一般」が放棄されたため、剰余価値の生産と分配との区別が可能とな」[13]ったと主張しているのに対して、谷野勝明氏は「『61-3年草稿』の段階で、「資本一般」＝「一つの資本」の分析、「競争」＝「多数の諸資本」の分析というやや形式的な区分が修正されて、両者の境界領域にあるとみられる「特殊的諸資本」論が「資本一般」論の一環として把握されるようになっている」のであり、「「資本一般」論が「特殊的諸資本」論を含むものとして拡充され」[14]たとの見解を示している。なお、後に検討するように、マルクスは『1861-63年草稿』ノート15・17・18で「商業資本。貨幣取引業に従事する資本」と表題の付された部分において商業労働について検討を行っており、「資本一般」の修正は遅くとも『1861-63年草稿』ノート15においてであると考えられる[15]。

*** 　このように流通費用を節減する商業資本の自立化とその根拠について既に『要綱』段階で認識されていたとする点については、柴田信也氏によって指摘されている[16]。

3 『1861-63年草稿』後半部分における「本源的規定」

このように「不生産的賃労働」の検討の端緒となった流通費用論および商業資本論に関して、『1861-63年草稿』のノート15以降、『資本論』第2部第一草稿（邦訳『資本の流通過程』大月書店、1983年、以下『Ⅱ-1稿』と略記

する）および現行『資本論』での記述から、生産的労働の「本源的規定」についてのマルクス自身の認識を跡付けることとする。何となれば、『1861-63年草稿』の執筆途中において「資本一般」は拡張され、そこには「特殊的諸資本」として流通過程ないし流通労働を担う商業資本も含まれているため、不生産的賃労働、すなわち資本・賃労働関係をとるが価値不生産的な労働が研究対象とされるに至った。そこで、『1861-63年草稿』ノート7でアダム・スミスの生産的労働論を検討した際のように「資本主義的形態規定」のみで、すなわち資本・賃労働関係にあるか否かという基準のみから労働の生産的性格を評価できなくなったため、この規定とは別の規定、すなわち「本源的規定」が考慮されなければならなくなった。故に、「商業資本。貨幣取引業に従事する資本」[17]について最初に検討されている『1861-63年草稿』のノート15以降において、価値生産的労働についての「本源的規定」を明確に示した論述が見られる、と考えられるからである。

（1）商業と交換価値──価値法則における質的一致と量的一致の成立

『1861-63年草稿』ノート15では、「資本の最初の形態であ」る商業資本は、「もっぱら流通（交換）から生じ、そのなかで自分を維持し再生産し増殖する価値である。したがって、交換価値こそがこの運動の唯一の目的なのである」と捉えられた上で、商業資本が目的とする交換価値に「価値の概念が含まれているのは、……質から見れば一様に社会的労働の表現であるというかぎりのことであ」り「諸生産物が交換される量的な割合〔quantative Verhältniß〕は、はじめはまったく偶然的である」[18]と記述され、資本主義的生産の確立以前の商業が目的とする交換価値については、量的同一性に基づく等価交換は行われておらず、投下労働量に基づく価値規定としての価値法則が未成立であったと考えられている。これに対して価値法則が貫徹する場合については、「生産全体が交換価値に基づく」こと、すなわち資本主義的生産の全面化によって、「商品の価値は、質的にだけではなく量的にも同一のものとして規制される」[19]ことになる。

このように、価値法則の成立という観点から価値形成労働は流通過程の労働ではなく生産過程の労働であることが明らかにされているが、資本主義的

生産の一般化により交換価値についての量的同一性が実現していることがその前提とされている。このような交換価値についての量的同一性を価値法則成立の条件と捉える認識は、次章で、価値が対象化し得る生産物の要件について検討する際に再び参照される。

（２）流通過程の内部で生産過程の継続として現われる労働の「本源的規定」

　それでは、生産過程と流通過程との相違、すなわち価値生産的な生産的労働を価値不生産的な諸労働から分かつ基準としての「本源的規定」について、マルクスはいかに認識していたのであろうか。この点については、生産過程と流通過程との境界に近い「流通過程の内部での、かつ流通過程のための、生産過程の継続として現われる」[20]生産的労働について検討されているノート15の後半部分で考察されている。運輸・小分け・保管労働のそれぞれについて生産的性格が示された後に、「運輸、度量衡による区分、諸商品の倉庫貯蔵への、このようなすべての投資に共通であるのは、……諸商品の使用価値に直接に変化を与え影響を及ぼして〔*Gebrauchswerth der Waaren direkt ändern und officiren*〕それに別な形態を与える諸過程のなかで充用される、ということである。まさしくこれらの過程が商品の使用価値にたいしてもつ使用価値としての直接の関係こそが、これらの過程を直接的生産過程にするのであり、また、これらの過程で使用される資本を、一般的分業による直接的生産の特殊な諸部面で使用される生産的資本にするのである」〔下線―引用者〕[21]との叙述が見られる。このように、それらの労働が生産的労働である根拠、つまり流通過程における不生産的賃労働とこれら生産的賃労働とを分かつ基準としての「本源的規定」が明確に規定されている。他方、ノート15では、不生産的資本である「商業資本は、使用価値そのものとはなんの関係もなく、ただこの使用価値の交換とだけ関係がある」[22]と述べられている。

　このように「諸商品の使用価値に直接に変化を与え影響を及ぼしてそれに別な形態を与える諸過程のなかで充用される」ことが生産的労働の「本源的規定」として認識され得る。これは先に引用した『資本論』第1巻第1章での価値形成労働の規定、すなわち「人間的労働は、……凝固状態において、

対象的形態において、価値になる」[23] との規定とは直接的には合致しない*。ただし、次項で検討するように『資本論』第2巻第6章でも『1861-63年草稿』ノート15と同様の規定が見られることから、「本源的規定」を「凝固状態」すなわち物質的財貨に結果する場合に限定する見解は、マルクスの「本源的規定」理解としてはやや狭い解釈であると思われる**。

* 次章では、取引対象となり得る使用価値の性格、さらに「対象的形態」の内容について検討することによって、両者の規定の統一的把握が可能になることが明らかになる。

** 前述のように金子ハルオ氏は、「本源的な生産的労働は、どのような社会でも、人間の主体的な合目的的な活動による物質的財貨の生産が、すべての社会の存在と発展の基礎であることを表示するものにほかならない」[24] として、「本源的規定」を「物質的財貨の生産」に求めている。『1861-63年草稿』の後半部分が公刊されていなかったという資料的制約に拠るところが大きいと思われるが、このような「本源的規定」の理解によって、運輸や保管労働などの生産的性格を例外規定として展開せざるを得ず、運輸労働の価値生産性からサービス労働の価値生産性が導かれる見解[25] につながったことも否めない。さらに、運輸・保管・小分け労働に関して『1861-63年草稿』を詳しく検討した但馬末雄氏も、「本源的規定」を「労働対象としての商品に物質化される」ことと捉え、ノート15で認識された「本源的規定」は「価値論の例外規定としての「見做し労働物質化論」とでもいいうる観点」[26] であると指摘している。なお、「本源的規定」を「物質的財貨の生産」に限定すべきか否かについては、次章で詳しく検討する。

4 『Ⅱ-1稿』および『資本論』に見られる「本源的規定」

『Ⅱ-1稿』の第1章第4節「流通費」では、流通部面における保管費の生産的性格について検討する中で「これら〔商品の保管、保存、破壊的な影響の防止―引用者〕の過程は、いうなれば追加的な生産過程である。――それらは、商品の使用価値に関係しており、たんに商品の交換価値を実現するための過程ではない」との記述が見られる。また、運輸費の生産的性格について述べられる中で「そこ〔運輸―引用者〕で用いられた労働は<u>使用価値の一種の変</u>

第1章　生産的労働の「本源的規定」と「消費労働」概念　*9*

<u>化</u>〔einer *Veränderung des Gebrauchswerth*〕となって現われる」〔下線―引用者〕[27]
と述べられている。さらに、『資本論』第2巻第6章「流通費」第2節「保
管費」の中で、「諸商品の価値がここで保存または増殖されるのは、使用価
値が、生産物そのものが、資本投下を要する一定の対象的諸条件のもとに置
かれ、使用価値に追加労働を作用させる諸操作にかけられるからにほかなら
ない」[28]との記述が見られる。このように、「使用価値が……対象的諸条件
のもとに置かれ、使用価値に追加労働を作用される諸操作にかけられる」場
合には生産的労働となり、「労働の内容は価値も創造しない……生産の"空
費"〔faux frais〕に属する」[29]「純粋な流通費〔Reine Zirkulationskosten〕」[30]に
含まれる諸労働と区分されている。

　これらの叙述より、『1861–63年草稿』ノート15で「不生産的賃労働」に
ついてはじめて検討を進める中で明らかにされた、「使用価値に直接に変化
を与え影響を及ぼしてそれに別な形態を与える諸過程のなかで充用される」
か否かという生産的労働についての「本源的規定」は、『II–1稿』を経て現
行『資本論』第2巻でも貫かれているものと考えられる。

　本節での検討から、『資本論』形成過程において、「本源的規定」が明確化
された意義が明らかになった。『要綱』段階においては、流通過程自体は価
値増殖を妨げる過程と認識されていたものの、流通過程をも自ら担当する一
つの産業資本が「資本一般」として想定されており、資本が販売・購買する
取引対象は、流通費用を価値量として含んだ生産物が想定される。これに対
して『1861–63年草稿』ノート15以降においては、流通過程のみを担う「特
殊的諸資本」も「資本一般」の研究対象に含まれるようになり、商業や運輸、
保管などの流通部面における諸活動が自立化・独立した資本が考察されるよ
うになった。そして、これら流通部面の諸活動のみを担当する資本の供給す
る「有用効果〔Nutzeffekt〕」[31]――具体的には売買の一致や輸送距離・重量、
保管容積・時間など――も、資本の販売・購買する取引対象として検討され
ることが不可欠になった*。ところで、現行『資本論』第2巻第6章で整理
されているように、流通部面の諸活動の中には、生産過程の延長としての生
産的活動が混在していることから、流通部面の諸労働について、生産物たり

10

うる有用効果および価値を形成する生産的労働と、生産物の要件を満たさない有用効果の提供にとどまり価値を形成しない不生産的労働とに区別する基準が必要になった。こうして「使用価値に直接に変化を与え影響を及ぼしてそれに別な形態を与える諸過程のなかで充用される」という生産的労働についての「本源的規定」が明確に意識され、この規定を基準として流通部面における生産的労働と不生産的労働とが峻別されるようになったものと考えられる。

 * 物質的財貨を生産しない労働については、その労働がもたらす有用効果が消費者に享受されるのか、あるいは労働そのものがサービスとして消費者に享受されるのかについて論争がある[32]。この問題をめぐって筆者は基本的に前者の立場を支持する。例えば医療において患者は治療行為そのものではなく治療のもたらした効果としての治癒ないし健康を享受すると考えられる。しかも、次節で検討する『要綱』で「人身的用役給付」とされた不生産的労働の中にも、「使用価値を与える」労働が含まれることが認識されていた。もっとも、だからといってすべての有用効果を生産物と捉えるサービス労働価値生産説に同意するものではない。後に若干の指摘を行うが、価値を形成しない労働のもたらす有用効果は客観的に度量が困難で、それは消費者にとって享受対象とはされるものの売買取引の対象となりえないという事情に留意されるべきであると考える。なお、これらの点については次章で詳しく検討する。

第2節 不生産的活動としての「消費費用」、「消費労働」

 前節では『要綱』、『1861-63年草稿』ノート15および『Ⅱ-1稿』の叙述から、生産的労働の「本源的規定」の検出をはかったが、これら草稿では、生産部面と流通部面との対比のみならず、消費部面における「消費費用」としての労働、「消費労働」について、生産部面での生産的労働と対比しつつ論じられている。本節では、このような消費部面における「消費費用」としての労働に関するマルクスの叙述を、執筆順に検討する*。

 * 渡辺雅男氏は、『剰余価値学説史』における2つの記述より、「不生産的消費がそのための労働をとくに必要とするとき」[33]の労働を「消費労働」と捉え、

「まず機能的観点から消費労働という範疇を設定し、ついで現物貸付資本の観点から、消費手段の現物貸付と、そのための追加的労働支出とをもって「いわゆるサービス」産業の性格を規定」[34] する方法を示した。これを受けて、金子ハルオ氏は、「有用的な働きによって消費者の欲望を満たす労働〔いわゆるサービス労働—引用者〕は、社会的には消費過程に属し、そこで機能する労働（消費労働）である」[35] との見解を示し、大吹勝男氏も「サービス労働とは、収入としての貨幣と直接に交換されて、消費部面において機能する生きた有用労働一般を包含する概念である」[36] と主張している。これに対して斎藤重雄氏は金子氏の見解を「得たいの知れない"消費労働過程"」[37] と批判し、但馬末雄氏も「そもそも消費労働なる概念自体が成立しないと思われる」[38] と主張している。これら論争の当否をめぐっては、「消費費用」・「消費労働」についてのマルクスの認識を明らかにすることが不可欠である。行論中で検討するように、渡辺氏の引用した『剰余価値学説史』に収録された2つの記述部分は、『1861-63年草稿』ノート8およびノート23にそれぞれ該当する部分であり、前節で明らかにした「資本一般」の修正の前後にそれぞれ位置している。したがって、マルクスによる不生産的労働としての「消費労働」認識については、執筆順序の相違に留意しつつ明確化しなければならないものと考える。

1 『要綱』序説における「消費」認識

マルクスは、『要綱』序説の冒頭「Ⅰ. 生産、消費、分配、交換（流通）」において、経済活動を構成するこれら4部面について、基本的性格と相互の関係を考察している。その中で、生産、分配および交換——その総体が流通とされる——と対比しつつ「消費では、生産物はこの社会的運動の外に出て、直接に個々の欲求の対象となり、それの奉仕者となって、そして享受においてこの欲求を満足させる」との基本的性格が示され、続いて「消費という終結行為は、本来は経済学の外にある」との記述も見られる。さらに、生産と消費との相互関係を検討している中で「生産手段の消費」である「生産的消費」とは区別される「本来の消費」について、「だがこのこと〔食物の摂取によって、人間が彼自身の身体を生産すること—引用者〕は、なんらかの仕方で

それぞれの側面から人間を生産する他のすべての種類の消費〔andren Art der Consumption〕についてもあてはまる。消費的生産〔Consumptive Production〕。しかしながら、消費と同一のこの生産〔Consumption identische Production〕は、第一の生産物の破壊から生じる第二の生産であると、経済学はいう。第一の生産では生産物が物象化されるが、第二の生産では生産者によってつくられた物象が人格化される。したがってこの消費的生産は——それは生産と消費との直接的統一であるとはいえ——本来の生産とは本質的に異なっている」〔下線—引用者〕(39) と述べている。下線を付した「すべての種類の消費」、「消費的生産」、「消費と同一のこの生産」および「第二の生産」は、すべて「本来の消費」を意味し、それは「人間を生産する」ことであって「本来の生産と本質的に異なっている」ものと理解されている*。すなわちここでマルクスは、「諸欲求に照応する諸対象をつくりだす」(40) 生産と「人間を生産する」消費とは「本質的に異なって」おり、しかも後者を「社会的運動の外」および「経済学の外」にあるものとして、生産のみならず分配・交換（流通）とも次元を異にするものと捉えているのである**。

* この点に関して、「人間というものは、その働きによって作られた機械におとらず労働の生産物である」(41) と捉え、対象的生産物に結実しない労働も含めて生産的労働に含めるマカロックの見解に対して、マルサスが「物的対象物を非物的対象物と混同し、生産的労働を不生産的労働と混同し、……生産を消費と混同」(42) するものとして批判している点に注目される。アダム・スミスやマルサスなど古典派経済学における生産的労働と不生産的労働との区分とその意味については第3節で検討する。

** 枝松正行氏は、「消費的生産」を「資本とは対自的な人間としての賃労働の立場からの規定」(43) という視角から「人間そのものの生産」と捉え、マルクスは「『資本論』とは別に「自己目的として認められる人間の力の発展」となる「人間そのものの生産」についての研究を構想していた」と主張している。すなわち、『要綱』序説では「生産の二種類」、すなわち、資本にとっての生産を意味する対象的生産物の生産・再生産としての「生産的消費」と、労働者にとっての生産を意味する人間の再生産としての「消費的生産」(44) が解明されたものと理解される。ただし、こうした論理は「読者への開陳を留保せ

ざるをえないと判断するほど複雑であ」るため「両者を分析的に峻別して」[(45)]、「生産的消費」については現行『資本論』の論理次元で検討され、「消費的生産」については現行『資本論』の後に展開が想定されていた「賃労働」篇の考察が予定されていたものと把握されている。

　本章および次章では、『資本論』およびそこで展開された理論的諸命題に立脚して現代資本主義経済を分析することを視野に、これら諸命題の前提となる価値法則が貫徹する領域の労働を価値形成労働、すなわち生産的労働と把握し、その要件と範囲を明らかにすることを課題としている。したがって本書では、『資本論』での分析対象である「生産的消費」の領域に属する労働を生産的労働と捉える。一方、現代資本主義経済では、人間の再生産が実現する「消費的生産」、すなわち消費過程にも資本の介在・浸透が進んでおり、消費過程についての理論的・実証的分析が不可欠であると考える。この点に関しては第4章で、消費過程に介在するサービス資本の活動について、価値法則が貫徹する生産的領域とは区分して分析する視角を明らかにする。

2　『要綱』における「人身的用役給付」と「消費費用」

　『要綱』で「資本の再生産と蓄積」との表題を付された部分には、「労働、つまり相手が消費したい用役を、交換に出すのであって、この用益が直接に給付されること——人身的用役給付〔persönliche Dienstleistung〕」の事例として、「農民が、その昔いたような放浪の裁縫師を自宅に迎え入れ、素材を渡して自分の衣服を縫ってもらうという場合、あるいは私が、医者に貨幣を払って、私の健康をしかるべく繕ってもらうという場合がそうである」[(46)]との叙述が見られる。このように、「医者」を、「その昔いたような放浪の裁縫師」と同様に、消費者の消費過程を代行する不生産的労働としての「人身的用役給付」と捉えている。さらに、「ブルジョア社会」における「人身的用役給付」の具体的諸形態と諸機能、それらに対する価値補塡関係について、「料理、裁縫等々、庭仕事等々のような<u>個人的消費の〔ための—引用者〕労働</u>〔Arbeit für persönlichen Consum〕」〔下線—引用者〕、「役人、医師、弁護士、学者、等々のような不生産的諸階級の全体」および「あらゆる家事奉公人、等々」が、「人身的用役給付」として一括され、「収入との交換」によって「収入の

分け前にありつく」[(47)] ものと捉えられている[*]。

さらに『要綱』では「道路、運河等々のような生産の一般的条件」整備において「国家が租税によって道路建設を営んでいる場合に」ついて、「道路建設のために使用される……建設師たちは……高度の訓練を積んだ召使い〔menial〕として労働するのである」と述べられ、国家によって雇用される労働者も「人身的用役給付」として扱われている。また、このように「社会的生産過程の一般的諸条件が、社会的収入の控除から、つまり国税からつくりだされる……場合には資本ではなく所得が労働ファンド〔labour fonds〕として現われる」ように、「国家そのものとそれに付随するさまざまのことどもが、収入からのこうした控除に属するものであり、いわば個人にとっての消費費用〔Consumtionskosten〕、社会にとっての生産費用に属する」[(48)] ものと捉えられている。すなわち、国家によって雇用される労働者も「人身的用役給付」に含まれるものと把握され、このような労働者への支払いも、国税を介して「収入の分け前にありつく」という意味で「個人にとっての消費費用」に含まれると理解されている。

> * なお、『要綱』で取り上げられた「人身的用役給付」の性格に関しては、第4節でマルクス歴史理論と生産的労働論の射程について検討する中で詳しく考察する。その中で、「ブルジョア社会」すなわち資本主義経済においても「人身的用役給付」が残存する領域として、現代のいわゆるサービス産業を比定し得ることが明らかになる。

3 『1861-63年草稿』ノート8における「消費費用」、「消費労働」

アダム・スミスの所説が検討された『1861-63年草稿』のノート6から9のうち、「生産的労働と不生産的労働との区別」との表題が付された部分では、前節で検討したように「資本主義的形態規定」が明らかにされているが、この部分にも「消費費用」としての労働についての叙述が見られる。ノート8で、スミスを批判したガルニエの見解の考察に際して、召使いや料理屋、「直接的なサーヴィスをする理髪師、調髪師」、左官、屋根ふきなどの労働者の行う労働について、「物を消費するためには絶対に必要であっていわば消費費用〔Consumtionskosten〕に属している部分」[(49)] との認識が示されている。

さらにノート 8 では、警官による警備や兵士による防衛、靴みがき、役人による統治などの諸活動は、「生産的ではなく部分的には消費費用〔Consumtionskosten〕にはいる……機能」であり「本来の生産的労働者は、こうした消費費用〔Consumtionskosten〕を自分で負担し、自分で自分の<u>不生産的労働</u>〔ihre unproductive Arbeit〕をしなければならない」が、「分業の結果として……<u>不生産的労働</u>〔unproductive Arbeit〕を一部の労働者の排他的機能にさ」[(50)]〔下線―引用者〕れたものと捉えられている。なお、「消費費用を自分で負担し、自分で自分の不生産的労働をしなければならない」との記述は「消費費用」に「不生産的労働」が含まれることを示しており、これにより「消費労働」との範疇が成立し得るものと理解できる。

4 『1861-63 年草稿』ノート 15 および 23 における「消費費用」、「消費労働」

前節で検討したように「資本一般」が修正され、不生産的賃労働としての商業労働について初めて言及された『1861-63 年草稿』ノート 15 では、「消費費用」に関してのより具体的な叙述が見られる。保管費用の生産的性格について検討した箇所では、不変資本や可変資本となる「商品の保存や倉庫貯蔵が生産過程の直接的条件に属する」ことと区別して、「不変資本にも可変資本にもはいってゆかない諸商品の倉庫貯蔵」について「直接的消費費用〔*unmittelbaren Consumtionskosten*〕のなかにはいってゆく」と捉えている。そして「第一の種類の倉庫貯蔵は、<u>産業的消費の費用</u>〔Kosten der *industriellen Consumtion*〕のなかに、それゆえ直接的生産〔unmittelbaren Production〕の費用のなかにはいる」のに対して、「第二の種類のそれ〔倉庫貯蔵―引用者〕は、<u>個人的消費の費用</u>〔Kosten der *individuellen Consumtion*〕のなかに、それゆえ消費費用〔*Consumtionskosten*〕のなかにはいる」〔下線―引用者〕ものとして対比的に把握されている。このような対比に続いて、「消費費用」の性格と範囲に関する次のような叙述が見られる。

「消費費用一般〔Die Consumtionskosten en général〕――たとえば、私が自分の家具の掃除や自分の家屋のふき掃除をさせたり、自分の肉料理や靴磨

きをさせたりしなければならない消費費用——は、商品の生産過程にははいらないし、それゆえ、その生産価格にははいらない。消費費用は、商品が商品であることをやめ単なる使用価値になったときにはじめて、現われる。ところが、消費費用が予想されるその程度までのところで、消費者は、商品を消費用の完成形態として受け取るのであり、その形態の場合には、このような個人の受取り〔Privatnachnahme〕後の代金は生産価格として要求されないのである。」(51)

これら記述では、「商品が商品であることをやめ単なる使用価値になったとき」、すなわち商品が消費者の手に渡って以降に、さらなる加工や使用価値の維持のために必要となる「個人の受取り後の代金」は「消費費用」となり、「生産価格にははいらない」と理解されている。そして「個人の受取り〔Privatnachnahme〕」が生産過程と消費過程を分かつ境界であり、これ以後にかかる諸費用が不生産的支出である「消費費用」とされている。「消費費用」については、先に検討したノート8における叙述の中で「消費費用を自分で負担し、自分で自分の不生産的労働をしなければならない」と述べられ、後に検討する『Ⅱ-1稿』にも「諸費用（労働および労働手段の支出）〔die *Kosten* (Aufwand von Arbeit und Arbeitsmitteln)〕」(52)との記述が見られることから、消費過程で充用される労働、すなわち「消費労働」も包含するものと考えられる。

　続いてノート15では、「個人の受取り」を経た糸を用いて家庭で「リンネルが織られる」場合に「織ることは糸の消費費用〔Consumtionskosten〕に属する」という事例、さらに「個人の受取り」を経た「自分の食肉を家庭で料理させる」調理労働は「食肉の消費費用に属する」という事例が具体的に取り上げられ、それぞれ「織布過程が生産費に属する」ところの「産業的に織られる」場合や、「食肉の生産過程にはいる」ところの「料理屋から料理した食肉を受け取る」(53)場合と対比されている。調理労働の事例で「料理させる」との表現になっていることは、家政婦など消費者によって雇われた「家事奉公人」に「料理させる」場合が想定されており、先に検討した『要綱』における「人身的用役給付」の一つである「家事奉公人」の性格を示すもの

第1章　生産的労働の「本源的規定」と「消費労働」概念　　*17*

と考えられる。

　さらに『1861-63年草稿』ノート23では、「他のサーヴィス諸供与は、手でつかめるような、身体それ自体から区別される結果を、なにもあとに残さない。すなわち、それらのサーヴィス供与の結果は販売可能な商品ではない」ような労働として「歌手」「兵士」「医師」「弁護士」「公務員」「教師」が例示され、検討されている。これらの労働に「代価が支払われるのは、サーヴィス供与そのものにたいしてであり、それの結果は、性質上、サーヴィス供与者によっては保証されない」(54)と認識されている。そして、こうした「サーヴィス〔費用〕の大部分は、料理女、女中などの〔サーヴィスの〕ように、諸商品を消費する費用〔*Consumtionskosten* von Waaren〕に属する」〔下線―引用者〕(55)と述べられている。このように、『要綱』で「人身的用役給付」と認識されていた不生産的労働については、『1861-63年草稿』においても同様に、消費過程で充用される「諸商品を消費する費用に属する」ものと理解されている。

　以上の検討から明らかなように、生産的労働と「消費労働」との区別は労働そのものの内容に基づくのではなく、「個人の受取り」以前に資本と交換されたのかあるいはそれ以後に収入と交換されたのかを基準に区分する認識は、『要綱』から『1861-63年草稿』ノート15へと継承されているものと把握できる*。また、消費活動を「社会的運動の外」と捉える『要綱』序説での認識、さらに消費過程で機能することで収入の分け前を得るとする『要綱』での「人身的用役給付」についての認識は『1861-63草稿』にも継承され、ノート15では消費過程と生産過程とを区別する基準についても具体的に言及されている。そして、「資本一般」が修正され、不生産的賃労働を雇用する商業資本も考察対象に加えられるようになったノート15では、生産的労働によって担われる生産過程、『要綱』以来、不生産的活動と捉えられていた消費過程、新たに検討に加えられた不生産的賃労働が担う流通過程について、それぞれの範囲や相違について言及されるようになっている。さらにノート23でも、『要綱』で「人身的用役給付」と把握されていた諸労働について、「諸商品を消費する費用に属する」と明言されている。

5 『諸結果』および『Ⅱ-1稿』における「消費過程」、「消費労働」

『1861-63年草稿』の後に書かれた草稿『直接的生産過程の諸結果』（以下、『諸結果』と略記する）のうち「生産的労働と不生産的労働」との表題が付された部分でも、「サーヴィスの一大部分は、料理女の場合などのように、商品の消費費用〔Consumtionskosten〕に属している」[56]との叙述が見られ、『要綱』における「人身的用役給付」を「消費労働」と捉える認識が貫かれているものと考えることができる。

前節で検討したように、『1861-63年草稿』ノート15の流通費および商業資本に関する記述内容は『Ⅱ-1稿』、『資本論』第2巻第6章へと継承されていたが、『Ⅱ-1稿』第1章第4節「流通費」においては「消費過程」における労働について言及されている。「運輸費とならんで、生産された諸商品を、……それらが消費にはいっていくさいの量、重さ、等々にしたがって仕分けるための諸費用（労働および労働手段の支出）」について、「生産物の価値を高めるだけでなく使用価値をも高める直接的に生産的な労働であって」、「直接に生産過程に属するものとみなされうる」との「本源的規定」に基づいた記述に続いて、「商品大量を直接的消費のために定められた分量にこのように細分化する仕事の一部は、明らかに、消費過程に付属〔Incident des Consumtionsprocesses〕することであって、それに用いられた時間は消費時間〔Consumtionszeit〕にはいる」〔下線—引用者〕[57]との叙述が見られる。先に検討した『1861-63年草稿』の記述と対比させれば、「商品大量を……細分化する仕事」が「個人の受取り」の後に行われた場合には、「消費過程に付属する」ものと捉えられていたと理解できる。

他方、『Ⅱ-1稿』第1章第4節の前半部分では、流通費が「価値形成的な時間からの控除〔sie *Abzüge* von der werthbildenden Zeit〕なのである」〔下線—引用者〕という事情が述べられる中で、「消費者が購入にかける時間、そのほかに彼らが購入のために費やすかもしれない諸費用」すなわち消費費用が「収入からの……控除なのである」が、「この事情は、小売業では、わかりやすいかたちで現われる」[58]と述べられている。この記述では、消費活動および消費費用の価値不生産性を前提に、小売業が支出する流通費の価値不生産性を明らかにしている。すなわち、消費費用や流通費用は「価値形成的な時

間からの控除」として価値不形成的性格が明らかにされており、商業労働などの流通過程における労働とならんで、消費過程における労働も価値を形成しない不生産的労働と捉えられているものと理解できる。

　以上、『要綱』、『1861-63 草稿』、『諸結果』および『Ⅱ-1 稿』の検討を通じて、消費過程における労働を「不生産的労働」と捉える認識は一貫しており、しかもこうした認識は前節で明らかにした「資本一般」の拡張に際して生産過程と流通過程との区分を検討する際の前提となっていたことが明らかになった。とりわけ『要綱』で「人身的用役給付」と認識されていた不生産的労働に関して、『1861-63 年草稿』ノート 23 では消費過程において機能することで収入の分け前にありつくという「諸商品を消費する費用に属する」「サーヴィス諸供与」の本性が明らかにされていた。さらに『1861-63 年草稿』ノート 15 および『Ⅱ-1 稿』では、『要綱』における「消費労働」の不生産的性格についての認識を継承しつつ、消費過程の範囲をめぐる基準についても論及されているほか、「消費労働」が流通労働とともに価値を形成しない労働であると認識されていた。

第3節　古典派経済学による生産的労働論の意義とその継承

　第1節では生産的労働および価値形成労働に関するマルクスの「本源的規定」の内容を明確にし、前節では消費過程における「人身的用役給付」、「消費費用」としての労働が不生産的労働と捉えられていたことが明らかになった。本節では、古典派経済学における生産的労働および不生産的労働の定義とそれがマルクスによっていかに継承されたのかを検討することを通じて、消費過程における労働を不生産的労働と捉えるマルクスの認識の学説史的背景と、そこから浮かび上がる不生産的労働の理論的性格を明らかにする。

1　アダム・スミス

　アダム・スミスは『国富論』第1篇第3章の中で、生産的労働と不生産的労働との相違を、次のように定義している。

「労働には、それが投じられる対象の価値を増加する種類のものと、そのような効果を生じないもう一つの種類のものがある。前者は、価値を生産するのであるから、これを生産的労働とよび、後者はこれを不生産的労働とよんでさしつかえない。たとえば製造工の労働は、一般に、かれが加工する材料の価値に、自分自身の生活維持費の価値と雇主の利潤の価値とを付け加える。これに反して、家事使用人の労働は、いかなる価値をも付け加えない。」(59)

そして、「製造工の労働は、ある特定の対象や販売商品のかたちに固定し具体化するのであって、この商品は、労働が投ぜられたあとも、少なくともしばらくのあいだは、存続する。それはいわば、一定量の投下労働が、その後必要におうじて使用されるために蓄積され貯えられているものなのである」(60)と述べられ、投下された労働が商品の中に蓄積されて、時間的に継承されることが、生産的労働の要件と捉えられている。

これに対して、「家事使用人の労働は、ある特定の対象または販売しうる商品のかたちで固定されたり具体化されたりはしない。かれのサーヴィスは、それが行われるその瞬間に消滅してしまうのがふつうであって、それだけのサーヴィスと引き換えになにかを入手できるだけのもの、つまり価値をあとに残すことは、滅多にない」という性格に注目している。さらに、「社会の最も尊敬すべき階級中のある者の労働は、家事使用人たちの労働と同じように、なんの価値をも生産しないし、また、労働が終わってしまったあとも持続し、あとになってからそれと引換えに等量の労働を獲得しうるような、<u>ある永続的な対象</u>〔any permanent subject〕または販売しうる商品のかたちで、固定されたり具体化されたりしない。たとえば主権者、かれのもとで働く司法官や軍将校のすべて、また全陸海軍などは、ことごとく不生産的労働者である」〔下線―引用者〕と述べられ、「かれらのサーヴィスは、どんなに名誉あるものであろうと、社会にとってどんなに有用なものであろうと、またどんなに必要なものであろうと、あとになって等量のサーヴィスと引換えに入手できるような物を生産することはない」と結論づけている。そして、こうした不生産的労働者の具体例として「聖職者、法律家、医師、あらゆる種類

第1章 生産的労働の「本源的規定」と「消費労働」概念　*21*

の文人、俳優、道化師、音楽家、オペラ歌手、オペラ・ダンサーなど」が指摘され、「最も荘重で最も重要な職業のいくつかと、最もとるに足らぬ職業のいくつかとの両方が、この同じ範疇のなかにはいる」(61) ことに留意されている。

　このようにスミス『国富論』では、蓄積、すなわち投下労働の時間的な継承につながる「それが投じられる対象の価値を増加する種類の」労働が生産的労働と捉えられている。他方で、不生産的労働者はこのような蓄積につながらない労働を行う者とされ、不生産的労働者の社会的な有用性や必要性が否定されていないことは明らかである。なお、「ある国の土地と労働の年々の生産物のうち、資本の回収する部分は、……生産的労働者の賃金だけを支払う」のであり、「不生産的労働者やぜんぜん働かない人たちはすべて、収入によって維持される」(62) との記述もあり、第1節で検討した生産的労働の「資本主義的形態規定」、すなわち資本と交換される生産的労働者と収入と交換される不生産的労働者とを区分する基準を看取することができる。

2　マルサスとリカード

　次に、生産的労働者および不生産的労働者に関するマルサスとリカードの見解を、マルサス『経済学原理』および同書へのリカードの評注、さらにはマルサス『経済学における諸定義』の叙述に拠って検討しよう。

　マルサス『経済学原理』第1章「富の定義および生産的労働について」の第1節「富の定義について」では、「富を定義して『人間が、かれにとって有用でかつ快適なものとして、欲求するいっさいのもの』であるとしている」ローダーデールの見解を批判して、次のように述べられている。

　「この定義は明らかに、物質的であろうと精神的であろうと、有形物であろうとなかろうと、人類の利益または快楽に寄与するいっさいのものを含み、そしていうまでもなく、宗教や道徳や、政治的および市民的自由や弁論や、また教訓的でかつ快適な会話や音楽、舞踊、演技、さらにそのほか同じような源からえられる便宜と満足感を含むものである。しかしこの種の富の性質と原因の研究は、明らかにある一科学の領域を越えて広がるも

のである。もしわれわれが、富を論ずるに当って、われわれの研究においてなんらかの正確さに到達しようと望むならば、われわれは研究の領域をせばめ、そして、われわれにその増減がより正確に測定されうる〔capable of being estimated with more accuracy〕対象〔objects〕だけを残すところの、ある線をひかねばならない。」〔下線—引用者〕[63]

すなわち、経済学では「人類の利益または快楽に寄与するいっさいのもの」ではなく、「その増減がより正確に測定されうる対象だけ」を富と捉えるべきことが明言されている*。

さらにマルサスは、スミス『国富論』に関して、「アダム・スミスはどこでも、富についての整然とした正式の定義を与えていない。しかしかれがこのことばに与えている意味が物質物にかぎられていることは、かれの著作をつうじて十分に明らかである」[64]と捉えたうえで、「わたしは、富をもって、人類に必要で、有用な、または心よい物質物〔those *material* objects which are necessary, useful, or agreeable to mankind〕である、と定義したい」〔下線—引用者〕[65]と述べている。これに対してリカードは「セエ氏（M. Say）は右の区別〔富を物質物に限ること—引用者〕に反対しているが、しかしわたしは、蓄積および一定の評価のできる物質物〔those material objects which are capable of accumulation, and definite valuation〕にかんする研究を、このような操作を許すことのまれなものから分けることは、本当に有用なことだと考える。マルサス氏の富の定義は反対すべきなにものも含んでいない。かれはそれをもって人類に必要で、有用な、または快適な物質物であると述べている」〔下線—引用者〕[66]との評注を付し、マルサスの見解への同意を示している。

さらに第2節「生産的および不生産的労働について」では、「人間に有用ないっさいの物質物をもって富と考えるアダム・スミスは、生産的労働をもって、そうした物質物の生産かまたはその増加価値においてかに実現される労働を意味させている」[67]ことを指摘した上で、「生産的ということばを、富を生産する労働に適用するという右の方法は、……経済学上の用語法の明瞭性と首尾一貫性とのためには、つねに採用すべきものである」[68]と述べられている。このようにマルサスは、生産的労働について「人類に必要で、有

用な、または心よい物質物」を生産する労働に限定し、リカードも「蓄積および一定の評価のできる物質物」を生産する労働に限定すべきとの認識を示している。

　他方でマルサスは、「アダム・スミスは、かれが不生産的とよんでいる多くの種類の労働の価値と重要性とを十分に認めている、ということもまた記憶しておかなければならない」と指摘し、不生産的労働の社会的役割にも留意している。具体的には不生産的労働者としての「倫理学者、立法者、およびよい政府をかちとるために尽くした人たちの労働」を例に、「ニュウトン（Newton）の発見の価値、またはシェイクスピア（Shakspeare）およびミルトン（Milton）によって与えられる悦びを、かれらの著作が売れた価格で測ることは、かれらがその国の水準を高めまたそれを魅惑した程度をほんのわずかしか測ることができな」いこと、「この国が 1688 年の革命からえられた利益を、兵士の給料とその革命の遂行に関連したすべてのほかの支払いとによって測ることは、右におとらず下卑たかつ不適当なこと」との事例を挙げた上で、「かれらの労働をもって、その多くが最大の混乱をともなうことなしには国富にかんする総体の計算にははいりえない部類に属している、と考えるのがより正しいであろう」[69]と結論付けている。このように、不生産的労働者が人類社会の発展に与えた大きな役割を評価しつつも、経済学が対象とする富の形成にはかかわらないということが明らかにされている。

　さらにマルサスは、『経済学における諸定義』の第 7 章で、「物的生産物を非物的対象物と混同し、生産の労働を不生産的労働と混同し、資本を収入と混同し、……生産と消費を混同」[70]するマカロックの見解を批判的に検討している。その中で、「アダム・スミスの説いている不生産的労働者には、このような〔「望ましい生産物ができるだけ少量の労働で最も多く獲得される」[71]ような―引用者〕労働節約の余地はない」ことを指摘し**、不生産的労働者の雇用拡大は「資本の成長を阻止し、……まったく蓄積をさまたげ」[72]るものと捉えている。さらに、「炭坑の所有者なり事業主なりが」生産的労働者としての「坑夫」に支払う場合と不生産者としての「僕婢に支払う場合」とを比較して、前者は「労働の価値は利潤といっしょに石炭の価格のうえに賦課され」て「富の獲得に役立つ」一方、後者は「富の消費に役立つ」[73]との

認識を示している。

以上の検討から、マルサスは「人類に必要で、有用な、または心よい物質物である」と富を定義し、こうした富を生産する労働を生産的労働とする、すなわち第1節で検討した「本源的規定」に基づいて生産的労働を区分しており、リカードもこうした見解に同意していたことが明確になった。なお「政府の使用人が、物的生産物の調達または監督に当って、商人の使用人とまったく同じ種類の労働をなすのであれば、かれは生産的労働者と考えなければならない」[74] と指摘され、収入と交換される「政府の使用人」も、資本と交換される「商人の使用人とまったく同じ」「物的生産物」を生産する場合には、いずれも「生産的労働者」と捉えられている。すなわちマルサスは、第1節で検討した生産的労働をめぐる「本源的規定」および「資本主義的形態規定」のうち、後者は考慮せず、もっぱら前者のみに基づいて生産的労働を定義している＊＊＊。

＊　このようなマルサスによる規定は、第2章で検討する「量的規定性」を有する対象的形態をとった使用価値を生産する労働を生産的労働と捉えるマルクスの見解と共通点を有する。

＊＊　この点は、医療や教育など「対象化されていない労働」において労働生産性向上が著しく困難である、という現代的問題にもつながる。

＊＊＊　このようにマルサスが「資本主義的形態規定」を無視している点は、資本主義経済の特殊歴史的性格を看過する古典派経済学の性格を反映している。故に、『要綱』や『1861-63年草稿』における「資本主義的形態規定」に関するマルクスの叙述については、こうした古典派経済学の非歴史性を批判する意図が含まれている点に留意すべきと思われる。

3　マルクスによる継承

以上の検討で明らかになった生産的労働および不生産的労働に関する古典派経済学の認識は、マルクスによっていかに継承されていったのか、考察しよう。

第2節で検討したように『要綱』では、「料理、裁縫等々、庭仕事等々のような個人的消費の労働」、「役人、医師、弁護士、学者、等々のような不生

第1章　生産的労働の「本源的規定」と「消費労働」概念　*25*

産的諸階級の全体」および「あらゆる家事奉公人、等々」が、「人身的用役
給付」として一括され、これらが「収入との交換」によって「収入の分け前
にありつく」(75) ものと捉えられている。そして、「人身的用役給付」を、生
産的労働である「価値措定労働としての労働」と対比し、「私が提供した原
材料を使用し、布を裁って、一着の服を縫ってくれる人は、私に一つの使用
価値を与える」という共通性を指摘しつつ、「だが使用価値を彼は、すぐに
対象的形態で与えるのではなくて、活動の形態で与える」という相異点を指
摘している。つまり、生産的労働および「人身的用役給付」はともに「一つ
の使用価値を与える」ことに変わりないが、前者は「過去の対象化された労
働」として「対象的形態で与える」のに対して、後者は「生きた現在の労働」
として「活動の形態で与える」(76) ものと捉えられている。さらに、国家に
よって雇用される労働者をも「人身的用役給付」に含め、「国家そのものと
それに付随するさまざまのことどもが、収入からのこうした控除に属するも
のであり、いわば個人にとっての消費費用、社会にとっての生産費用に属す
る」(77) と把握されている。

　上記のように、マルクスが『要綱』で「不生産的諸階級」ないし「人身的
用役給付」として例挙した諸労働者は、先に検討したアダム・スミスやマル
サスによって認識された不生産的労働者とほぼ一致しており、国家に雇用さ
れる場合も含めて消費過程に属するものと考えられている。そして、こうし
た不生産的労働者から生産的労働者を区分する基準について、スミスは「特
定の対象や販売商品のかたちに固定し具体化する」こと、マルサスは「正確
に測定されうる対象」に結実すること、マルクスは労働成果を「対象的形態
で与える」ことを要件としている。このように、生産的労働ないし価値形成
労働をめぐるマルクスの「本源的規定」は、スミス、マルサスの規定を基本
的に継承しているものと考えられる。また、マルクスの生産的労働論におい
ても、不生産的労働者は価値を形成しないものの「一つの使用価値を与える」
性格は認められており、社会的役割や人類社会の発展への寄与は否定されて
いない点も付言しておきたい。

第4節　マルクス歴史理論と「人身的用役給付」、「消費労働」

　第2節では消費過程における不生産的労働である「消費労働」の性格が明らかになり、前節ではこうした消費過程についての認識はアダム・スミス以来の古典派経済学からマルクスへと継承されていたことが明確になった。次に本節では、『要綱』で展開されているマルクスの歴史理論の考察を通して、経済活動の特殊資本主義的形態とその特質、その中での生産活動と消費活動との独特な性格について明らかにする。第2節では消費過程における不生産的労働として「人身的用役給付」について検討したが、本節では歴史理論を通して明らかになる「人身的用役給付」の性格について考察する。こうした考察を通じて、消費過程における不生産的労働としての「人身的用役給付」および「消費労働」の理論的性格がさらに明瞭になる。

1　資本主義以前
——Gemeinwesen における経済活動と「人身的用役給付」

　『要綱』序説には、経済活動について「生産は出発点として、消費は終結点として、分配と交換は媒介項として現われる」[78]と定義されている。同序説では、資本主義以前の社会における生産活動に関して、「個人は、それゆえにまた生産する個人は、自立していないものとして、一つのいっそう大きい全体に属するものとして現われる——初めはまだまったく自然的な仕方で家族のなかに、そして種族にまで拡大された家族のなかに、後には諸種族の対立と融合から生じるさまざまな形態の共同体〔Gemeinwesen〕のなかに現われる」[79]と述べられ、「生産する個人」は「自立していない」で、Gemeinwesen *の中で編成されていたものとされている。

　＊　Gemeinwesen については、「共同体」「共同社会」「共同体組織」など様々な訳語があてられている[80]。本節では、『資本論草稿集』の邦訳に拠りつつも、それぞれの訳語に Gemeinwesen を付すこととする。

第1章　生産的労働の「本源的規定」と「消費労働」概念　*27*

（1）Gemeinwesen の目的と「人身的用役給付」

　『要綱』資本にかんする章・ノート5で「資本主義的生産に先行する諸形態」が検討される中で、「すべての共同体組織〔Gemeinwesen〕の目的は維持」、「すなわち、共同体組織〔Gemeinwesen〕を形成する諸個人を、所有者として再生産すること、すなわち彼らを、同一の客体的存在様式――これは同時に、成員相互間の関わり合いを形成し、したがってまた共同体そのものを形成する――において再生産すること」[81] と述べられ、生産の編成・分業のあり方を意味する「成員相互間の関わり合い」である「客体的存在様式」を維持し、その中で諸個人を再生産することが Gemeinwesen の目的であることが明らかにされている。また、『要綱』資本にかんする章・ノート7にも、諸個人にとっては、「共同体組織〔Gemeinwesen〕のなかに定在すること、共同体組織〔Gemeinwesen〕を媒介にして大地にたいして所有物にたいする態様で関わることが、個人の再生産ならびに共同体組織〔Gemeinwesen〕の再生産の根本前提である」[82] との叙述がみられる。後の検討を通して明らかにするように、Gemeinwesen 内では、生産者同士の相互依存性は直接的な人身的関係を通じて実現することから、生産と消費とは直接的に結びつく。したがって、生産と消費から成る経済活動の全体、それを通じた諸個人の再生産は、各個人が属している Gemeinwesen の中で実現することが基本となっていた[83]。

　なお上記のノート5では、「この〔Gemeinwesen の内部における―引用者〕労働の目的は、――他人の生産物すなわち剰余生産物と交換するための剰余労働をこの労働が含むことがあるにせよ――価値創造ではない。そうではなくて、その目的は、個々の所有者およびその家族、ならびに共同体組織〔Gemeinwesen〕全体の維持である」[84] との叙述も見られ、階級関係にもとづく剰余労働の搾取が行われる場合であっても、資本主義経済における価値形成労働とは異なるものと認識されている。

（2）「人身的用役給付」とその性格――「価値措定労働」との違い

　部族間戦争による被征服部族の支配等を通じて、Gemeinwesen の中には階級関係である奴隷制や農奴制が形成されるようになる。「従属された部族」

は、「無所有」にされ「再生産の非有機的諸条件の一部」として生産の諸条件に組み込まれるが、このような共同社会における支配・従属関係が「隷属諸関係」ないし「人身的用役給付」[85] と捉えられている。こうしてGemeinwesen 内の消費過程において、召使いや僕婢など他者の労働が「消費労働」として充用されることになる。

　具体的には第2節でも引用したように、「労働、つまり相手が消費したい用役を、交換に出すのであって、この用益が直接に給付されること——人身的用役給付」の事例として、「農民が、その昔いたような放浪の裁縫師を自宅に迎え入れ、素材を渡して自分の衣服を縫ってもらうという場合、あるいは私が、医者に貨幣を払って、私の健康をしかるべく繕ってもらうという場合」[86] も指摘されている。「衣服」という生産物に結実する「放浪の裁縫師」と、生産物を残さない「医者」が例示され、いずれの場合にも「労働、つまり相手が消費したい用役」が交換の対象となっているために「人身的用役給付」であると捉えられている。なお、「人身的用役給付」としての「放浪の裁縫師」については「自分の労働の対象化によって、前者〔消費者—引用者〕のためにある使用価値を、つまり前者の消費に予定された使用価値をつくりだすこと」[87] と捉えられており、「労働の対象化」が実現する点で、資本主義経済における「価値措定労働としての労働」と共通している*。

　続いて、「価値措定労働」と「人身的用役給付」との違いが考察される。「人身的用役給付」としての「放浪の裁縫師」は、「私が提供した原材料を使用し、布を裁って、一着の服を縫ってくれる」のであり、「私に一つの使用価値を与える」が、「使用価値を彼は、すぐに対象的形態で与えるのではなくて、活動の形態で与える」[88] ものと捉えられている。「価値措定労働」と「人身的用役給付」との区別、すなわち「過去の対象化された労働と生きた現在の労働との区別は、ここではただ、一方が完了時制、他方が現在時制という、労働の異なった時制の形式的区別として現われるにすぎ」[89] ず、「人身的用役給付の場合には、この使用価値そのものが、運動の形態から事物の形態へと移行することがないまま消費される」[90] のである。こうした叙述から、同じく「一つの使用価値」が生産される活動であっても、労働の成果である「対象的形態」としての使用価値が、労働終了後の「完了時制」として購入され

第1章　生産的労働の「本源的規定」と「消費労働」概念　*29*

る場合は「価値措定労働」となるのに対して、「現在時制」としての「活動の形態」、すなわち労働自体に対して支払いが行われる場合には「人身的用役給付」となると理解できる。

　さらに、「Aが用役〔Dienst〕にたいして、貨幣を支払うとした場合」について、「このことは、彼の貨幣の資本への転化ではないのであって、むしろ、消費の対象である特定の使用価値を入手するために、この貨幣を単なる流通手段として措定すること」であり、「この行為はまた、富を生産する行為ではなくて、逆に、富を消費する行為である」と捉えられている。こうした場合は、「労働そのもの、ある労働時間、つまり価値が布のなかに客体化される、ということではまったくなくて、なんらかの欲求を充足する、ということであ」り、「Aは〔自分の貨幣を〕価値の形態から使用価値の形態に移すことによって、自分の貨幣を価値増殖させている〔*verwerthend*〕のではなく、かえって価値喪失させている〔*entwerthend*〕」と理解されている。そして、「生きた労働……と交換に出した貨幣は、資本ではなく収入であり、使用価値を入手するための流通手段としての貨幣であって——この貨幣では価値の形態はたんに消え失せていくものとして措定されているにすぎない——、労働の購入によって自己を価値として維持し、また価値増殖しようとしている貨幣ではない」(91)と述べられている。

　以上の叙述の検討から、「人身的用役給付」の性格、とりわけ「価値措定労働」としての生産的労働との相違が明確である。裁縫労働という内容は同一であっても、「人身的用役給付」である「放浪の裁縫師」の場合は労働の行為自体が取引対象となるのに対して、生産的労働の場合は労働の成果である「対象的形態」にある生産物が取引対象となる。売買対象となる対象的生産物を形作る労働は「富を生産する行為」すなわち「価値措定労働」と捉えられるのに対して、労働自体が売買対象となる「人身的用役給付」は「富を消費する行為」であり「価値喪失させている」不生産的労働であると理解されている。また、前者の「価値措定労働」は「資本」としての貨幣によって、後者の不生産的労働である「人身的用役給付」は「収入」としての貨幣によって購買されるものと把握されている**。

　*　なお、「人身的用役給付」には、例挙された医者のように、「対象的形態」の

30

生産物に結実しない労働も含まれているが、こうした種類の労働の性格については次項で考察する。さらに、第1節で検討したように、国家に雇用される労働者も「人身的用役給付」に含められていることも付言しておきたい。

** このように、『要綱』では、労働の内容ではなく、売買対象の違いが生産的労働と不生産的労働とを分かつ基準とされ、生産的労働は資本と、不生産的労働は収入と交換されるものと捉えられている。なお、生産的労働をめぐる論争においては、「資本主義的形態規定」は、資本と交換される生産的労働を収入と交換される不生産的労働から区分するものと把握されてきた(92)が、『要綱』では売買対象ないし取引形態の相違に注目されている。次章では、量的規定性を有する対象的生産物を形成する労働として「本源的規定」の内容を明らかにするが、こうした捉え方を通して、「本源的規定」と「資本主義的形態規定」とを統一的に把握できるものと思われる。さらに次項で、Gemeinwesen の解体過程について検討すると、こうした売買対象ないし取引形態の相違が「労働の疎外」の根拠となり、生産と消費との分離、生産の無政府性など資本主義経済の根本的性格に関連していることが明らかになる。

2 「疎外された労働」と Gemeinwesen の解体

次に、資本主義経済における経済活動の特質、とりわけ生産者相互間の依存関係の性格を、前項で検討した Gemeinwesen の中での依存関係との対比、さらに共同社会から資本主義経済への移行過程についての考察を通して明らかにしよう。

(1) 生産と消費の「疎遠」「無関心」と「疎外された労働」

『要綱』の「貨幣の成立と本質」と表題が付されている部分では、商品経済が拡大・浸透した資本主義経済における生産者間の依存関係の特質について、Gemeinwesen における人身的依存関係と対比しつつ、下記のように述べられている。

「諸生産物と諸活動とのすべてを諸交換価値に解消することは、生産におけるすべての固定的な人身的（歴史的）依存関係の解消を前提するととも

第1章　生産的労働の「本源的規定」と「消費労働」概念　*31*

に、また諸生産者相互間の全面的依存性をも前提している。」[93]

　すなわち、Gemeinwesen の中での「人身的（歴史的）依存関係」としての生産者間の関係は、商品経済の拡大・浸透が「諸生産物と諸活動とのすべてを諸交換価値に解消する」ことによって解体され、「諸生産者相互間の全面的依存性」は市場での商品交換を通じた関係に転化するものと理解できる。

　こうした市場での商品交換を通じた依存関係の特質として、「相互にたいし無関心な〔gleichgültigen〕諸個人の相互的で全面的な依存性〔Abhängigkeit〕が、彼らの社会的連関〔Zusammenhang〕を形成する」[94]ことが指摘されている。また、「交換の必要と生産物の純粋な交換価値への転化とは……生産の社会的性格とともに進展」し、「貨幣の力〔Mahat〕が成長する」ことで「交換関係が、諸生産者に対しては外的な、そして彼らには依存しない力としての基礎を固め」、「本来は生産を促進する手段として現われていたものが、諸生産者に対して疎遠〔fremd〕な関係となる」[95]。すなわち、相互に「無関心」で「疎遠」な諸生産者が、「貨幣の力」に支配される「交換価値」を通じた生産物間の「交換関係」を通して、諸生産者間の「社会的連関」、経済活動における「相互的で全面的な依存性」が保たれるものと把握できる。

　そして、生産者相互間の「無関心」「疎遠」な関係が、生産の無政府性、さらには恐慌の可能性に連なっている点も指摘される。すなわち、「世界市場……の自立化」は「貨幣諸関係（交換価値）の発展とととともに増大し、……生産と消費とにおける一般的連関と全面的依存性とは、生産者と消費者との相互の独立性と無関心性と同時に増大する」。「生産と消費とにおける一般的連関と全面的依存性」と「生産者と消費者との相互の独立性と無関心性」との間の「こうした矛盾が」、「疎外〔Entfremdung〕の発展と同時に、疎外それ自身の地盤のうえでこの疎外を止揚する試み」としての「恐慌にみちびく」[96]のである。

　以上の検討から、資本主義経済では、生産者相互間の依存関係は商品交換を通じて事後的に確証される関係に転化するが、そこで生産者である労働者自身が消費者から「疎遠」で消費活動に「無関心」となることは、「疎外された労働」の一面を成し、生産の無政府性と生産と消費の矛盾という資本主

義経済の基本的矛盾の根拠を形作っていることが明らかになった。

（2）Gemeinwesen の解体と価値形成労働

　生産と消費との「疎遠〔fremd〕」が考察される中で、「交換の行為は、二つの相互に独立の行為」すなわち「商品の貨幣との交換、貨幣の商品との交換、購買と販売」に分裂するが、「これら二つの行為は、いまでは、空間的にも時間的にも相互に分離された、相互に無関心な存在形態を獲得しているので、それらの直接的な同一性はなくなっている」〔下線─引用者〕[97] と述べられている。「いまでは」すなわち資本主義経済では、先に検討した叙述と同様に、「購買と販売」、すなわち消費活動と生産活動が「空間的にも時間的にも相互に分離された、相互に無関心な存在形態を獲得している」ことが明らかである。他方、これと対比的に、資本主義以前の Gemeinwesen を基盤とする経済活動では、生産活動と消費活動が「空間的にも時間的にも相互に分離され」ず、相互に関心をもった「直接的な同一性」が保たれていたものと理解できる。

　さらに、『要綱』の「資本主義的生産に先行する諸形態」と表題が付された部分では、Gemeinwesen の解体過程について検討されている。「前ブルジョア的諸関係の解体期には、消費ではなくて生産の目的のために自分の用役給付〔Dienstleistung〕を買ってもらう、自由な労働者が散在的に現われる」が、「〔この購入は〕それ自身が大きな程度で直接的な使用価値の生産のためにすぎない」こと、すなわち雇用主自身が消費するための使用価値の生産であり、「人身的用役給付」であると理解されている。

　他方、雇用主である「貴族がこの自由な労働者を自分の農奴たちのなかに引き入れて、その生産物の一部分をあらためて販売し、こうして自由な労働者が貴族のために価値をつくりだした」とも捉えられている点に注目される。「この交換は、余剰についてのみなされるのであり、余剰、つまり奢侈的消費のために行なわれるにすぎ」ないが、「自由な労働者」によって生産された「生産物の一部分をあらためて販売」すること、すなわち他人のための使用価値の生産が行われることが、「自由な労働者が貴族のために価値をつくりだした」ものと把握されている。同じ生産物を生産する「自由な労働者」

第1章　生産的労働の「本源的規定」と「消費労働」概念　*33*

であっても、雇用者以外の消費者のために「生産物の一部分」を生産した労働者は「価値をつくりだした」生産的労働と理解され、雇用主のために生産物を生産した労働者の労働である「人身的用役給付」と区別されるのである。さらに、「こうした自由な労働者たちが増加し、この関係が増大しつつあるところでは、旧来の生産様式——共同体〔Gemeinde〕、家父長制的生産様式、封建的生産様式、等々——が解体しつつあるのであり、ほんとうの賃労働のための諸要素が醸成されつつある」[(98)] と述べられている。

　以上の考察から、生産者相互間の依存関係、さらに生産と消費との関係が、資本主義以前と資本主義経済においていかなる相違と変容を遂げたのかが明らかになった。資本主義以前の Gemeinwesen を基盤とした経済活動では、生産活動と消費活動との直接的同一性が保たれていたが、資本主義経済では両者は空間的・時間的に分離した「疎遠」「無関心」な関係となり、商品交換を通じて事後的に結びつく形態となった。そして「交換価値」に基づいた生産物間の「交換関係」を通じた諸生産者間の「社会的連関」が実現される資本主義経済においては、生産者とは「疎遠」で「無関心」な消費者のための使用価値を生産する労働のことを、「価値をつくりだ」す労働として理解できるのである＊。

　＊　このように、消費過程とは「疎遠」で「無関心」な生産過程で生産された生産物が空間的・時間的に分離した消費過程に入っていくことが「価値をつくりだ」す労働とされている点については、前節で明らかにした古典派による生産的労働認識との関連を指摘できる。アダム・スミスは蓄積、すなわち投下労働の時間的な継承につながる「対象の価値を増加する種類の」労働を生産的労働と捉え、マルサスは生産的労働を「蓄積および一定の評価のできる物質物」を生産する労働に限定しているが、こうした「対象」や「物質物」が価値の担い手となるとする蓄積の認識は、消費過程とは「疎遠」で「無関心」な生産過程で形成された「対象」ないし「物質物」が商品交換を通じて、空間的・時間的に隔てられた消費過程に入りこみ消費されることを資本主義経済の特質と捉えた『要綱』での叙述と共通点を有するものと理解できる。なお付言すれば、アダム・スミスが「ある永続的な対象または販売しうる商品のかたちで、固定されたり具体化されたりしない」と捉えた不生産的労働者

の場合には、生産過程から空間的・時間的に隔てられた消費過程へと労働の
成果が継承され得ないものと考えられる。

（3）資本主義経済における「人身的用役給付」

　第2節でも検討したように、『要綱』の「資本主義的生産に先行する諸形態」
と表題が付された部分には、「ブルジョア社会そのものでは、人身的用役給
付——料理、裁縫等々、庭仕事等々のような個人的消費の労働もそうである
が、役人、医師、弁護士、学者、等々のような不生産的諸階級の全体にいた
るまでの——と収入との交換のいっさいが、この部類、この範疇に入れられ
るべきである」との叙述があり、資本主義経済においても、生産的労働では
なく「人身的用役給付」、すなわち不生産的労働者として存在する労働者の
例が挙げられている。なお、ここで指摘されている「不生産的諸階級」は、
前節で検討したアダム・スミスやマルサスが「不生産的労働者」として挙げ
た例と共通している。そして、「これらの労働者のすべて、その最も低級な
ものから最も高級なものまで、自分の用役給付——しばしば押し付けられた
それ——によって、剰余生産物の、つまり資本家の収入の分け前にありつ
く」[(99)] と述べられており、この点もスミスやマルサスの認識と共通している。
　このように、『要綱』の叙述からは、資本主義経済においても「人身的用
役給付」は「不生産的諸階級」として残存すること、そして、アダム・スミ
スによって認識された「不生産的労働者」と同様に収入からの支払いを受け
るものと考えられていたことが明らかである。なお第2節で検討したように、
『要綱』で「人身的用役給付」とされた諸労働は、『1861-63年草稿』以降で
も同様に、「消費費用」として収入から支払いを受ける不生産的労働と捉え
られていた。したがって、現代資本主義経済においても、上記のように例示
された「役人、医師、弁護士、学者」を含め、労働の性格上、生産と消費と
が「疎遠」「無関心」とならない諸労働*については、消費過程における不
生産的労働として、収入からの支払いを受けるものと理解できる。
　なお『要綱』では上記のように、「人身的用役給付」について、「これらの
労働者はすべて、……自分の用役給付……によって、……資本家の収入の分
け前にありつく」という関係が示された上で、「収入がそのような生きた労

働と交換されるさいのもろもろの比率そのものが一般的な生産諸法則によって規定されているということは、関係の本性を少しも変えるものではない」[(100)] との叙述がみられる。資本主義経済の下でも残存した「人身的用役給付」、すなわち消費者に「労働、つまり相手が消費したい用役を、交換に出す」[(101)] 不生産的労働者について、提供される用役給付の内容と収入からの支出水準とが「一般的な生産諸法則」として規定されるようになっても、「収入の分け前にありつく」という不生産的労働としての「本性」は変わらないものと理解できる。より現代的に解釈すると、現代のいわゆる対人（対個人）サービス業の多くは、「相手が消費したい用役」を「生きた現在の労働」のまま「活動の形態」[(102)] で与える「人身的用役給付」に比定できるが、資本に雇用された労働者によって提供され、しかもサービス内容が企画・標準化され、それに基づいて代金の支払いが行われるようになってもなお、消費過程において機能する不生産的労働であるという「本性」に変わりはないことを意味しているものと考えらえる。

　そして、消費過程における不生産的労働は、現代資本主義経済においても、『要綱』で考察された「人身的用役給付」と同様の理論的性格を有するものと考えられる。すなわち、消費過程における不生産的労働の場合は、商品経済の広がりによって生産と消費とが「疎遠」「無関心」となる生産的労働とは異なり、労働者と消費者との直接的・人身的依存関係は維持される。具体的には教育や医療、介護など、労働が消費者と「空間的にも時間的にも相互に分離され」ず、相互の関心と「直接的な同一性」が保たれる、すなわち消費者との直接のコミュニケーションを通じて労働が行われる活動であると把握できる。このように、消費者との直接的・人身的依存関係が維持されることは、資本に雇用された労働であっても、「疎外された労働」の一面である消費過程からの「疎遠」性、具体的には労働の合目的性からの疎外や生産の無政府性は限定的になるものと理解できる。また、詳しくは次章で検討するが、労働の成果が売買対象となるのでなく労働自体が売買対象となることから、『資本論』で展開される価値法則および理論的諸命題が適用できない点も付言しておきたい。

　＊　次章で検討するように、これら不生産的労働者は量的規定性を有する対象的

生産物を形成しないために、労働成果ではなく労働そのものが売買対象とされるものと理解できる。そして、生産と消費とが「疎遠」で「無関心」とならないこれら労働の労働過程は、消費者による不断の介入、関与を被るものと考えられる。

おわりに

　本章では、『資本論』とその準備草稿の考察を通して、生産的労働と不生産的労働とを区分する「本源的規定」と、消費過程における不生産的労働である「消費労働」についてのマルクスの見解を明らかにした。第1節では、『1861-63年草稿』執筆過程で「資本一般」の範囲が修正されたため、「流通過程の内部での、……生産過程の継続として現われる」生産的労働と、「純粋な流通費」を構成する不生産的労働とを区分する必要が生じ、「諸商品の使用価値に直接に変化を与え影響を及ぼしてそれに別な形態を与える諸過程のなかで充用される」か否かという「本源的規定」が明確に認識されるようになったことが明らかになった。第2節では、「消費過程」に関する叙述の検討を通して、『要綱』における「人身的用役給付」を含め、消費者による「個人の受取り」を経た後の「消費費用」としての労働は、価値を形成しない不生産的労働と捉えられていたこと、そしてこうした労働を「消費労働」と把握し得ることが明確になった。また第3節では、こうした「人身的用役給付」、さらに「消費費用」としての労働を不生産的階級と見做す認識は、蓄積に資する労働を生産的労働と捉える古典派経済学から継承されていたことが明らかになった。さらに第4節では、『要綱』で展開された歴史理論の考察を通して、Gemeinwesenの解体が、消費から「疎遠」「無関心」となった生産および労働としての「疎外された労働」、さらに価値法則が貫徹する下で資本主義の根本矛盾である生産の無政府性の根拠につながっていったことが明確になった。こうした歴史理論においては、生産と消費とが場所的・時間的に分離され得ない「消費費用」としての労働は資本主義経済の下でも「人身的用役給付」として存続すること、そしてこうした「消費労働」については資本主義の根本矛盾となる「疎外された労働」としての性格が限定的となるこ

第1章　生産的労働の「本源的規定」と「消費労働」概念　*37*

とも明らかになった。

　以上、本章で明らかにした生産的労働の「本源的規定」、および「消費労働」についてのマルクスの認識を踏まえると、生産的労働ないし価値形成労働の範囲を画する基準を明確化するためには、価値形成的な生産的労働を価値不形成的な流通労働および消費労働から分かつ基準を明らかにし、生産労働・流通労働・消費労働の性格と相違を踏まえつつ検討すべきものと考えられる。その際には、生産と消費との区分である「個人の受取り」の対象となり得る生産物の要件、つまり『資本論』第1巻第1章の商品論で展開される価値法則と整合するような、価値の担い手となり得る使用価値の要件について明らかにすることが課題となるものと思われる。

注

（1）論争のサーベイとして、金子ハルオ「生産的労働と不生産的労働」および渡辺雅男「サービス労働論の諸問題」（ともに久留島陽三・保志恂・山田喜志夫編『資本論体系7 地代・収入』有斐閣、1984年所収）；長田浩『サービス経済論体系』新評論、1989年などを参照。

（2）*Kapital.*, Ⅰ, S. 56 (S65)；『資本論①』、87頁。

（3）以上の引用は、金子ハルオ『サービス論研究』創風社、1998年、11頁。

（4）MEGA, Ⅱ/3.2, S. 447；『草稿⑤』183頁。

（5）金子ハルオ『生産的労働と国民所得』日本評論社、1966年、85頁。

（6）飯盛信男『サービス経済論序説』九州大学出版会、1985年、188頁。

（7）金子前掲『生産的労働と国民所得』、67-75頁。

（8）代表的な研究として、斎藤重雄『サービス論体系』青木書店、1986年；櫛田豊『サービスと労働力の生産』創風社、2003年。

（9）以上の引用は、渡辺雅男『サービス労働論』三峯書房、1985年、151頁。

（10）MEGA, Ⅱ/1.2, S. 510；『草稿②』、364頁。

（11）Ibid., S. 519；同上、379頁。

（12）Ibid., S. 445；同上、229頁。

（13）渡辺雅男前掲書、151頁。

（14）谷野勝明『経済科学の生成』時潮社、1991年、262頁。

(15) このような『資本論』形成史上における『1861-63 年草稿』ノート 15・17・18 の意義について、さらにノート 15・17・18 での商業資本論の理論的展開については、但馬末雄『商業資本論の展開〔増補改訂版〕』法律文化社、2000 年を参照。

(16) 柴田信也「「流通費」について（一）」（『山形大学紀要（社会科学）』第 4 巻 4 号、1974 年）、827 頁。

(17) 『1861-63 年草稿』において「商業資本。貨幣取引業に従事する資本」との表題が付されているのは MEGA, Ⅱ/3.5, S. 1545-1597；『草稿⑧』、5-85 頁。

(18) Ibid., S. 1549；同上、11-12 頁。

(19) Ibid., S. 1549；同上、12 頁。

(20) *Kapital.*, Ⅱ, S. 146(S. 153)；『資本論⑤』、238 頁。

(21) MEGA., Ⅱ/3.5, S. 1573；『草稿⑧』、52-53 頁。

(22) Ibid., S. 1595；同上、81 頁。

(23) 注 2 を参照。

(24) 金子前掲『生産的労働と国民所得』、72 頁。

(25) 例えば、青才高志「価値形成労働について」（『経済評論』1977 年 9 月号所収）；飯盛信男『サービス経済論序説』九州大学出版会、1985 年；馬場雅昭『サーヴィス経済論』同文館、1989 年。

(26) 但馬前掲書、237 頁。

(27) MEGA., Ⅱ/4, S. 225-226；『Ⅱ-1 稿』、109-110 頁。

(28) *Kapital.*, Ⅱ, S. 133(S. 141)；『資本論⑤』、218-219 頁。

(29) Ibid., S. 126(S. 134)；同上、207 頁。

(30) Ibid., S. 123(S. 131)；同上、202 頁。

(31) Ibid., S. 50(S. 60)；同上、87 頁。

(32) 前者の立場に立つ見解として刀田和夫「サービス労働と労働力価値」（『政経研究』第 77 号、2001 年所収）を参照。

(33) 渡辺雅男前掲書、172 頁。

(34) 同上、193 頁。

(35) 金子前掲『サービス論研究』、83 頁。

(36) 大吹勝男『流通費用とサービスの理論』梓出版社、1985 年、301 頁。

(37) 斎藤重雄「サービス経済論争の一段面」（日本大学経済学研究会『経済集志』第 69 巻第 4 号、2000 年所収）、23 頁。

(38) 但馬前掲書、374 頁。

(39) 以上の引用は、MEGA., Ⅱ/1.1, S. 26-28；『草稿①』、33-36 頁。

(40) Ibid., S. 26；同上、33 頁。

(41) McCulloch. J. R., *The principles of political economy: with a sketch of the rise and progress of the science*, Edinburgh : W. and C. Tait 1825., p. 115；邦訳はマルサス『経

第1章　生産的労働の「本源的規定」と「消費労働」概念　*39*

済学における諸定義』岩波文庫版、70 頁。

(42) *Definitions.*, p. 69-70；同上、57 頁。

(43) 枝松正行「Leben の生産・生活過程とサービス概念」(『都留文科大学研究紀要』第84 集、2016 年 10 月)、76 頁。

(44) 以上の引用は、同上、73 頁。

(45) 同上、70 頁。

(46) MEGA., Ⅱ/1.2, S. 373；『草稿②』、108 頁。

(47) 以上の引用は、Ibid., S. 375-376；同上、113 頁。

(48) 以上の引用は、Ibid., S. 428-431；同上、199-204 頁。

(49) MEGA., Ⅱ/3.2, S. 506；『草稿⑤』、281-282 頁。

(50) Ibid., S. 614；同上、458 頁。

(51) 以上の引用は、MEGA., Ⅱ/3.5, S. 1572；『草稿⑧』、51 頁。

(52) MEGA., Ⅱ/4, S. 229；『Ⅱ-1 稿』、112 頁。

(53) MEGA., Ⅱ/3.5, S. 1572；『草稿⑧』、51 頁。

(54) MEGA., Ⅱ/3.6, S. 2178-2179；『草稿⑨』、436-437 頁。

(55) Ibid., S. 2179；同上、437 頁。

(56) MEGA., Ⅱ/4, S. 116；『諸結果』、124 頁。

(57) Ibid., S. 229-230；『Ⅱ-1 稿』、112-113 頁。

(58) Ibid., S. 224；同上、107 頁。

(59) *Wealth.*, Vol. Ⅰ, p. 313；『国富論Ⅰ』、515-516 頁。

(60) Ibid., p. 313；同上、516 頁。

(61) 以上の引用は、Ibid., p. 313；同上、518 頁。

(62) Ibid., p. 315；同上、520 頁。

(63) 以上の引用は、*Principle.*, p. 27-28；マルサス『経済学原理（上)』47-48 頁。

(64) Ibid., p. 28；同上、48 頁。

(65) Ibid., p. 28；同上、49 頁。

(66) *Note.*, p. 14-15；同上、48-49 頁。

(67) *Principle.*, p. 30；同上、51 頁。

(68) Ibid., p. 30；同上、51 頁。

(69) 以上の引用は、Ibid., p. 48-49；同上、72-73 頁。

(70) *Definitions.*, p. 27-28；『経済学における諸定義』57 頁。

(71) Ibid., p. 78；同上、63 頁。

(72) 以上の引用は Ibid., p. 78；同上、63-64 頁。

(73) Ibid., p. 93-94；同上、74 頁。

(74) *Principle.*, p. 47；マルサス『経済学原理（上)』71 頁。

(75) MEGA., Ⅱ/1.2, S. 375-376；『草稿②』、113 頁。

(76) Ibid., S. 373-374；同上、108-109 頁。

(77) 以上の引用は、Ibid., S. 430-431；同上、203 頁。

(78) MEGA., II/1.1, S. 26；『草稿①』、34 頁。

(79) Ibid., S. 22；同上、26 頁。

(80) この点については渡辺憲正「『経済学批判要綱』の共同体／共同社会論」（関東学院大学『経済系』第 223 集、2005 年）を参照。

(81) MEGA., II/1.2, S. 397；『草稿②』146 頁。

(82) Ibid., S. 614；同上、546 頁。

(83) このように、諸個人の再生産を含む経済活動が Gemeinwesen を基盤として実現していた点については、渡辺憲正前掲論文を参照。

(84) II/1.2, S. 379;『草稿②』119 頁。

(85) 以上の引用は、渡辺憲正前掲論文、36 頁。

(86) MEGA., II/1.2, S. 373;『草稿②』108 頁。

(87) Ibid., ；同上。

(88) Ibid., ；同上。

(89) Ibid., ；同上。

(90) Ibid., S. 374；同上、109 頁。

(91) Ibid., S. 374；同上、109-110 頁。

(92) 「資本主義的形態規定」については、金子前掲『生産的労働と国民所得』75-94 頁を参照。

(93) MEGA., II/1.1, S. 89,『草稿①』135 頁。

(94) Ibid., S. 90；同上、136 頁。

(95) Ibid., S. 80-81；同上、120 頁。

(96) Ibid., S. 93；同上、143 頁。

(97) Ibid., S. 82；同上、123 頁。

(98) 以上の引用は MEGA., II/1.2, S. 377；『草稿②』、114-115 頁。

(99) Ibid., S. 375-376；同上、113 頁。

(100) Ibid., S.376；同上。

(101) Ibid., S.373；同上、108 頁。

(102) Ibid.；同上。

第2章

生産的労働・価値形成労働の範囲について

はじめに

　前章では、マルクスの『経済学批判要綱』（以下、『要綱』と略記）、『1861-63年草稿』、『資本論』第2部第一草稿（以下、『Ⅱ-1稿』と略記）および『直接的生産過程の諸結果』（以下、『諸結果』と略記）における叙述より、次のことを明らかにした。第1に、『資本論』成立過程において「資本一般」が修正され、不生産的賃労働である商業労働が考察対象に加えられるようになった『1861-63年草稿』ノート15から18で、運輸・保管・小分けなど「流通過程の内部での……、生産過程の継続として現われる」生産的労働を不生産的な流通労働から分かつ基準として、「諸商品の使用価値に直接に変化を与え影響を及ぼしてそれに別な形態を与える諸過程のなかで充用される」との「本源的規定」が示されていた。第2に、上記の諸草稿の検討を通じて、消費過程における労働を不生産的労働と捉える認識は一貫しており、しかもこのような認識は価値形成性をめぐる生産過程と流通過程との区分を検討する際の前提となっていた。第3に、こうした消費過程における不生産的労働、すなわち「消費労働」についてのマルクスの認識は、蓄積に寄与する労働を生産的と捉える古典派経済学の見解を継承するものであった。さらに『要綱』の歴史理論の考察を通して、消費過程における不生産的労働は、生産の無政府性の基礎となる「疎外された労働」としての性格が限定的となることも明らかになった。

　本章では、「本源的規定」および「消費過程における労働」についてのこのような理解を踏まえつつ、生産的労働ないし価値形成労働の範囲を画する

基準を明確にしたい。

第 1 節 『資本論』における生産的労働論の意図

　生産的労働をめぐる従来の論争においては、成立段階を異にする『資本論』や『1861-63 年草稿』、『諸結果』などに見られるマルクスの叙述が手がかりとされてきた。ここでは、生産的労働の「本源的規定」と「資本主義的形態規定」について、現行『資本論』の叙述を中心に改めて検討し、マルクスによる生産的労働論の意義と意図を明確にする。なお、『1861-63 年草稿』および『諸結果』では「生産的労働と不生産的労働」との表題が付されたまとまった論述が見られるものの、『資本論』においてはこのような課題をもった章・節は設けられておらず、第 1 巻第 5 章で「本源的規定」が明らかにされたのに続いて、第 1 巻第 14 章「絶対的および相対的剰余価値」の冒頭部分で、『諸結果』における「生産的労働と不生産的労働」と表題の付された部分をほぼ継承する内容で「本源的規定」と「資本主義的形態規定」との関連が述べられている。そこで本節では、『資本論』第 1 巻第 14 章冒頭の叙述内容を中心に、『諸結果』「生産的労働と不生産的労働」部分の内容をも含めて検討することによって、これら両規定に拠るマルクスの生産的労働論の意義と意図を確認する。

1　「本源的規定」とその拡大

　第 1 巻第 14 章冒頭では、第 5 章の労働過程論で規定された「過程の生産物は、使用価値すなわち形態変化によって人間の欲求に適合された自然素材である」[1] という「本源的な規定」について、「労働過程そのものの協業的性格とととともに、生産的労働の概念や、その担い手である生産的労働者の概念も、必然的に拡大される」[2] ことが明らかにされている。

　なお、このような「本源的規定」の拡大について、『諸結果』ではより具体的な記述が見られる。『諸結果』では「労働過程一般の単純な立場からは、われわれにとって生産的として現れたのは、ある生産物に、より詳しくは、ある商品に、実現された労働だった」[3] との「本源的規定」の内容を踏まえ、

「独自に資本主義的な生産様式の発展につれて、……社会的に結合された労働能力〔ein *social combinirtes Arbeitsvermogen*〕が、……総労働過程の現実の機能者〔*wirkliche Functionar* des Gesammtarbeitsprocesses〕となり、……管理者や技師や技術学者など……労働能力の諸機能は生産的労働の直接的概念のもとに、そして諸機能の担い手は生産的労働者の概念のもとに、すなわち直接に資本によって搾取され資本の価値増殖過程および生産過程一般に従属させられる労働者の概念のもとに、組み入れられるようになる」[4]と述べられている。

2 「資本主義的形態規定」と生産的労働論の意義

『資本論』第1巻第14章冒頭では、「本源的規定」の拡大に関する上記の叙述に続いて、「資本家のために剰余価値を生産する、すなわち資本の自己増殖に役立つ労働者だけが、生産的である」[5]といういわゆる「資本主義的形態規定」が提示され、「生産的労働者の概念は、決して単に活動〔Tätigkeit〕と有用効果〔Nutzeffekt〕との、労働者と労働生産物との関係を含むだけでなく、労働者を資本の直接的増殖手段とする、特殊に社会的な、歴史的に成立した生産関係をも含んでいる」として、「本源的規定」と「資本主義的形態規定」との両規定が「生産的労働者の概念」が成立するための要件をなすことが述べられている。そしてこのような「生産的労働者」の成立が、「労働者がその労働力の価値の等価だけを生産する点を超えて労働日が延長されること、そして資本によってこの剰余労働の取得が行われること」[6]の前提をなすものと捉えられている。

『諸結果』では、やはり先に検討した「本源的規定」の拡大に関する記述に続いて、「生産的労働のさらに詳しい諸規定」[7]として2つの前提条件が述べられている。すなわち「第一に、労働力の所持者は……商品のではなく生きている労働の直接の売り手〔direkter Verkaufer von *lebendiger Arbeit*〕として、資本または資本家に相対する……賃金労働者である」〔下線―引用者〕こととならんで、「第二には、……彼の労働能力および彼の労働は生きている要因として資本の生産過程に直接に合体され」て、「直接の生産過程のなかで流動的な価値量として対象化される」[8]ことが指摘されている。そして

「第二の条件が生じなくても、第一の条件が生ずることはありうる」事例として、「労働が買われるのが、使用価値として、サーヴィスとして、消費されるためであって、生きている要因として可変資本の価値と入れ替わって資本主義的生産過程に合体されるためではない場合」、すなわち「資本家は自分の貨幣を、収入として、労働と交換する」事例があげられ、この場合には「労働はけっして生産的労働ではなく、賃金労働者はけっして生産的労働者ではない」[9] と言明されている。すなわち、「資本または資本家による労働能力……の生産的な消費過程を意味する労働過程で労働する労働者だけが、生産的なのであ」[10] るのに対して、収入と交換に購入される「物としてではなく活動として有用であるかぎりでの労働の特殊な使用価値の表現」としての「サーヴィスの一大部分は、料理女の場合などのように、商品の消費費用〔Consumtionskosten〕に属して」[11] おり、個人的な消費過程に属するものと捉えられている。このように、「資本主義的形態規定」における生産的労働は賃労働形態をとり「形態的に資本のもとに包摂されている」[12] 労働という意味であるが、「生産的な消費過程を意味する労働過程」[13]、すなわち「本源的規定」によって画されるところの労働過程で充用されることによって、「資本家のために剰余価値を生産する」[14] 生産的労働たり得ることが明らかにされているのである。

　以上の検討から、一般に「「物質的財貨（使用価値）を生産する労働」を生産的労働とする」[15] ものと捉えられている「本源的規定」には、個人的な消費過程や流通過程ではなく、「生産的な消費過程を意味する労働過程」において充用される労働という内容が包含されているものと理解できる。故に、生産的労働についての検討にあたっては、「生産的な消費過程を意味する労働過程」における労働を、とりわけ個人的な消費過程における労働から明確に区別すべきことに留意されなければならない。

3　「非物質的生産」における労働の性格

　『資本論』第1巻第14章では、「学校教師は、……企業を富ませるための労働にみずから苦役する場合に、生産的労働者である」との記述があるが、「物質的生産の部面外から」の例としてあげられている点に留意されるべき

であろう。すなわち、「本源的な規定は、物質的生産そのものの性質から導き出されたものである」[16]と捉えられており、「物質的生産の部面外」にある労働は「本源的な規定」の範疇外にあるものと理解できる。

なお、『諸結果』では「非物質的生産の場合」について、「書物や絵画」に結実する「芸術家の芸術活動」などのように「生産者から分離して存立し、……商品に、結果する」労働と、「医師」や「教師たち」のように「生産物が生産行為から分離されえない」労働とが、ともに「資本主義的生産様式はただ局限されて行われるだけであ」[17]ると述べられている。これらの記述は、「非物質的生産」が賃労働形態をとる場合が少ないこと、すなわち「資本主義的形態規定」における生産的労働たり得ることがマルクスの時代には稀であったことを述べているに過ぎないものと理解できる。したがって、現代において芸術家や医師、教師、科学者などが賃労働者となっているとしても、それは「資本主義的形態規定」における生産的労働者となったことを意味するに過ぎない。先に明らかにした「本源的規定」の含意を踏まえれば、これらの賃労働者が「生産的な消費過程を意味する労働過程」において充用されることによって価値形成労働を行う生産的労働者と見なすことができるものと捉えられるのである。なお、「資本主義的形態規定」および「本源的規定」両面で生産的労働となった「非物質的」労働としては、先に明らかにした「総労働過程の現実の機能者」としての「社会的に結合された労働能力」に含まれるようになった「管理者や技師や技術学者など」をあげることができよう*。

 *　この点について渡辺雅男氏は「非物質的生産物への価値規定の適用そのものが無意味である」[18]として、事実上すべての非物質的労働を価値形成労働から除外する見解を示している。しかしながら、「物質的労働は全体労働者によって体現される」[19]と同氏のいうところの「全体労働者」には、先に検討した『諸結果』の叙述における「技術学者」等も含まれ得るものと思われる。

本節での検討を通して、「資本家のために剰余価値を生産する」労働を生産的と捉える生産的労働論の意義を改めて確認することができた。すなわち、賃労働形態をとり、「形態的に資本のもとに包摂されている」ことを要件とする「資本主義的形態規定」とともに、労働が「生産的な消費過程を意味す

る労働過程」に充用されることを要件とする「本源的規定」によっても生産的労働の範疇が画されている。したがって、現実の様々な賃労働について価値形成的な生産的労働の範囲を画していくためは、「本源的規定」の内容をより明確にしていくこと、すなわち個人的な消費過程や流通過程から「生産的な消費過程」ないし生産過程を明確に画すること、さらに生産過程の成果たる生産物の要件を明らかにすることが課題となるだろう*。

 * 本節で明らかにしたように、資本の下に包摂されその剰余労働の成果を剰余価値として資本が取得できる労働を生産的労働と捉えることがマルクスの生産的労働論の内容なのであって、北村洋基氏も指摘するように「冷厳に資本に従属し、資本のために剰余価値を生産する労働である生産的労働を土台とした価値論と、それとは違った一定の社会的規範としての価値観とを混同する」[20]見解、例えば「労働が生産的か否かの規定は成果によるものであり、その逆ではない」として、「サービス労働の成果が必需的であれば、この労働は生産的労働であり、成果が非必需的、とくに奢侈的であれば、この労働は不生産的である」[21]との主張には同意できない。

第2節　生産物および価値形成労働の要件としての「量的規定性」

　前節での検討を通して、『資本論』では、資本に包摂された賃労働として生産的に消費され、生産物に結実する労働が、資本のために剰余価値を生産する生産的労働と捉えられていたことが明らかになった。このような認識を踏まえて、現実の諸労働のうち生産的労働を分かつ基準を明確化するためには、労働の対象化し得る「生産物」の要件について検討を進めることが不可欠である。このような「生産物」の要件の検討を通して、前章第1節で明らかにした「使用価値に変化を与え影響を及ぼしてそれに別な形態を与える諸過程のなかで充用される」という「本源的規定」における「使用価値」の内容、さらに前章第2節で明らかにした生産部面と消費部面を分かつ「個人の受取り」の対象となるものが明確になるだろう。

第2章　生産的労働・価値形成労働の範囲について　*47*

1　問題の所在

　ここではまず、生産的労働ないし価値形成労働の範囲をめぐる論争におい
て、労働の対象化し得る「生産物」の要件についての認識の相違を明らかに
する。

（1）サービス労働価値不生産説

　金子ハルオ氏は、「『資本論』第1巻第1章において、……市場において種
類を異にする物質的財貨である商品が相対し、価値として等置されている関
係……を取り上げ、そこから商品の使用価値とそれをつくる労働の具体的有
用性とを抽象することによって、価値の実体である抽象的人間労働を抽出し
た」との価値論の論理を踏まえて、「流動状態にある労働ではなくて、物質
的財貨である商品に対象化した抽象的人間労働を商品の価値と規定し、価値
は労働者の外に存在する物質的財貨＝使用価値をその質料的担い手としてい
るもの」[22] と捉えている。すなわち、価値として等値されて価値実体が抽出
されるためには、市場において相対されるところの「物質的財貨」であるこ
とが商品の要件であり、したがってこのような「物質的財貨」を生産する労
働が「本源的規定」における生産的労働ないし価値を形成する労働の要件と
されているものと理解できる。

　頭川博氏も、相異なる使用価値の対置における共通性として価値が抽出さ
れる前提として、「或る具体的有用労働が市場での別種の具体的有用労働と
相対するには双方がそれぞれの労働力の合目的的な支出行為とは分離独立し
た外在的な姿態をうけとらなければならない」ことを価値形成労働の要件と
している。さらに同氏は、「換言すれば、相異なる具体的有用労働が市場で
相対するには、両者がおのおの消費過程に入りこむ以前に合目的的に支出さ
れる労働力から外在化した存在形態つまり物質的基体にになわれた存在形態
を受け取る必要がある」[23] と述べている。

　このように、サービス労働価値不生産説に立脚する両氏は、相異なる使用
価値の等値から価値実体の抽出という価値論の論理が貫徹するためには、使
用価値は「物質的財貨」ないし「物質的基体にになわれた存在形態」たり得
なければならないものと認識している。

（2）サービス労働価値生産説

　飯盛信男氏は、『資本論』第1巻第1章、同第3巻第49章、さらに同第2巻第6章の叙述を引用しつつ、「マルクスにおける生産的部門と不生産的部門の区別はまず、生産物（使用価値）をうむ部門とうまぬ部門との区別として示されている」と捉え、「生産物（使用価値）をうむ労働」――「生産物」を「物質的財貨」に限定しない点では異なるが――を生産的労働と捉える視点を共有している。しかしながら、「使用価値たる生産物が「他人のための使用価値、社会的使用価値」として生産されるならば、それは価値を有する」として、「生産物は物質的生産のみならず非有形的なサービスをも含」み、そのようなサービスの使用価値を「有用効果」[24]と呼んでいる。

　他方、吉澤文男氏は、「価値規定の根拠であるところの資本主義的秩序と機構の特質に反省」しつつ価値形成労働の要件を検討しているが、「社会的労働の客観的対象化をほかにして、マルクスの価値規定が成り立たぬことは言うまでもないが、その対象化がいかなるばあいでも物資化でなければならぬとされるといささか抵抗を感ぜざるを得ない」[25]として、「労働の過去化も物質化もすべてそれが客観的な価値対象性において秩序形成に参与するための必要条件であり要は客観化にある」と認識する。そして「サーヴィス労働は、生きた労働そのものの形態で、有用的効果という使用価値として、客観的な価値対象性を獲得しているもの、とみてよいのではあるまいか」[26]という結論を導いている。すなわち、「物質化」していない「サーヴィス労働」の場合にも、それの生産する「有用的効果という使用価値」が「物質的財貨」と同様に市場において等値され、価値実体が抽出されるという「マルクスの価値規定」の論理が貫徹する「社会的労働の客観的対象化」が実現されるという、上記の頭川氏とは正反対の見解が示されているのである。

（3）生産的労働としての運輸労働の扱いをめぐって

　サービス労働価値不生産説においては、価値形成労働の生産物の要件を「物資的財貨」ないし「物質的基体」をなす使用価値と捉えると、「流通過程の内部での、かつ流通過程のための、生産過程の継続として現われる」[27]生産的労働の一つとしての運輸労働についてはこの要件に該当しない例外規定

として論じなければならない。これに対して、運輸労働をサービス労働の一つと捉え、運輸労働の価値生産性を論拠にして、サービス労働全体の価値生産的性格を説く見解も見られる。馬場雅昭氏は、「商品でない使用価値は存在しても、使用価値でない商品は存在しえない故、……交通サーヴィス……は、使用価値を含んだ価値＝商品であると理解しなければ、労働価値説は一貫しない」[28] として、『資本論』第1巻第1章における「交換価値の素材的担い手」[29] となる使用価値の性格について検討を加えている。すなわち、「ある物の有用性は、その物を使用価値にする」[30] という言説における「ある物」としての「Die Nützlichkeit eines Dings と言う時の Ding は、英語の thing と同じ意味で、有用的な物（固体、液体、気体）、物体を表す場合もあれば、無形の「もの」、物事、事物、事柄を示す場合も、事情、事態を表す場合もあると解される」として、「使用価値とは、……人間の欲望を満足させる属性・利用されうる属性であれば、有形的な物（Ding）であっても、無形のもの（Ding）であっても、いっこうに差しつかえないと解されなければならない」と結論づけている。それ故、「人間労働によって生み出された運輸サーヴィス、保管サーヴィス、教育サーヴィス、放送サーヴィス、クリーニング、医療、理容、美容、清掃労働等におけるサーヴィス生産物は、……使用価値の一種であると看なすべき」[31] とされる。

　このような見解について金子氏は、「運輸労働とサービス労働とをともに「有用効果」を生みだす労働として同一視し」、「運輸労働が「有用効果」を生みだし、価値を生産するとしていることを根拠に、サービス労働も価値を生産すると主張する」ものと捉え、次のような批判を加えている。「「有用効果（Nutzeffekt）」とは使用価値の生産に係わる概念であるのにたいして、サービスすなわち「有用的働き」とは使用価値の消費に係わる概念であり、両者は明確に区別されなければなら」ず、「商品の運輸労働は、対象的生産物を生産しないとはいえ商品の「場所的移動」という有用効果を生みだし、そのことによって輸送された商品に対象化され、商品の価値を形成するのである」と主張している。すなわち、運輸労働は「物質的財貨」[32] たる「対象的生産物を生産しない」が「商品に対象化」するものと捉えられ、それを根拠に価値形成性が主張されているが、これは「客観的な価値対象性の獲得」を

50

根拠にサービス労働の価値形成性を主張する上記の吉澤文男氏の論法と区別がつき難い。いずれにしても、「物質的財貨」の生産という金子氏の生産的労働の「本源的規定」を前提すれば、運輸労働の価値生産性は例外規定として捉えざるを得ないものと思われる*。

   * 金子氏の主張では「生産」と「消費」とを分かつ基準がやや曖昧であると思われるが、前章では、『1861-63年草稿』の叙述の検討を通して、消費過程に関するマルクスの理解について、生産過程との対比や「消費労働」概念の内容規定も含めて検討した。

　以上、相異なる使用価値の等値から価値実体が抽出されるという価値論の論理に関して、サービス労働価値不生産説およびサービス労働価値生産説の代表的見解を対比させることを通して、価値形成労働の基準を考察する場合の焦点が明らかになった。こうした価値論の論理において、「交換価値の素材的担い手」となり得る使用価値は「社会的労働の客観的対象化」であるとの認識は両者に共有されているものの、「社会的労働の客観的対象化」をどう捉えるか、すなわち「客観的対象化」を実現する使用価値を「物質的財貨」ないし「物質的基体にになわれた存在形態」のみに限定すべきか否かが焦点となる。両者の認識の相違を克服して価値形成労働の基準を明確にするためには、「客観的対象化」が実現するための使用価値の要件について、価値論の論理にもとづいてさらに検討を加えるべきと考える。

2　生産物の要件としての使用価値の「量的規定性」
──『資本論』第1巻第1章より

　ここでは、『資本論』第1巻第1章の第1節および第3節での言説をもとに、価値論の論理において「交換価値の素材的担い手」となり得る使用価値の要件について検討する。なお、前章でも触れたように、『1861-63年草稿』の執筆過程で「資本一般」範疇が修正され、流通過程における諸労働、具体的には運輸労働や商業労働の価値形成性をめぐる問題も検討されるようになったが、こうした問題も含めて形成史的検討は項を改めて行う。

（1） 第1節「商品の二つの要因——使用価値と価値（価値の実体、価値の大きさ）」

　第1章第1節冒頭の第2パラグラフでは、「商品は、なによりもまず、その諸属性によってなんらかの種類の人間的欲求を満たす一つの物〔ein Ding〕、一つの外的対象〔ein äußerer Gegenstand〕、である」[33] との記述が見られるが、原文では「ein äußerer Gegenstand, ein Ding」と並列されており、「一つの外的対象〔ein äußerer Gegenstand〕」たることが商品本来の定義であり、一般的な分かりやすい例として「一つの物〔ein Ding〕」とも換言できる、ほどの意味に理解できる。

　さらに第3パラグラフでは、「諸商品の尺度」である「有用物の量をはかる社会的尺度〔gesellschaftlicher Masse〕」について言及され、「有用物は、どれも、二重の観点から、質および量の観点から、考察されなければならない」[34] ことが述べられている＊。これに続く第4パラグラフでは、ここで考察される使用価値の内容規定についての次のような叙述が見られる。

　　「ある物の有用性は、その物を使用価値にする。……この有用性は、商品体の諸属性によって制約されており、商品体なしには実存しない。それゆえ、鉄、小麦、ダイヤモンドなどのような商品体そのものが、使用価値または財である。……使用価値の考察にさいしては、1ダースの時計、1エレのリンネル、1トンの鉄などのようなその量的規定性〔quantitative Bestimmtheit〕がつねに前提されている。」[35]

すなわち、ここで考察されている使用価値は、「ダース」や「エレ」、「トン」など「社会的尺度」によって度量できるという「量的規定性」が前提されているものと捉えられる＊＊。

　このような「量的規定性」を有する使用価値であるが故に、相異なる使用価値が等値される結果、「交換価値は、さしあたり、一つの種類の使用価値が他の種類の使用価値と交換される量的関係〔quantitative Verhältnis〕、すなわち比率として現われ」[36] 得る。そして、「商品の物体的諸属性が問題になるのは、ただ、それらが商品を有用なものにし、したがって使用価値にする限

52

りでのことであ」[(37)] るから、「諸商品体の使用価値を度外視すれば、諸商品体にまだ残っているのは、一つの属性、すなわち労働生産物という属性だけ」[(38)] となり、「抽象的人間的労働」という価値実体が抽出される。つまり、「ある使用価値または財が価値をもつのは、そのうちに抽象的人間的労働が対象化〔vergegenständlicht〕または物質化〔materialisiert〕されているからにほかならない」[(39)] のである。

このように、相異なる使用価値が等値され両者の共通性として価値実体たる抽象的人間労働が抽出されるという価値論の論理では、使用価値は「量的規定性」を有し「社会的尺度」により度量されることで量的に対置・等値され得るものと捉えられる。したがって、商品たりうる使用価値の要件ないし価値形成労働によって生産される生産物の要件は、「量的規定性〔quantitative Bestimmtheit〕」を有すること、すなわち「社会的尺度〔gesellschaftlicher Masse〕」としての何らかの度量標準によって度量可能であることと理解することができる。

　* 「有用物の量をはかる社会的尺度」との言説は、フランス語版でも同様に「有用な物の量を計るための社会的な尺度」と記述されている[(40)]。

　** フランス語版では、注35の引用箇所の中の最後の一文は、「使用価値が問題である場合には、ひとはつねに、一ダースの時計とか、一メートルのリンネルとか、一トンの鉄、等々というような、一定の量を言外に含めている」とより明瞭な叙述となっている[(41)]。このように、本節での考察の焦点である「量的規定性」ないし「社会的尺度」による度量可能性が交換価値の担い手としての商品たりうる使用価値の要件であるという認識は、フランス語版においても貫かれているものと考えられる。

（2）第3節「価値形態または交換価値」

第3節では、「商品の価値対象性〔Wertgegenstandlichkeit〕は純粋に社会的なものである」ため、「諸商品の交換価値または交換関係」という「現象形態」において現われる「商品と商品との社会的関係」[(42)] から、交換価値の現象形態である価値形態が考察されている。

「A. 簡単な、個別的な、または偶然的な価値形態」として、「x量の商品

A＝y 量の商品 B　すなわち、x 量の商品 A は y 量の商品 B に値する。(20 エ
レのリンネル＝1 着の上着　すなわち、二〇エレのリンネルは一着の上着に値す
る)」[43] との等置関係が示されている。この等置関係では、「リンネルはその
価値を上着で表現し、上着はこの価値表現の材料として役立って」[44] お
り、「商品リンネルの価値が商品上着の身体で表現され、一商品の価値が他の商
品の使用価値で表現される」[45] ことが明らかにされている。このように「他
の商品の使用価値」が「一商品の価値」の「価値表現の材料」となっている
が、「価 値 形 態 は、単 に 価 値 一 般 で は な く、量 的 に 規 定 さ れ た 価 値
〔quantitative bestimmten Wert〕、すなわち価値の大きさをも表現しなければな
らない」[46]。したがって、等価形態に置かれて「価値表現の材料」となった
「他の商品の使用価値」は、「量的規定性」を有し、何らかの「社会的尺度」
によって度量されなければならない。

　なお、「簡単な価値形態」において相対的価値形態におかれる商品につい
ても「相対的価値形態の量的規定性」という項が置かれ、検討されている。
すなわち、「その価値が表現されるべき商品〔相対的価値形態に置かれた商品
—引用者〕は、どれも、与えられた分量のある使用対象——15 シェッフェル
の小麦、100 ポンドのコーヒーなど——であ」り、「商品 B にたいする商品
A の、上着にたいするリンネルの、価値関係においては、上着という商品種
類は、単に価値体一般として、リンネルに質的に等置されるだけではなく、
一定分量のリンネル、たとえば 20 エレのリンネルにたいして、一定分量の
価値体または等価物、たとえば一着の上着が等値されるのである」[47] と述べ
られている。すなわち、価値関係は単なる交換可能性のみならず両者の量的
関係をも表現しなければならない、より具体的には両者の価値実体たる抽象
的人間労働の分量の異同についても表現しなければならない。したがって、
等価形態に置かれる商品のみならず、相対的価値形態に置かれる商品につい
ても「量的規定性」あるいは「社会的尺度」による度量可能性が付与される
必要があると考えられる。

　このように、第 3 節の価値形態論における叙述の検討を通して、先に明ら
かにした「量的規定性」ないし「社会的尺度」による度量可能性という商品
たりうる使用価値の要件は、具体的な商品どうしの等置の中から価値実体が

54

抽出される論理に即して、その意義を改めて認識することができた。

　以上の考察から、価値形成労働の範囲を画する基準、ないしは価値論において価値実体が抽出される商品たりうるための生産物の要件を、その使用価値の「量的規定性」ないし「社会的尺度」による度量可能性として理解することができる。先に検討したように、サービス労働価値不生産説とサービス労働価値生産説とは「交換価値の素材的担い手」となり得る使用価値は「社会的労働の客観的対象化」であるとの認識を共有しつつも、前者は「客観的対象化」を実現する使用価値を「物質的財貨」ないし「物質的基体にになわれた存在形態」のみに限定したのに対して、後者は使用価値について「人間の欲望を満足させる属性・利用されうる属性であれば、有用的な物（Ding）であっても、無形のもの（Ding）であっても、いっこうに差しつかえない」と捉えられていた。しかしながら、『資本論』第1巻第1章における価値関係に置かれ得る使用価値についての考察を通して、使用価値の「量的規定性」ないし「社会的尺度」による度量可能性こそが「客観的対象化」の要件をなすことが明らかになった*。

　*　舟木勝也氏は『資本論』第1巻第5章「労働過程と価値増殖過程」の第1節「労働過程」の記述中に見られる「ドイツ語版でいう「使用価値、または財貨の生産」は、フランス語版では「単に「使用価値の生産」と改められて、マルクス自身によって「または財貨の生産」部分が削除されている」ことを根拠にして、「素材変換によって有用な結果を生む生産的労働は物財を生産する労働だけだという見解」を批判している。さらにこのような認識を踏まえつつ、歌唱労働に例をとって「サービス労働……は、物財的な結果こそもたらさないが、外的、実在的な、有用効果を生む」と捉えた上で、「有形財を生む労働とサービス労働はともにその社会的・平均的労働時間を尺度として客観的に測ることができる」[48]生産的労働に含めるべきとの見解を示している。しかしながら、歌唱労働のもたらす有用効果については、有用効果を生む労働を「社会的・平均的労働時間を尺度として客観的に測ることができる」にすぎないのであって、労働の成果である有用効果そのものは「客観的に測ることができ」ない。本文で明らかにしたように、有用効果そのものを客観的に度量

可能であることが生産物の要件なのであるから、歌唱労働のように、労働そのものが売買対象とならざるを得ず、しかも度量可能な対象的な使用価値に結実しない労働は不生産的労働に他ならないものと考えられる。

3 流通過程における生産的労働の規定と「量的規定性」
――形成史的観点を踏まえた検討

以上の検討で明らかになった、使用価値の「量的規定性」ないし「社会的尺度」による度量可能性が商品たりうる生産物の要件をなすとの認識は、『資本論』形成史上保持され続けたのであろうか。また、第1巻での認識は、第2巻以降においても貫かれているのであろうか。『要綱』、『経済学批判』、『1861-63年草稿』、『Ⅱ-1稿』および『資本論』第2巻の叙述の検討を通して、これら問題について検討を加えていきたい。

(1)『経済学批判要綱』

『要綱』の序説に続く「Ⅱ　貨幣にかんする章」は、ダリモン『銀行の改革について』の検討からはじまっているが、その直後のMEGA編集者によって「貨幣の成立と本質」と題された部分の前半には、現行『資本論』での商品論に相当する記述が展開されている。ここでの記述の検討を通して、商品たりうる使用価値の要件について、『要綱』における認識を確認してみたい。

まず、「商品（生産物または生産用具）はいずれも、一定の労働時間の対象化に等しい」という認識が提示され、「商品が価値……であるのは、交換……においてだけである」として、『資本論』第1巻第1章と同様に、商品に対象化した労働時間は交換における商品の等置を通じて抽出されるとの認識が示されている。さらに、「商品の特有の交換可能性〔spezifische Austauschbarkeit〕が価値なのである」が、単なる交換可能性一般ではなく、「商品が他の諸商品と交換される割合の指数〔Exponent〕」、「量的に規定された交換可能性〔quantitative bestimmte Austauschbarkeit〕」であると定義されている。そして、諸商品は「異なった諸性質を持ち、異なった尺度で測られ、通約することはできない」が、「商品の経済的質」たる価値において、「規定された量的割合〔bestimmten quantitativen Verhältnissen〕で相互に測りあい、

相互に替りあう（交換され、相互に交換可能である）」と述べられている。すなわち、「異なった尺度で測られ、通約することはできない」諸商品が、「交換……において」対置され、「商品の経済的質」であり、「量的に規定された交換可能性〔quantitative bestimmte Austauschbarkeit〕」である価値によって、「規定された量的割合〔bestimmten quantitativen Verhältnissen〕」にもとづいて測られ交換されるのである。そして、このような「交換……においてだけ」「商品が価値」となり、価値実体である「商品に実現されている労働時間」[49]が抽出される。なお、ここで価値実体が抽出される商品についてはそもそも「異なった尺度で測られ」る使用価値が前提されており、このような量的規定性を有する使用価値に対応する価値実体たる労働時間が対置されることによって、「量的に規定された交換可能性」としての価値が抽出されるものと理解され得る。

　さらに続いて、商品同士の交換関係を具体的に論じる中で、交換される諸商品の使用価値と、交換価値たる労働時間との対応関係に関して次のような叙述が見られる。「私が１エレの亜麻布と交換できるパンの重さを決定するためには、私はまず、１エレの亜麻布はその交換価値に等しく、つまり 1/x 労働時間に等しいものとおく。同様に私は、１ポンドのパンはその交換価値に等しく、1/x または 2/x 労働時間などに等しいものとおく」。すなわち、交換に際して、使用価値（１エレの亜麻布、１ポンドのパン）と、交換価値の実体たる労働時間との対応関係が認識されることが前提となる。そして「交換されるべき諸商品は、両方とも頭のなかで共通の数量関係〔gemeinsame Größenverhältnisse〕に、交換価値に転化され、そのうえで相互に評価される」〔下線―引用者〕ことになり、「一生産物（または活動）が交換価値になることによって、生産物は一定の量的関係〔ein bestimmtes quantitatives Verhältnis〕に、ある関係数に……転化されるばかりではなく、同時に質的にも転化され、ある他の要因に転置されなければならない」〔下線―引用者〕[50] と述べられている。すなわち、交換に際しては、まず諸商品の使用価値と価値実体たる労働時間との量的対応関係が認識された上で、商品同士が交換関係に置かれ、そこから価値実体が抽出されるとの論理になっている。したがって、このような価値関係に置かれる商品となりうる使用価値は、交換に際して労働時間

との量的対応関係が認識されることが前提となるから、「量的規定性」ないし「社会的尺度」による度量可能性を有することが不可欠である。

以上の検討を通して、『要綱』においても、労働の成果である使用価値が「量的規定性」を有し、「社会的尺度」により度量され得ることが、相異なる商品の対置から価値実体が抽出される価値論の論理において前提されていたことが確認できた。

（2）『経済学批判』

『経済学批判』第1篇第1章の冒頭部分は、先に検討した現行『資本論』第1巻第1章第1節の冒頭部分とほぼ同様の叙述となっている。

第2パラグラフでは、商品となり得る使用価値の性格について検討され、「商品はまず第一に、イギリスの経済学者の言い方で言うと、「生活にとって必要であるか、有用であるか、快適である、何らかの物」であり、人間の欲求の対象であり、もっとも広い意味での生活手段である」という「使用価値としての商品の……定在」が指摘されている。さらに、それぞれの使用価値は他の「使用価値とは区別された一つの特殊な使用価値であ」るものとして「質的に規定されているだけではなく、量的にも規定〔quantitative bestimmt〕されて」〔下線―引用者〕おり、「小麦ならばシェッフェル、紙ならば帖、リンネルならばエレなどのように、さまざまな尺度〔verschiedene Masse〕をもっている」〔下線―引用者〕(51) と述べられている。すなわち、商品とは使用価値の定在に他ならないが、その使用価値は「量的にも規定されて」おり、「さまざまな尺度」によって度量されることが前提となると認識されている*。

続く第3パラグラフでは、「使用価値がこの〔経済学の考察の―引用者〕範囲のなかにはいってくるのは、使用価値そのものが形態規定である場合だけである。直接的には使用価値は、一定の経済的関係である交換価値が自らを表わすさいの素材的な土台である」(52) との記述があり、使用価値は「交換価値が自らを表わすさいの素材的な土台」としてのみ経済学的に問題とされるとの認識が示されている。このような「交換価値が自らを表わすさいの素材的な土台」となる使用価値とは、交換関係において「同一の労働時間が対象化されているさまざまな使用価値の相関的な諸量〔korrelativen Quantitäten〕

は等価物であ」〔下線―引用者〕[53] る場合の「等価物」となり得る使用価値の
ことであり、「相関的な諸量」として量的規定性を有していなければならな
いものと理解できる。

　以上の検討から、『経済学批判』においても、商品として価値関係におか
れて価値実体が抽出され得る使用価値、すなわち経済学の研究対象となる使
用価値については、「量的にも規定され」、「さまざまな尺度をもっている」
ことが前提されている点を明瞭に読み取ることができる。

　＊　ここでの「質的に規定」および「量的にも規定」との叙述には、ヘーゲル論
　　理学・有論の質論および量論における諸規定との関連をみることができる。
　　ヘーゲルは、「量的規定〔Größenbestimmung〕とは、可變的でありかつ無差
　　別的なものとして定立されているような規定であり、したがって量的規定の
　　變化、すなわち外延量あるいは内包量の増大にもかかわらず、事物、例えば
　　家はあくまで家であり、赤はあくまで赤であるという思想を含んでいる」[54]
　　と述べて、質的規定と量的規定とを対比している。すなわち、「或る物（Etwas）
　　はその質の點で他の物（ein Anderes）に對立する〔gegen〕もの」[55] として、
　　質とはあるものを他とは異なるそのものたらしめるものであるとされている
　　のに対して、「量的規定の変化」はこのような質の変化をもたらさないものと
　　捉えられている。したがって、ここでのマルクスの叙述に即して考察すると、
　　使用価値とは相異なる別々の有用性としての質的規定のみでなく、「シッフェ
　　ル」「帖」「エレ」などの「尺度」で度量される量的規定において認識できる
　　ものと理解できる。

（3）「資本一般」の修正と「量的規定性」

　『1861-63年草稿』は、上で検討した『経済学批判』に続く部分として作
成された草稿であるため、現行『資本論』の冒頭商品論に該当する部分に対
応する叙述は見られない。しかしながら前章第1節でも検討したように、マ
ルクスはこの草稿執筆中に、それまでの「資本一般」すなわち一つの資本と
いう範疇を修正し、複数の資本あるいは「特殊的諸資本」などの諸契機も一
部取り入れた現行『資本論』第1〜3巻で扱う内容の輪郭を形作っていった
ものと考えられている[56]。こうして、不生産的賃労働としての商業労働に

ついて本格的に考察されるようになり、生産的労働についての「本源的規定」
が成立したものと理解できた。そこで、「量的規定性」を有する使用価値を
商品たりうる生産物の要件と捉える認識は、こうした「資本一般」の修正に
よっていかなる影響を被ったのか、前章での考察と重複を含みつつ検討しよ
う。

　前章第1節で検討した『1861-63年草稿』ノート15以降の「商業資本。
貨幣取引業に従事する資本」との表題の付された部分では、現行『資本論』
第3巻第4篇の内容につながる商業資本と賃労働の形態をとる不生産的労働
である商業労働について、さらに現行『資本論』第2巻第6章「流通費」の
内容に継承される流通費用について考察されている。とりわけ、「流通過程
では価値は、したがって同じく剰余価値も、生産されはしない」[57] のに対し
て、「流通過程の内部での、かつ流通過程のための、生産過程の継続として
現われる」[58] 活動である「運輸、度量衡による区分、諸商品の倉庫貯蔵」な
どは生産的労働とされ、「このようなすべての投資に共通であるのは、……
諸商品の使用価値に直接に変化を与え影響を及ぼしてそれに別な形態を与え
る諸過程のなかで充用される、ということである。まさしくこれらの過程が
商品の使用価値にたいしてもつ使用価値としての直接の関係こそが、これら
の過程を直接的生産過程にするのであり、また、これらの過程で使用される
資本を、一般的分業による直接的生産の特殊な諸部面で使用される生産的資
本にするのである」[59] と述べられている。これに対して、「商業資本は生産
資本の特殊な一部面なのではなく、生産資本の諸部面から分離された一資本
部面であ」り、「使用価値そのものとはなんの関係もなく、ただこの使用価
値の交換とだけ関係がある」[60] と把握されている。このように、「諸商品の
使用価値に直接に変化を与え影響を及ぼしてそれに別な形態を与える諸過程
のなかで充用される」ということが、これらの労働を生産的たらしめる要因
であると捉えられている。

　なお、前章第2節でも検討した『1861-63年草稿』ノート23では、「料理
女、女中などの〔サーヴィスの〕ように、諸商品を消費する費用に属する」[61]
消費過程における不生産的労働について、以下のような記述がみられる。「他
のサーヴィス諸供与は、手でつかめるような、身体それ自体から区別される

結果を、なにもあとに残さない。すなわち、それらのサーヴィス供与の結果は販売可能な商品ではない」とされ、こうした種類の労働として「歌手」「兵士」「医師」「弁護士」「公務員」「教師」が挙げられている。そして、これら労働の場合には、「代価が支払われるのは、サーヴィス供与そのものにたいしてであり、それの結果は、性質上、サーヴィス供与者によっては保証されない」(62)と認識されている。本節で明らかにした生産的労働および価値形成労働の要件を踏まえると、「手でつかめるような、身体それ自体から区別される結果」とは、対象的形態〔gegenstandlicht〕、すなわち量的規定性を有して客観的に度量可能な成果であると認識できる。そして、「身体それ自体から区別される結果を、なにもあとに残さない。すなわち、それらのサーヴィス供与の結果は販売可能な商品ではない」ということは、労働の成果が量的規定性を有さず、客観的に度量可能な対象的形態をとらないため、成果自体に代価が支払われず、「代価が支払われるのは、サーヴィス供与そのものにたいして」になるものと考えられる。このように、「資本一般」の修正を経た『1861－63 年草稿』ノート 23 においても、量的規定性を有する使用価値を商品たりうる生産物の要件と捉える認識は変化していないものと考えられる。

　なお、『II－1 稿』では、流通部面における保管費の生産的性格について検討する中で「これら〔商品の保管、保存、破壊的な影響の防止―引用者〕の過程は、いうなれば〔gewissermaßen〕追加的な生産過程である。――それらは、商品の使用価値に関係しており、たんに商品の交換価値を実現するための過程ではない」との記述が見られ、運輸費の生産的性格について論じられる中で「そこ〔運輸―引用者〕で用いられた労働は使用価値の一種の変化となって現われる」(63)と述べられている。さらに、『資本論』第 2 巻第 6 章「流通費」第 2 節「保管費」の中で、「諸商品の価値がここで保存または増殖されるのは、使用価値が、生産物そのものが、資本投下を要する一定の対象的諸条件のもとに置かれ、使用価値に追加労働を作用させる諸操作にかけられるからにほかならない」(64)との記述が見られる。これらの叙述より、『1861－63 年草稿』ノート 15 で「不生産的賃労働」についてはじめて検討を進める中で明らかにされた、「使用価値に直接に変化を与え影響を及ぼしてそれに別な形態を

与える諸過程のなかで充用される」という生産的労働についての「本源的規定」は、『Ⅱ-1稿』を経て現行『資本論』第2巻にも貫かれているものと理解できる。

（4）価値法則の成立と「量的規定性」の意義

　それでは、現行『資本論』第2巻第6章および第3巻第4篇で想定されている流通過程での生産的労働と不生産的労働とを分かつ基準としての「使用価値」とは、いかなる性格のものと捉えられているのであろうか。具体的には、先に検討した『資本論』第1巻第1章と同様に、「交換価値の素材的担い手」たり得るための「量的規定性」を有する使用価値として捉えられているのであろうか。『1861-63年草稿』ノート15と『資本論』第1巻第1章第4節の物神性論における叙述を検討することによって、この点が明確になる。

　前章第1節でも検討したように、『1861-63年草稿』ノート15の「商業資本。貨幣取引業に従事する資本」と表題の付された部分の前半部分では、資本による生産が確立する以前の商業資本が目的とする交換価値と、資本主義的生産の確立後に貫徹される価値法則との相違について考察されている。「資本の最初の形態であ」る「商業資本」は、「もっぱら流通（交換）から生じ、そのなかで自分を維持し再生産し増殖する価値であ」り、「交換価値こそがこの運動の唯一の目的なのである」とされるが、商業が目的とする交換価値に「価値の概念が含まれているのは、ただ、いろいろな商品はすべて価値であり、したがって貨幣であり、質から見れば一様に社会的労働の表現であるというかぎりでのことである。しかし、いろいろな商品は等しい価値量〔Werthgrössen〕ではない。……諸生産物が交換される量的な割合は、はじめはまったく偶然的である。諸生産物が諸商品として確立されるのは、それらがおよそ交換可能であるもの、すなわち同じものの表現であるかぎりでのことである」とされる。これに対して、「生産全体が生産物の交換価値に基づくようになれば、商品の価値は、質的にだけでなく量的に〔quantitive〕も同一のもの〔Identisches〕として規制される」[65]と述べられている。以上の叙述からは、資本による生産が全面的に確立する以前の商業は交換価値を目的とするものであるが、ここでの交換価値は単なる交換可能性一般、すなわち

質的同一性のみでしかなく、量的な同一性にもとづく等価交換すなわち価値法則は未成立であったと考えられていたことが分かる。これに対して、「生産全体が生産物の交換価値に基づくようになれば」、すなわち価値増殖をはかる資本による生産が一般化すると、このような単なる交換可能性という質的同一性だけでなく、「いろいろな商品は等しい価値量で」交換されるという量的同一性に基づいた交換が行われるようになる。このような量的同一性に基づいて諸商品は等値され、価値実体たる抽象的人間労働が抽出されるわけであるから、量的同一性に基づいた交換とは諸商品に含まれる価値実体たる抽象的人間労働を反映した使用価値が量的に対比されることを意味する。したがって、このような使用価値は「量的規定性」を有し「社会的尺度」によって度量可能であることを前提にしているものと理解できる。このように、「資本一般」範疇が修正された『1861-63 年草稿』ノート 15「商業資本。貨幣取引業に従事する資本」での価値法則の成立とその意義に関する叙述の中でも、先に検討した『資本論』第 1 巻第 1 章と同様に「量的規定性」を有し「社会的尺度」による度量可能であることが、「交換価値の素材的担い手」となり得る使用価値の前提とされているものと考えられる。

　上で検討した『1861-63 年草稿』ノート 15 では資本主義的生産の成立という歴史的叙述の中から価値法則の成立の意義が示されたが、『資本論』第 1 巻第 1 章第 4 節「商品の物神的性格とその秘密」の中ではより論理的にその意義が明らかにされている。すなわち、「彼ら〔諸商品—引用者〕は、彼らの種類を異にする生産物を交換において価値として互いに等置し合うことによって、彼らのさまざまに異なる労働を人間的労働として互いに等置するのであ」り、「労働生産物の価値性格は、事実上、<u>価値の大きさとしての諸生産物の発現</u>〔ihre Betätigung als Wertgrößen〕によってはじめて固まる」〔下線—引用者〕[66] ものと捉えられている。このように「価値の大きさとしての諸生産物の発現」が生産物同士の等値を媒介にした人間的労働としての等置の前提となっており、生産物が「量的規定性」を有していることがこうした価値実体の抽出の条件であるものと理解できる。そして、「社会的分業の自然発生的な諸分肢として互いに依存し合っている私的諸労働が社会的に均斉のとれた基準に絶えず還元されるのは、……それら〔私的諸労働の生産物—引用

第2章　生産的労働・価値形成労働の範囲について　　*63*

者〕の生産のために社会的に必要な労働時間が……規制的な自然法則として強力的に自己を貫徹するからである、という科学的洞察が経験そのものから生じるためには、そのまえに完全に発展した商品生産が必要である」[(67)]と述べられ、「完全に発展した商品生産」の確立、すなわち資本主義的生産の一般化が、価値実体に基づく生産物の等置という価値法則が科学的に認識されることの条件をなすものと捉えられている。このように、価値法則の成立について、「完全に発展した商品生産」の確立が条件とされ、その場合に「価値の大きさとしての諸生産物の発現」という「量的規定性」にもとづいて価値実体が抽出され得るという把握がなされている。

　以上の検討を通して、『1861-63年草稿』ノート15の「商業資本。貨幣取引業に従事する資本」で展開された価値法則の成立の意義は、『資本論』第1巻第1章第4節の物神性論での叙述と共通性を有することが明らかになった。そして、「商品の価値は、質的にだけでなく量的にも同一のものとして規制される」こと、あるいは「価値の大きさとしての諸生産物の発現」として「量的規定性」を有する諸生産物が等置されることが価値法則成立の前提と捉えられている。このように、価値論の論理において「交換価値の素材的担い手」となり「客観的対象化」し得る商品となるための要件とは、「量的規定性」を有し「社会的尺度」によって度量可能な使用価値であり、したがって労働の成果として度量可能な使用価値を生み出す労働が、価値を形成する生産的労働と捉えられる。

　以上の検討結果を、現行『資本論』の論理構成に即して整理すると、第1巻第1章で規定された「量的規定性」を有する使用価値という商品の要件は、第2巻および第3巻において流通過程における生産的労働と不生産的労働とを区分する際にも前提されているものと考えられる。このように、「量的規定性」を有し「社会的な尺度」によって度量可能な使用価値を生産することを価値形成労働ないし生産的労働の要件と捉えることによって、生産的労働の範囲をめぐる論争で争点となった運輸労働の価値生産的性格は、第1巻第1章での規定とは異なる例外規定によって説明される必要はなくなる。運輸労働については、移動距離や重量、人数など「社会的な尺度」によって度量された「量的規定性」にもとづいて労働成果が評価され得る。したがって、

64

運輸労働についても、こうした労働成果が売買対象となって等値関係に置かれ、そこから価値実体が抽出され得るものと認識できる。同様に、「流通過程の内部での、かつ流通過程のための、生産過程の継続として現われる」「度量衡による区分、諸商品の倉庫への貯蔵」、すなわち小分け労働および保管労働も、やはり重量や容積、加えて後者の場合には保管期間などといった尺度によって度量可能である。これに対して、教育や医療、理容などの労働は、その労働成果である有用効果を何らかの尺度によって度量することはできず、したがって、単なる交換可能性という質的同一性は有する場合でも、量的同一性をもって使用価値同士の等値関係に置かれることはできない。故に、価値論の論理からは価値形成労働と捉えることはできないものと考えられる＊。

＊　教育・医療・理容など価値形成労働と捉えられない労働の多くについて筆者は消費過程において消費者の介在を受ける消費労働と捉えられるものと考えているが、この点については次節で検討する。

4　小括

　本節での検討から、資本と交換される賃労働の形態をとる労働のうち、価値を形成する生産的労働となるのは、その労働の生み出す成果である使用価値が「量的規定性」を有し「社会的尺度」によって度量可能であることが要件をなすということが明らかになった。すなわち、価値を形成する労働とは、その成果が「社会的労働の客観的対象化」として「交換価値の素材的担い手」となり、相異なる使用価値が量的に対比・等置されることを通じて価値実体たる抽象的人間労働が抽出され得なければならない。このように、価値論の論理が貫徹するための使用価値の要件についての検討を通して、その使用価値を生み出す労働の価値形成性を画する基準が明らかになった＊。従来の論争で「本源的規定」と言われたこの基準は、「物質的財貨」や「物質的基体ににになわれた存在形態」というような素材的視点からではなく、量的規定を有する生産物同士の等値という価値実体抽出の論理の前提をなす使用価値の「量的規定性」の有無として捉えるべきと考える。なお、「使用価値とは、……人間の欲望を満足させる属性・利用されうる属性であれば、有形的な物（Ding）であっても、無形のもの（Ding）であっても、いっこうに差しつか

えないと解されなければならない」として、「教育サーヴィス、放送サーヴィス、クリーニング、医療、理容、美容、清掃労働」など、使用価値に量的規定性を有しない「サーヴィス」[68] を提供する労働にも価値形成性があると主張することも、使用価値の等置にもとづく価値実体の抽出という価値論の論理から乖離しているものと思われる。

* 佐藤金三郎氏の考証 [69] によれば、マルクスは『要綱』執筆過程において、現行『資本論』のように「商品範疇」を出発点に上向するプランとともに、「生産一般」ないし生産物たり得る使用価値についての考察を出発点とするプランをも構想しており、両者の間で動揺しつつも『要綱』執筆終了時点で前者のプランに落着したのであり、「使用価値としての使用価値の諸契機＝「生産一般」の諸規定」については、「「個々の節を展開するさいに」経済学的形態規定との区別と関連とにおいてそのつど論ずるという方法」[70] が採られたものと把握されている。本節で検討した商品たり得る使用価値の要件は、価値を形成する労働の範囲の画定という「経済学的形態規定」との関連において、価値の担い手となり得る「使用価値としての使用価値の諸契機＝「生産一般」の諸規定」を明らかにしたものと捉えたい。

第3節　生産的労働と、流通過程および消費過程における不生産的労働

　本節では、前章および本章前節までの検討を手がかりとして、生産的労働ないし価値形成労働の性格とその範囲についての筆者の見解を明らかにする。

1 「本源的規定」による生産的労働と消費労働との区分

　前節の検討で明らかになった「交換価値の素材的担い手」となり得る生産物の要件を踏まえると、生産的労働ないし価値形成労働の範囲を画する「本源的規定」が明確になる。『1861-63年草稿』では、生産的労働の「本源的規定」として「諸商品の使用価値に直接に変化を与え影響を及ぼしてそれに別な形態を与える諸過程のなかで充用される」ことと認識されていたものと捉えられた。このように、生産物は物的財貨に限られず、生産的労働によっ

て使用価値に与えられた「変化」やそれに及ぼされた「影響」、それに与えられた「別な形態」をも包含するものであるが、商品たりうる生産物の要件は抽象的人間労働が対象化された使用価値が交換関係において等置されることと理解できた。故に「本源的規定」とは、客観的に度量可能な、量的規定性を有する使用価値をもたらす労働を、生産的労働ないし価値形成労働と捉えるものとして理解できる。

　翻って、物的財貨を生産しない労働によってもたらされた有用効果*のうち、このような生産物となり得る場合の条件について検討してみよう。前節で明らかにした「本源的規定」および生産物の要件にしたがって考察すれば、生産的労働の場合には、労働そのものの投下量とそれがもたらす有用効果との間の照応関係が把握され、売買取引において労働によってもたらされる使用価値自体が度量・評価されて売買対象となり得る、との規定を与えることができる。このような規定に従って考察すると、物的財貨を形成しない運輸労働の場合にも、労働のもたらす有用効果たる使用価値の変化は移動距離や重量などとして客観的に度量・評価可能であり、このような距離や重量が売買の対象となるものと考えられる**。

　* 　前章第1節のさいごでも付言しておいたように、物的財貨を生産しない労働については、その労働の成果である有用効果が消費者によって享受されるものと理解できる。しかしながら、有用効果は「使用価値」として客観的に度量・評価されることによって「交換価値の素材的担い手」となり得ると考える筆者の見解は、労働のもたらす有用効果の多くに価値形成性を見いだそうとするサービス労働価値形成説に立つ諸氏の見解[71]とは異なる。例えば青才高志氏は医療労働を例に「医療という有用効果の価値は、けっして医者の労賃ではなく、それに対象化された労働量によって決まる」[72]との見解を、長田浩氏は「人間労働の有用的働きが有用効果として結実するのが、有形財になのか、無形財になのかにかかわりなく、それぞれの商品体に積み重なった抽象的人間労働の「凝固」の面で、諸商品を社会的に同質的な、したがって社会的に通訳可能なものになるので、物財もサービス財も、等しく価値特質を持つものとして、価値形態において等値されうる、つまり貨幣を仲立ちにした交換関係に入りうる」[73]との認識を示している。しかしながら以下の本文

で明らかにするように、医療労働を含む非物質的労働の場合には、有用効果が度量不可能であるため、消費者の享受対象である有用効果は売買対象とはなり得ず、労働そのものが売買対象として消費者に購入されるものと捉えられる。

** 但馬末雄氏は、労働の「成果が具体的労働の物質化・対象化・客体化・物体化・凝結等でない場合は、成果としての生産物・使用価値は価値を有するものとして社会的に計算・評価されない」と捉え、「マルクスにとっての価値論とは、原則として、物質的物（Sache, Ding）としての生産物に対象化した社会的労働についてのものであり、非物質（対象）的物としての生産物に結果する労働が価値を持つ場合は、……価値論の例外規定であり、それは運輸業の価値規定の場合にのみ限定されているものである」[74] と指摘している。しかしながら、運輸労働の成果としての移動距離や重量・人数が取引対象となる運輸業の場合にも、その「成果としての生産物・使用価値は価値を有するものとして社会的に計算・評価され」得るものと考えられる。

2 個人的消費過程における「対象化されていない労働」

これに対して、労働の成果である有用効果を客観的に度量・評価できない労働の場合には、享受対象としての有用効果ではなく労働そのもの*、すなわち「対象化されていない労働〔Nicht - vergegenständlichte Arbeit〕」[75] が売買対象とされるものと捉えられる。前節でも検討したように、諸商品の交換価値において質的同一性のみならず量的同一性が成立することが価値法則確立の要件であると考えられるが、このような労働の場合には量的同一性は成立し得ない。労働成果が客観的に度量できず、労働そのものの投下量と労働成果である使用価値量との間に照応関係が認識され得ず、消費者の享受対象となる労働成果ではなく労働そのものが、「対象化されていない労働」として売買対象とされるものと考えられる。

労働そのものが売買対象とされるということは、購買者としての消費者は、購入した労働そのものからより大きな有用効果を引き出すべく、労働過程に対して不断の介入を行い、場合によっては労働内容の変更を迫ることもあり得ることを意味する。こうした場合には、産業資本に労働力が購買されて

「労働過程は……〔生産的─引用者〕資本家による労働力の消費過程として行われる」[76] 場合と同様に、消費者に購買された労働そのものの「労働力の消費過程」は、消費者の個人的消費活動を代行する「消費労働」として機能するものと捉えられる＊＊。このように消費者の介入を受ける「消費労働」は、たとえ資本家に雇用された賃労働者によって提供された場合でも、労働過程は部分的には消費者に従属するのであり、雇用主としての「資本のもとへの労働の実質的包摂〔die reelle Subsumtion der Arbeit unter das Kapital〕が」[77] 貫徹し得ないと考えられる。

　この点に関して、『1861-63年草稿』のノート23で「生産的労働者自体も、私にとっては不生産的労働者であることがありうる」事例として、「私が自分の家に壁紙を張らせ、これらの壁紙張り職人たちがある雇い主の賃労働者であり、この雇い主が私に仕事を売る場合には、それは、私にとっては、壁紙の張ってある家を買ったのと同じこと、すなわち貨幣を私の消費用の商品に支出したのと同じことである」[78] と述べられている。「雇い主が私に仕事を売る」すなわち「対象化されていない労働」が提供されて、「私が自分の家に壁紙を張らせ」る行為に充用される場合には、個人的消費過程における「不生産的労働者」となる。この場合、壁紙張り職人の労働は、賃労働形態をとろうがとるまいが、労働の成果は家の壁の変化という使用価値の質的変化であるが、「代価が支払われるのは、サーヴィス供与そのものにたいして」[79]、つまり労働自体に対して支払われる。この場合には、労働そのものとそれのもたらす有用効果たる家の壁の形状変化との間に照応関係が認識されず、労働そのものが売買対象とされるのであり、壁紙張り職人の労働過程は消費者の注文にしたがって不断の変更を余儀なくされる場合もありうる。この例のように、労働そのもの、厳密には一定期間の・特定の合目的的な労働能力が売買対象となり、個人的消費過程で充用される場合には、その労働は消費過程における不生産的労働である「消費労働」と規定でき、消費者からの不断の指示・介入を受けるものと考えられる＊＊＊。一方、「歌手」や「兵士や医師や弁護士」など、「手でつかめるような、身体それ自体から区別される結果を、なにもあとに残さない」ような、「サーヴィス供与の結果は販売可能な商品ではな」く、「私〔購買者ないし消費者─引用者〕が享受するも

のは、……行為のうちにのみ存在して」[(80)]いる。したがって、これらの労働については、消費者からの要望や注文にしたがって労働過程が不断の変更を余儀なくされる性格を有し、壁紙張り職人の場合と同様に「消費労働」と捉えることができるだろう。

　＊　　この場合に売買対象とされるのは、より正確には「労働そのもの」ではなく「労働そのものの有用性にもとづく一定期間の労働能力」と捉えるべきであると思われるが、煩雑を避けるため、以後も「労働そのもの」との表現を用いる。

　＊＊　このような消費労働の定義に関しては、前章第4節で検討した『要綱』における「人身的用役給付」と「価値措定労働」との対比についての記述も参照され得る。すなわち『要綱』では、「人身的用役給付」は消費者に「一つの使用価値を与える」点では「価値措定労働」と共通するものの、後者はこの使用価値を「過去の対象化された労働」すなわち「対象的形態で与える」のに対して、「人身的用役給付」の場合には「生きた現在の労働」すなわち「活動の形態で与える」ものと捉えられている。

　＊＊＊　馬場雅昭氏も同様に、「直接収入と交換されるところのごく一部の「サーヴィス労働」」について、「この種の労働は、一定の使用価値を生産するが、その場合、「労働力」が収入によって購買され、所得の所有者の管理により発揮されるから、使用価値が生産されても、その使用価値は、「他人のための使用価値、社会的な使用価値」になるのではない。それ故に、価値を生産しないから、不生産的労働なのである」との見解を示している。但し、馬場氏の場合には、「資本に包摂され、資本のために剰余価値を直接生産するサーヴィス労働は、生産的労働である」[(81)]として、「本源的規定」より「資本主義的形態規定」を優先するために、この種の不生産的労働である「消費労働」の範囲は筆者の見解より狭く捉えられている。

〔補注〕「対象化されていない労働」とその性格

　『要綱』の「資本に関する章」ノート3の「資本と労働のあいだの交換」と表題の付された部分では、「資本と労働との……交換の必然的法則として現われる」「所有の労働からの分離」に関連して、「非資本そのものとして措定された労働」として、「対象化されていない労働〔*Nicht-vergegenständlichte Arbeit*〕」[(82)]について考察されている。なお、ここで検討されるのは、生産

手段から切り離され、資本によって雇用されて生産手段に結び付かない限り対象的生産物に結実しない労働、すなわち生産手段から疎外された労働自体についてである。

　まず、「対象化されていない労働〔Nicht-vergegenständlichte Arbeit〕」が、「否定的に把握された」場合には、「あらゆる労働手段と労働対象から、つまり労働の全客体性から切り離された労働」、つまり「労働の実在的現実性のこれらの諸契機からの抽象として存在する生きた労働（同様に非価値）であり、このような丸裸の存在〔völlige Entblößung〕、あるゆる客体性を欠いた純粋に主体的な労働の存在」と捉えられる。さらに、「対象的富の欠乏としての貧困ではなく、それ〔対象的富—引用者〕から完全に締め出されたものとしての貧困」である「絶対的貧困〔absolute Armut〕としての労働」[83]とも捉えられている。すなわち、労働者が生産手段から切り離された「丸裸の存在」として資本家によって購買されると、労働自体が「対象的富」と切り離される。したがって、労働者は「対象的富」を、自らの労働力と交換に得た賃金から買い戻さなければならない、という意味で「絶対的貧困としての労働」と捉えられている。

　他方、「対象化されていない労働〔Nicht-vergegenständlichte Arbeit〕」が、「肯定的に把握された」場合について、「活動としての労働であり、それ自体価値としての労働ではなく、価値の生きた源泉としての労働であ」り、「富が対象的に現実性として存在する資本に相対して、行為のなかで自己をそのものとして確証する富の一般的可能性としての一般的富である」[84]と述べられている。すなわち、「対象的富」としての労働成果に結実する前の「対象化されていない労働」は、「それ自体価値……ではな」いが、富をつくり出す「行為」を通じて、「価値の生きた源泉」であり「富の一般的可能性」であることが証明されるべき存在であると理解できる。他方、「ズボンをつくろわせ、長靴をみがかせるといった一連の別の享受——つまり用役給付〔Dienstleistungen〕を受けること」のような個人的消費過程で充用される場合には、消費過程における不生産的労働となり、こうした「対象化されていない労働」への貨幣の支払いは「ただ出費となるだけ」[85]であると理解できる。つまり「対象化されていない労働」は、生産過程で充用される場合には

対象的生産物に結実する以前の「価値の生きた源泉」としての価値措定労働となり、個人的消費過程で充用される場合には価値を形成しない「人身的用役給付」ないし「消費労働」となるものと理解できる。

　以上の検討から、労働そのもの、すなわち「対象化されていない労働」が売買対象として取引されて、個人的消費部面で充用される場合には、こうした労働を消費過程における不生産的労働である「消費労働」と捉えることができる。具体的には、教育や医療、介護、散髪、各種娯楽サービス提供などいわゆる対人サービス労働や、家政婦、クリーニング、庭師などいわゆる家事代行サービス労働は、こうした「消費労働」と範疇規定できるものと考えられる*。

　　*　このような再生産上の位置にある「消費労働」を雇用するいわゆるサービス資本は、消費労働を担う労働能力の転売を行うものであり、彼の得る利潤は雇用契約における賃労働者の労働能力の購買費用と、消費者に対するその労働力の転売価格の差額として得られるものと捉えることができる。こうしたサービス資本の再生産過程における性格については、第4章で明らかにする。

3　消費過程における不生産的労働と価値法則

　このように、個人的消費過程において充用される「対象化されていない労働」は不生産的労働と認識でき、価値を形成する生産的労働とは区別して把握すべきものと考えられる。なお、前章でも指摘したように、流通過程における不生産的労働である商業労働や、消費過程における不生産的労働である教育、医療や福祉関連分野での労働が果たす社会的役割・重要性は否定できない*。むしろ、生産的労働および価値形成労働の範囲については、『資本論』における理論的整合性、ないし『資本論』で明らかにされた理論的諸命題の適用可能性に鑑みつつ評価すべきものと考える。消費過程における不生産的労働については、前章第4節で検討したように、消費者との直接的・人身的依存関係が維持され、資本に雇用された労働であっても、「疎外された労働」の一面としての消費過程からの「疎遠」性、労働の合目的性からの疎外や生産の無政府性は限定的になる。したがって、これら不生産的労働については、

産業資本に雇用された賃労働者の労働とは異なる性格を有し、『資本論』で展開された価値法則および理論的諸命題がそのまま貫徹しえないことに留意が必要である。

　例えば、産業資本間の競争では、新しい生産方法の採用により「ある商品を生産するために社会的に必要な労働時間が短縮され、したがって、より少ない分量の労働がより大きな分量の使用価値を生産する力を獲得」[86]した個別資本は、「より安く生産された諸商品の個別的価値と社会的価値との差」[87]を特別剰余価値として獲得することができる。今日的表現を用いると労働生産性の向上である。このような労働生産性の向上は、「本源的規定」から生産的労働とみなせない、すなわち労働の成果が客観的に度量・評価されず「対象化されていない労働」自体が取引対象となる不生産的労働の場合には、著しく制限されるものと考えられる。

　具体的には、近年急速に従業者数が増加している医療・福祉分野を含むいわゆる対人サービス労働に関しては、労働の成果が対象化・自立化し得ず、医療や介護報酬についても、労働投入自体が支払い対象となっている。対象的生産物の生産過程では、労働自体から自立した生産物を生産するための労働投入量の節減、具体的には機械化や生産工程の見直しなど新生産方法の導入による労働生産性向上が実現するが、労働成果が対象化・自立化しない対人サービス労働ではこうした意味での労働生産性向上が著しく困難であると考えられる**。このように、消費過程における不生産的労働と捉えられる対人サービス労働については、こうした『資本論』で展開される理論的命題を直接適用できないものと理解できる。なお付言すれば今日、新生産方法導入による生産性向上を実現し難い医療・福祉分野にも市場・収益性原理が導入され、産業化が推進されているが、労働生産性向上に著しい困難を伴うため、営利企業の利益拡大は、労働投入の節減によるサービス低下か、賃下げなど労働条件悪化により確保されざるを得なくなっている***。

　もちろん、流通・消費過程における不生産的労働の社会的意義・有用性を否定するものではないが、その社会的意義・有用性をもって生産的と捉え、「本源的規定」を放逐して「資本主義的形態規定」だけをもって生産的労働を規定すると、生産・流通・消費の各過程における労働の性格の相違が見失

われ、生産過程を前提に展開された価値法則や蓄積過程の諸法則が本来的に
貫徹し得ない不生産的労働を、生産部面における労働と混同し、さらには、
これら領域についても市場・収益性原理に基づく効率化・生産性向上が可能
となる、との労働過程の実態を看過した議論＊＊＊＊につながる懸念がある。
生産過程の論理で展開される価値法則、および『資本論』で展開される蓄積
過程における諸法則が適用できない不生産的労働については、生産過程にお
ける労働とは異なる流通・消費部面における労働の性格を踏まえ、とりわけ
不生産的労働を評価する独自の方法についての理論的考察が必要であると思
われる。

＊　これら不生産的労働が再生産過程において果たす機能については、不生産的
　　部門を再生産表式に具体化する第3、4章を通じて明らかになる。

＊＊　この点に関しては、第1章第3節で検討したように、マルサスによるマカ
　　ロック批判の中で、「アダム・スミスの説いている不生産的労働者には、この
　　ような〔「望ましい生産物ができるだけ少量の労働で最も多く獲得される」[88]
　　ような—引用者〕労働節約〔saving of labour〕の余地はない」[89] と指摘して
　　いる点が想起される。このような「労働節約」すなわち「より少ない分量の
　　労働がより大きな分量の使用価値を生産する力」の獲得が、労働生産力の社
　　会的増進と、それを通じた価値増殖の促進につながる。不生産的労働の場合
　　には、こうした「労働節約」を通じた価値増殖と蓄積の推進が著しく制限さ
　　れるものと考えられる。

＊＊＊　この点に関して、「競争原理や産業化の基本原理」に依拠して「政府が進
　　める介護の「産業化」政策は、介護事業者の事業基盤の安定や、存続にはむ
　　すびつかないばかりか、不正行為や不適切なケアの温床をつくりかねない」[90]
　　点が指摘されている。また、2005 年と 2011 年の産業連関表の対比と雇用動向
　　からは、医療・福祉分野ではこの間、国内生産額と雇用が顕著に拡大したが、
　　販路では政府最終消費支出の伸びが中心であり、1 人当たり賃金と営業余剰は
　　停滞・減退した [91]。こうした動向は、医療・福祉分野での生産性向上が実現
　　せず、医療・福祉事業者の事業基盤が悪化していることを示しているものと
　　考えられる。

＊＊＊＊　例えば、経済同友会は「医療・介護サービスの生産性改革を」(2014 年 6

月 24 日）と題された提言で、医療・福祉分野への市場原理・競争原理の導入を通じた事業規模拡大と生産性の向上の実現を目的に、民間営利法人によるサービス供給の拡大、公営および社会福祉法人への優遇の廃止を要求している。また政府は、2006 年に制定された「競争の導入による公共サービスの改革に関する法律」に基づいて、「国又は地方公共団体が行っている公共サービスについて、競争を導入すること」、さらに「公共サービスの全般について不断の見直しを行い、その実施に関して、透明かつ公正な競争の下で民間事業者の創意と工夫を適切に反映させること」[92] を目標に、公共サービス改革（市場化テスト）を通じて、公共サービスの民間営利法人への開放を進めている。こうした政策および提言の背景には、消費過程における不生産的労働、さらには公共領域に属する活動についても、製造業を中心とする生産的労働と同一視し、競争を通じて労働生産性の向上を実現できる、という理論的認識が伏在しているものと考えられる。

4 生産的消費過程で充用される「対象化されていない労働」

以上で考察の対象とした「対象化されていない労働」は、収入と交換されて個人的消費過程において充用され、それのもたらす有用効果が消費者によって享受される場合についてであった。これに対して、「対象化されていない労働」が資本によって生産的に消費される場合にも、同様の検討を行うことができる。

資本に購入された「対象化されていない労働」が「資本または資本家による労働能力……の生産的な消費過程を意味する労働過程」[93] で充用される場合には、その労働が機能する消費過程は生産的消費過程に他ならない。したがって、充用された労働が売買対象となる生産物、すなわち量的規定性を有する使用価値に対象化され、しかもその生産物が他人のための使用価値として販売される場合には、価値を形成する労働であると理解できる。このように、産業資本によって購買された「対象化されていない労働」については、その労働自体の成果が量的規定性に基づいて取引されなくとも、生産的消費過程において充用され、最終的に生産物の価値に対象化する生産的労働であると理解できる。

第 2 章　生産的労働・価値形成労働の範囲について　　*75*

　このような労働に関しては、第 1 節で検討した『諸結果』の「生産的労働と不生産的労働」との表題が設けられている部分で、「生産的な消費過程を意味する労働過程」において、「管理者や技師や技術学者」や「監督」あるいは「直接的筋肉労働者」や「手伝い人」など様々な形態の労働者が「社会的に結合された労働能力」として「生産的労働の直接的概念のもとに……組み入れられるようになる」と述べられている点に注目される。ここで指摘されている管理者や技師、技術学者、監督などの労働については、労働の成果が客観的に度量できず、労働の投下量と労働のもたらす有用効果との間に確定的関係を見いだせないため、労働そのものが売買対象とされるものと考えられる。このような「対象化されていない労働」については、「資本のもとへの労働の実質的包摂または独自に資本主義的な生産様式の発展につれて」「生産的な消費過程を意味する労働過程」で充用されるようになり、「社会的に結合された労働能力」[94] を構成するようになったために、「生産的労働の直接的概念のもとに……組み入れられるようになる」ものと捉えられる*。

　さいごに、直接的に物的財貨を生み出さない労働の価値形成性の如何について整理しておこう。まず、量的規定性を有する労働成果を生み出す労働、したがって質的・量的に使用価値が客観化されるという「本源的規定」が成立し、その労働成果が販売される場合には、その労働は生産過程に属するものと考えられる。これに対して、「本源的規定」が成立しない労働、すなわちその労働のもたらす有用効果が客観化できない労働は、享受対象たる有用効果とは異なる労働そのもの、すなわち「対象化されていない労働」が売買対象とされ、消費者の介入を受けつつ消費課程で機能する「消費労働」となる。そして、このような「対象化されていない労働」として売買される労働については、「資本または資本家による労働能力……の生産的な消費過程を意味する労働過程で労働する労働者だけが、生産的なのであ」[95] るのに対して、個人的な消費過程で充用される場合には自らは価値を形成せず、収入からの分与を受ける不生産的労働であると理解できる。

　　*　仲村政文氏は、技術論論争の成果を踏まえつつ、マルクスの叙述についての綿密な検討を通して「マルクスの生産力概念における科学の位置」[96] を明らかにすることによって、「科学的労働が生産的労働であることの論証」[97] を

行っている。

5 生産的労働の「本源的規定」と流通部面における労働

　次に、流通部面における労働について、生産的労働と不生産的労働とを区分する基準について考察する。なお、この課題については、前章および前節で検討した『1861-63年草稿』のノート15および『Ⅱ-1稿』、さらには『資本論』においてマルクス自身による解明が進んでおり、これらの叙述を敷衍することで基準を明確化することができる。

　まず、生産過程と流通過程との区分については、先に検討したように、両部面の境界をなす労働について、「流通過程の内部で続行される生産過程〔Produktionsprozesse zu betrahten sind, die innerhalb des Zirkulationsprozesses fortdauern〕」として「輸送業、分配可能な形態での諸商品の保管および配分」[98] が考察されていた。しかしながら、「流通過程」という表現に関しては、「流通過程〔Zirkulationsprozeß〕は、総再生産過程の一局面である。しかし、流通過程〔Zirkulationsprozeß〕では価値は、したがってまた剰余価値も生産されない」[99] との叙述も見られる。すなわち、マルクスは「流通過程〔Zirkulationsprozeß〕」という用語を、「生産過程」の続行である「輸送業、分配可能な形態での諸商品の保管および配分」過程をも含む意味と、これらの過程の除いた「価値は、したがってまた剰余価値も生産されない」過程のみの意味との2通りで用いている。そこで筆者は、前者の意味で用いられた「流通過程」については「流通部面」と表現し、「流通過程」との表記を「価値は、したがってまた剰余価値も生産されない」過程に限定して用いることとしたい。

　このような流通部面における労働については、前章で検討したように、『1861-63年草稿』ノート15で示された「諸商品の使用価値に直接に変化を与え影響を及ぼしてそれに別な形態を与える諸過程のなかで充用される」[100] との「本源的規定」に基づいて、この規定に合致する「流通過程の内部で続行される生産過程」で充用される生産的労働と、この規定に合致しない「労働の内容は価値も生産物も創造しない……生産の"空費"〔faux frais〕に属する」[101]「純粋な流通費〔Reine Zirkulationskosten〕」[102] に含まれ

る不生産的労働とに整理されていた。ここでは、「流通過程の内部で続行される生産過程」に属する労働と、「純粋な流通費」に属する労働との性格の相違について、先に明らかにした生産的労働についての「本源的規定」を踏まえつつ、具体的に検討してみたい*。

　まず、『資本論』第2巻第6章では、『1861-63年草稿』ノート15および『II-1稿』と同様、「流通過程の内部で続行される生産過程」として「輸送業、分配可能な形態での諸商品の保管および配分」が指摘されている。これらの労働と「本源的規定」との関わりについて考察しよう。まず、輸送労働のもたらす成果は輸送距離や輸送重量ないし輸送人数であり、これらは客観的に度量・評価できるから、輸送業においてはこれらの距離や重量、人数などの労働成果が購買者にとっての享受対象であるとともに売買対象となる。また、保管ないし倉庫貯蔵の場合にも、その有用効果は保管時間や保管重量ないし保管容積などとして客観的に度量・評価でき、やはり購買者の享受対象でもあるこれらの有用効果が売買対象となるものと理解できる。さらに、諸商品の配分ないし小分け・計量にかかわる労働については、「運輸業資本や小売業（区分）（計量）資本や倉庫業資本」(103)とのマルクスの叙述にも示されているように、商業資本の一類型たる小売商業の中で行われる場合が多い**。したがって、これらの労働に対する支払いも、後に検討する「純粋な流通費」とともに商業マージンとして現象する場合が多いが、配分や小分け・計量の作業のみを行う資本を想定すれば、やはりこれらの労働への支払いは、配分や小分け・計量される商品の重量や容積に応じてなされるものと考えられる。このように、マルクスが「流通過程の内部で続行される生産過程」として把握した諸労働については、客観的に度量可能な労働成果が売買対象となるものと理解できる。したがってこれら労働については、前節で明らかにした「本源的規定」に基づいて生産的労働であるとの規定を与えることが可能であり、例外規定として把握する必要はない。

　次に、『資本論』第2巻第6章第1節で「純粋な流通費」として検討されている費用ないし労働について考察しよう。第6章第1節の「購買時間と販売時間」項では、「商品から貨幣への、および貨幣から商品への、……購買行為および販売行為」における労働の成果は、「商品形態から貨幣形態への、

また貨幣形態から商品形態への、同じ価値の転換」[104] であり、「彼〔売買労働の担当者―引用者〕の労働の内容は価値も生産物も創造しない」[105] と捉えられている。故に、売買労働は客観的に度量可能な成果をもたらすことはなく、「諸商品の使用価値に直接に変化を与え影響を及ぼしてそれに別な形態を与える諸過程のなかで充用される」との生産的労働についての「本源的規定」を満たさないことは明らかであろう。また、売買労働に対する対価は、商品の生産価格とそれを下回る商業資本への販売額との差額である商業マージンとして商業資本の手に渡るが、商業マージンの大きさは「商人資本は剰余価値の生産には参加しないが、この剰余価値の平均利潤への均等化には参加する」[106] ことによって決定されるものと考えられる。こうした商業マージンを通じた剰余価値からの商業利潤への分与については、第3章で詳しく検討するが、労働成果の客観的な度量に基づくものとは捉えられない。なお、個人販売員などに対して「出来高賃金」の形で売買額に応じた労働報酬を支払う場合も想定できるが、売買実現量は偶然性に支配され、投下労働量と売買実現額との間に確定的関係を想定することはできない。むしろ、このような報酬の決定方法は、売買労働と売買実現額との間の不照応のリスクを個人販売員に転嫁するものと理解できる。

　同様に、生産物に直接的・間接的に働きかけることのない「純粋な流通費」としての「簿記係、事務員など」[107] の労働も「諸商品の使用価値に直接に変化を与え影響を及ぼしてそれに別な形態を与える諸過程のなかで充用される」との生産的労働についての「本源的規定」を満たさない不生産的労働と捉えられ、現代のいわゆる各種対事業所サービス業のように、これら労働が独立した資本によって担われるようになったとしても、不生産的労働としての性格は本質的に変化しないものと考えられる＊＊＊。

　＊　検討の前提として、流通部面における労働についても、消費過程での消費労働を検討した際に指摘したように、購入者によって享受されるのは労働そのものではなく労働の成果としての有用効果であると考えられる。例えば、旅客輸送については、満員の通勤電車での旅客輸送などを想定すれば、労働そのものすなわち輸送過程それ自体は購買者にとってむしろ苦痛すらもたらすものであり享受対象とは考えられず、輸送労働・輸送過程の結果である場所

の移動が享受されると考えるのが適当であろう。さらに、売買取引にかかる費用および労働についても、その購買者たる産業資本は生産物の価値の実現という労働の成果を享受するのであり、売買行為そのものを享受するとは考えられない。したがって生産過程における生産的労働と消費過程における消費労働との区分と同様に、「流通過程の内部で続行される生産過程」に属する生産的労働と「純粋な流通費」に属する不生産的労働との区分も、生産的労働についての「本源的規定」を基準にして、すなわち売買対象が労働そのものであるのか、あるいは労働成果であるのかにもとづいて整理することができると考えられる。

**　この点について、八柳良次郎氏は現行『資本論』第3巻のマルクスによる「主要草稿」を検討して、エンゲルスによる編集過程で「小売り」が削除された点に関して、『資本論』第3巻第4篇で考察される「純粋な商業資本とは何かという場合、小売には包装したり、物をはかったり、店頭に並べたりしますから、そのなかには価値形成的な部分があるので、卸売業に絞るといっている」[108]と指摘している。しかしながら、流通部面における価値形成的な部分は、小売業および卸売業という業態の相違によって生じるものではなく、本文で検討したように、小分けや計量など労働の内容を「本源的規定」を基準にして検討することによって明らかになるのであり、八柳氏が「純粋な商業資本」として指摘する「卸売業」においても保管や計量など、少なからず「本源的規定」を満たす生産的労働が行われることは否定できない。

***　流通労働の性格について、「商品が高度にシステム化されたものであれば、……生産と流通の区別が不明確になっている」[109]ことや、「現代ではFAとOAとの結合や、製販一体化など、生産システムや製造と販売の情報ネットワーク化・統合化が進行している」[110]ことを根拠に、事務労働や商業労働の生産的労働化が主張されている。しかしながら、上記の商業資本によって担われていた小分けや計量と同様に、現実において統合が進んだ作業・労働であっても、価値論的視覚から生産的労働と不生産的労働の相違を理論的に区分する意義に変化は生じないものと思われる。

おわりに――生産的労働、流通労働、消費労働の区分

　前章および本章における検討を通して明らかになった、生産的労働と不生産的労働との区分、より具体的には生産過程における生産的労働と、流通過程および消費過程における不生産的労働とを区分する基準を改めて整理することで、本章のむすびとしたい。

　まず、本章第2節で明らかにしたように、「交換価値の素材的担い手」となる生産物の要件とは、物的財貨であることを含め、労働の成果である使用価値が「量的規定性」を有し、何らかの尺度で度量可能であることと捉えることができた。そして、そのような客観的尺度で度量された使用価値を取引対象とする売買を通じて、対象化された労働が交換価値として実現し、剰余労働分も含めて生産物を販売した資本によって取得される。このように、「量的規定性」を有する使用価値に対象化し、その売買を通じて資本が剰余価値を獲得できるような労働を生産的労働と捉えることができた。なお、労働の成果が「量的規定性」を有する使用価値に結実するものであっても、その使用価値が売買対象とされず、一定時間の労働能力自体が売買対象となる場合には、「対象化されていない労働」が売買されるものと把握された。

　労働のもたらす成果が「量的規定性」を有しない場合には、労働成果そのもの・有用効果そのものが売買対象たり得ないことから、一定時間の労働能力自体が「対象化されていない労働」として売買対象とされざるを得ない。こうした場合も含めて、「対象化されていない労働」が売買対象とされると、購入された労働能力の発揮は購入者側・消費者側からの介入・干渉を受けることから、この労働能力が賃労働形態をとり、資本家によって販売された場合でも、資本家は剰余労働の成果の全てを獲得することはできず、購入者によって取得される可能性を有する。したがって、このような「対象化されていない労働」が売買対象となる場合には、「資本家のために剰余価値を生産する」生産的労働であるか否かは、労働が充用される部面に応じて異なってくる。他人に転売するための使用価値の生産過程、すなわち「生産的な消費過程を意味する労働過程」において充用される場合には、最終的に生産物に

第2章　生産的労働・価値形成労働の範囲について　*81*

結実する生産的労働に含まれ、価値を形成するものと理解できる。他方で、「対象化されていない労働」が流通過程における「純粋な流通費」を構成するものとして充用される場合には、流通過程における不生産的労働として、自らは価値を形成しないが、生産的労働者の生産した剰余価値の分与によって補塡されるものと考えられる。さらに、「対象化されていない労働」が個人的消費過程で充用される場合には、消費過程における「消費費用」、すなわち「消費労働」としての不生産的労働と捉えられ、やはり自らは価値を形成せず、収入からの支払いを受けるものと理解できる。

　以上のように、前章および本章で明らかにした生産的労働についての「本源的規定」を基準として、価値を形成する生産過程における生産的労働、流通部面での労働のうち「流通過程の内部で続行される生産過程」をのぞく流通過程における不生産的労働、さらに消費過程における不生産的労働を区分する基準を明確にすることができた*。

*　重森暁氏は「マルクスが『ドイツ・イデオロギー』で示した、歴史のあるいは社会的生活の五つの契機・側面についての説明にしたが」って「生産と消費の区別」を明確化し、「生活手段の消費によって個人を再生産する過程」とともに「芸術・スポーツ活動、観光・娯楽などのような人間の欲求水準を高め全面的発達を促進する過程」をも「消費的生活過程」と捉え、「消費的生活過程」をになう「サービス労働は……生産ではなくて消費費用にはいる機能なのであって、不生産的労働である」と結論付けている[111]。さらに渡辺雅男氏は、「サービス」の用語については「サービス関係」概念より「資本主義的形態規定」を満たさない不生産的労働の意味に限定し、「資本主義的形態規定」を満たす賃労働については、「労働の生産機能」、「労働の流通機能」および「労働の消費機能」との区分を行っている[112]。本章では『資本論』形成史に着目しつつマルクスによる「本源的規定」の内容を明確化し、さらに「本源的規定」に適合する生産物を供給する労働の要件を明らかにすることで流通労働と消費労働を生産的労働から区別ことを意図したが、これら両氏の方法を基本的に継承するものと考えている。

注

（ 1 ） *Kapital.*, Ⅰ, S. 189（S. 195）；『資本論②』、309 頁。

（ 2 ） Ibid., S. 533（S. 531）；『資本論③』、872 頁。

（ 3 ） MEGA., Ⅱ/4, S. 108;『諸結果』、110 頁。

（ 4 ） Ibid., S. 109；同上、111-112 頁。

（ 5 ） *Kapital.*, Ⅰ, S. 534（S. 532）；『資本論③』、872 頁。

（ 6 ） 以上の引用は、同上、S. 532（p. 534）；同上、873 頁。

（ 7 ） MEGA., Ⅱ/4, S. 110；『諸結果』、112 頁。

（ 8 ） Ibid., S. 110；同上、112-113 頁。

（ 9 ） Ibid., S. 110；同上、113 頁。

（10） Ibid., S. 109；同上、111 頁。

（11） Ibid., S. 115-116；同上、123-124 頁。

（12） Ibid., S. 113；同上、119 頁。

（13） Ibid., S. 109；同上、111 頁。

（14） *Kapital.*, Ⅰ, S. 534（S. 532）；『資本論③』、872 頁。

（15） 金子ハルオ『サービス論研究』創風社、1998 年、23 頁。

（16） 以上の引用は *Kapital.*, Ⅰ, S. 534（S. 532）；『資本論③』、872-873 頁。

（17） MEGA., Ⅱ/4, S. 116；『諸結果』124-125 頁。

（18） 渡辺雅男『サービス労働論』三嶺書房、1985 年、77 頁。

（19） 同上、38 頁。

（20） 北村洋基『情報資本主義論』大月書店、2003 年、292 頁。

（21） 斉藤重雄『現代サービス経済論の展開』創風社、2005 年、384-385 頁。

（22） 金子前掲『サービス論研究』、49 頁。

（23） 以上の引用は、頭川博「価値形成労働の概念」（『一橋論叢』第 84 巻第 2 号、1980 年 8 月）、81 頁。

（24） 以上の引用は、飯盛信男『サービス経済論序説』九州大学出版会、1985 年、96-97 頁。

（25） 吉澤文男「サーヴィス労働の生産的労働性について」（『駒沢大学経済学論集』第 1 巻第 1・2 号合併号、1969 年 10 月）、110 頁。

（26） 同上、113 頁。

（27） *Kapital.*, Ⅱ, S. 146（S. 153）；『資本論⑤』、238 頁。

（28） 馬場雅昭『サーヴィス経済論』同文舘、1989 年、36-37 頁。

（29） *Kapital.*, Ⅰ, S. 40（S. 50）；『資本論①』、61 頁。

（30） Ibid., S. 40（S. 50）；同上、60 頁。

（31） 以上の引用は、馬場前掲書、35-7 頁。

（32） 以上の引用は、金子前掲『サービス論研究』、50-51 頁。

第2章　生産的労働・価値形成労働の範囲について　*83*

(33) *Kapital.*, I, S. 39 (S. 49)；『資本論①』、59 頁。

(34) Ibid., S. 39-40 (S. 49-50)；同上、60 頁。

(35) Ibid., S. 40 (S. 50)；同上、60-61 頁。

(36) Ibid., S. 40 (S. 50)；同上、61-62 頁。

(37) Ibid., S. 41 (S. 51-52)；同上、64 頁。

(38) Ibid., S. 42 (S. 52)；同上、64 頁。

(39) Ibid., S. 43 (S. 53)；同上、66 頁。

(40) 林直道『フランス語版資本論の研究』大月書店、1975 年、89 頁を参照。

(41) 同上。

(42) *Kapital.*, I, S. 52 (S. 62)；『資本論①』、81 頁。

(43) Ibid., S. 53 (S. 62)；同上、82 頁。

(44) Ibid., S. 53 (S. 63)；同上、83 頁。

(45) Ibid., S. 57 (S. 66)；同上、89 頁。

(46) Ibid., S. 58 (S. 67)；同上、91 頁。

(47) Ibid.；同上。

(48) 以上の引用は、舟木勝也「国民所得論における「生産的労働」についての一覧書」
（『東北学院大学論集経済学』第 49・50 合併号、1966 年 12 月）、10-16 頁。

(49) 以上の引用は、MEGA., II/1. S. 75-76；『草稿①』、112 頁。

(50) 以上の引用は、Ibid., S. 77-78；同上、116-117 頁。

(51) 以上の引用は、MEGA., II/2, S. 107-108；『草稿③』、213-214 頁。

(52) Ibid., S. 108；同上、214 頁。

(53) Ibid., S. 110；同上、217 頁。

(54) Hegel, G. W. F., *Werke in zwanzig Bänden 8*, SUHRKAMP. S. 209；ヘーゲル（松村一
人訳）『小論理学　上巻の一』岩波書店、1951 年、117 頁。

(55) Hegel, G. W. F., *Wissenschaft der Logik*, Verlag von Felix Meiner in Hamburg, 1963, S.
95；ヘーゲル（武市健人訳）『大論理學　上巻の一』岩波書店、1956 年、117 頁。

(56) この点については、谷野勝明『経済科学の生成』時潮社、1991 年；佐藤金三郎『『資
本論』研究序説』岩波書店、1992 年を参照。

(57) MEGA., II/3.5, S. 1593；『草稿⑧』、78 頁。

(58) 注 27 を参照。

(59) MEGA., II/3.5, S. 1573；『草稿⑧』52-53 頁。

(60) Ibid., S. 1595；同上、81 頁。

(61) MEGA., II/3.6, S. 2179；『草稿⑨』、437 頁。

(62) Ibid., S. 2178-2179；『草稿⑨』、436-437 頁。

(63) MEGA., II/4, S. 225；『II-1 稿』、109-110 頁。

(64) *Kapital.*, II, S. 133 (S. 141)；『資本論⑤』、218-219 頁。

(65) 以上の引用は、MEGA., II/3.5, S. 1549；『草稿⑧』、11 - 12 頁。

(66) *Kapital.*, I, S. 79 - 80（S88 - 89）；『資本論①』、126 - 127 頁。

(67) Ibid., S. 80 - 81（S89）；同上、128 頁。

(68) 注 31 を参照。

(69) 佐藤金三郎「「経済学批判」体系と「生産一般」」（佐藤前掲書所収）。

(70) 佐藤前掲書、217 頁。

(71) 青才高志「価値形成労働について」（『経済評論』1977 年 9 月号所収）；飯盛前掲書；長田浩『サービス経済論体系』1989 年、新評論；馬場前掲書；吉沢前掲論文などを参照。

(72) 青才前掲論文、132 頁。

(73) 長田前掲書、136 頁。

(74) 但馬前掲書、301 頁。

(75) MEGA., II/1.1. S. 216；『草稿①』、353 頁。なお、「対象化されていない労働」については後の〔補注〕を参照。

(76) *Kapital.*, I, S. 193（S. 199）；『資本論②』、316 頁。

(77) Ibid., S. 535（S. 533）；『資本編③』、874 頁。

(78) MEGA., II/3.6, S. 2179；『草稿⑨』、438 頁。

(79) Ibid., S. 2179；『草稿⑨』、437 頁。

(80) Ibid., S. 2178；『草稿⑨』、436 頁。

(81) 馬場前掲書、95 - 96 頁。

(82) 以上の引用は、MEGA., II/1.1, S. 216；『草稿①』、353 頁。

(83) Ibid., S. 216；同上、353 - 354 頁。

(84) Ibid., S. 217；同上、354 頁。

(85) 以上の引用は、Ibid., S. 215；同上、352 頁。

(86) *Kapital.*, I, S. 329 - 330（S. 333）；『資本論③』、549 頁。

(87) Ibid., S. 334（S. 337）；同上、556 頁。

(88) *Definitions.*, p. 78；『経済学における諸定義』、63 頁。

(89) Ibid., p. 78；同上、63 - 64 頁。

(90) 曽我千春「介護保険制度の改編と介護保障」（『経済』2017 年 10 月号）、48 頁。

(91) 拙稿「2010 年代日本産業の停滞と貿易赤字」（中央大学企業研究所『企業研究』第 27 号、2015 年 8 月）を参照。

(92) 「公共サービス改革基本方針」（2018 年 7 月閣議決定）、1 頁。

(93) MEGA., II/4, S. 109；『諸結果』、111 頁。注 10 を参照。

(94) 以上の引用は Ibid., S. 109；同上、111 - 112 頁。注 4 を参照。

(95) Ibid., S. 109；同上、111 頁。注 10 を参照。

(96) 仲村政文『科学技術の経済理論』青木書店、1986 年、82 頁。

第 2 章　生産的労働・価値形成労働の範囲について　*85*

(97) 同上、287-288 頁。

(98) *Kapital.*, Ⅲ, S. 297-298(S. 279)；『資本論⑨』、456 頁。

(99) Ibid., S. 310(S. 290-291)；同上、475 頁。

(100) MEGA., Ⅱ/3.5, S. 1574；『草稿⑧』52-53 頁。

(101) *Kapital.*, Ⅱ, S. 126(S. 134)；『資本論⑤』、207 頁。

(102) Ibid., S. 123(S. 131)；同上、202 頁。

(103) MEGA., Ⅱ/3.5, S. 1574；『草稿⑧』、53 頁。

(104) *Kapital.*, Ⅱ, S. 123(S. 131)；『資本論⑤』、202 頁。

(105) Ibid., S. 126(S. 134)；同上、207 頁。

(106) *Kapital.*, Ⅲ, S. 317(S. 297)；『資本論⑨』、486 頁。

(107) *Kapital.*, Ⅱ, S. 129(S. 136)；『資本論⑤』、211 頁。

(108) 大村泉・鳥居伸好・谷野勝明・八柳良次郎・関根猪一郎・宮川彰「シンポジウム『資本論』草稿とマルクス・エンゲルス研究（上)」(『経済』第 22 号、1997 年 7 月)、172 頁。

(109) 高木彰『現代経済学の基礎理論』創風社、1996 年、173 頁。

(110) 北村前掲書、345 頁。

(111) 重森暁「生産的労働と不生産的労働」(島恭彦監修『講座現代経済学Ⅲ『資本論』と現代経済（2)』青木書店、1978 年所収)、149-152 頁。

(112) 渡辺雅男前掲書、160-177 頁。

第3章

流通費・商業資本と平均利潤率、再生産

はじめに

　再生産（表式）論では、資本蓄積・経済成長の態様を反映する部門構成と資本主義的階級関係を前提とした分配関係を反映する価値構成という2つの基礎範疇が示され、資本流通と所得流通を媒介にしたこれら基礎範疇相互間の関連から、社会的総生産物の実現と階級関係の再生産が把握されている。このような理論的性格を有する再生産（表式）論的視角を踏まえつつ現状分析を行うことで、各国・地域経済の構造的特質とその変容過程とを明らかにすることができる[1]。

　ただし『資本論』第2巻第3篇における再生産表式では、生産的労働および産業資本のみが対象とされ、商業労働および商業資本に代表される不生産的労働および不生産的資本の活動は扱われていない。しかしながら、現代の資本主義経済では、商業資本をはじめとした流通過程における資本や、いわゆるサービス業に含まれる消費過程における資本の活動も大きな比重を占めるようになっている[2]。そこで本章では、不生産的資本のうち商業資本に代表される流通過程に介在する資本の活動について、再生産過程において果たす役割を明らかにした上で、商業資本の平均利潤率形成への参加、流通費を含んだ利潤率の定式化、さらに流通部門を含む再生産表式の展開を試みることを課題とする*。

　*　再生産表式への商業資本の導入・具体化については谷野勝明氏の研究[3]で
　　検討されているが、後に検討する利潤率の定式化をめぐってはローゼンベル
　　グの「修正式」を前提して考察が進められている。本章では、再生産過程に

おける流通費・商業資本の役割や位置を明らかにした上で、利潤率の定式化をめぐる論争を踏まえつつ、商業資本が参加する場合の平均利潤率や、商業資本を含んだ再生産表式の展開について考察していきたい。

第1節　再生産表式への商業部門導入の示唆

　先述したように、『資本論』第2巻第3篇で展開された再生産表式には、産業資本によって担われる生産的部門だけが表示されている。しかしながら『資本論』第3巻では、産業資本から剰余価値の分与を受ける商業資本や利子生み資本、土地所有者が登場する。マルクスは、これら不生産的部門のうち商業資本について、再生産表式に導入することを予定ないし課題としていたことを示唆する記述を残している。

　『1861–63年草稿』ノート22では、独自の経済表を構想[4]している箇所において、「商業資本および貨幣取扱資本はとくに示されていない。というのは、もしそうすれば表があまりにも複雑になるであろうからである」[5]と述べられ、当初は経済表に商業資本および貨幣取扱資本を位置づけ、「資本家と商人と労働者との間の流通・剰余価値の貨幣化・再生産過程における貨幣流通・貨幣との関連での蓄積・貨幣材料の再生産・運動全体における商業資本の考察が予定され」[6]ていたことが分かる*。さらに『資本論』第2部第一草稿の「第三章. 流通と再生産」では、再生産過程における「貨幣流通（および貨幣資本としての形態にある資本）を捨象する」が、「貨幣流通にとっての特殊的規定がこの過程の契機として生じてくる場合に、ときおり考慮にいれる」との叙述に続いて、「これより進んだ諸規定は、商人資本等々、ならびに、剰余価値が分裂していくさまざまの特殊的範疇が考察されたのちに、第三部の最後の章ではじめて問題となるであろう」[7]との覚書的記述が見られる。すなわちマルクスは、再生産過程における貨幣流通の問題については、商業資本等の考察を踏まえて『資本論』第3部の最終章（現行『資本論』第3巻では第7篇）で検討する予定であったものと理解できる**。

　一方、『資本論』第3巻第17章で商業利潤および流通費について検討する中で、「それら〔純粋な流通費—引用者〕は、直接的生産関係にははいり込ま

ないが、流通過程にはいり込み、それゆえ再生産の総過程にはいり込む」という流通費の位置づけについての記述に続き、括弧に入れて覚書的に「そのほかに……研究されなければならない」課題として次の3つが指摘されている。「第一に、必要労働だけが商品の価値にはいり込むという法則は、流通過程ではどのように顕現するのか？第二に、蓄積は商人資本の場合どのように現われるのか？第三に、商人資本は社会の現実の総再生産過程ではどのように機能するのか？」[(8)]。これらの課題を解明するためには、再生産表式に商業資本を位置づけ、さらに商業部門を含んだ拡大再生産表式について検討することが不可欠であると思われる。また同じく第17章には、やはり括弧に入れて覚書的に、「次の諸点が研究されなければならない」課題の1つとして、「総再生産過程における商人資本の役割」[(9)]に言及されている。このように、『資本論』第2巻第3篇の再生産表式では捨象されていた不生産的部門のうち商業部門について、マルクス自身が再生産表式へ導入しようとの意図を持っていたことは明らかである。しかしながら、現行『資本論』ではこうした検討は行われておらず、残された課題となっているものと考えられる。

  * この点に関して、第1章でも指摘したように、『1861-63年草稿』執筆過程での「経済学批判」体系の方法論上の修正、すなわち「資本一般」範疇が修正されたことに留意が必要である。それまで「資本一般」については、一つの産業資本を対象とするものとされていたのが、「商業資本。貨幣取引業に従事する資本」との表題が付された『1861-63年草稿』ノート15以降で商業資本についての考察が行われ、不生産的資本としての商業資本など「特殊的諸資本」も「資本一般」としての考察に含まれるようになった。故に、後に再生産表式として展開される経済表に商業資本を位置づけることを前提した上記の叙述には、社会的総資本の再生産における商業資本の位置と役割の解明を課題としていたことが含意されているものと捉えられる。

 ** 現行『資本論』第3巻第49章において示された再生産表式は、第2巻第3篇とほぼ同様のもので、商業部門などの不生産的部門を含むものではない。

第2節　再生産過程と不生産的資本

　次に、社会的総資本の再生産過程における不生産的労働・不生産的資本の位置と役割について検討する。まず本節では、流通過程および消費過程における不生産的部門の再生産上の機能の違いについて、『資本論』第3巻および『1861-63年草稿』の叙述にもとづいて考察しよう。

1　資本と交換される不生産的部門の再生産過程における位置

　現行『資本論』第3巻第4～6篇では商業資本、利子生み資本および地代への剰余価値の分与について明らかにされているが、消費過程における不生産的労働ないし不生産的部門については、『資本論』第1～3巻を通じて体系的な記述は見られない。ここではまず、『資本論』第3巻に登場する不生産的資本の再生産上の機能・役割に関する叙述を検討しよう。

（1）商業資本の再生産過程における機能

　商業資本が再生産過程において果たす機能については、『資本論』第3巻第16章の末尾で、次の2点が指摘されている。1つは、「商人資本が市場の拡張を助け」る点であり、産業資本の生産した商品の実現の困難を克服することによって「産業資本の生産性とその蓄積とを促進する」。いま1つは、「通流時間を短縮する」点であり、産業資本が自ら流通過程を担当する場合に比べて「商人資本が資本のよりわずかな部分を貨幣資本として流通部面に閉じ込める」ために、「直接に生産に使用される資本部分を増大させる」[(10)]。いずれも、自立した商業資本の活動が産業資本の蓄積を促進し、その結果として剰余価値の分与を受けるという再生産上の機能が明らかにされている。

　続く第17章では、商業資本と産業資本との関係について、「彼〔商業資本—引用者〕が消耗する不変資本（物的な取引諸費用）」を産業資本家に「補填してもら」うことは、「産業資本家にとっては利潤の減少が生じる」ことを意味するが、商業資本が流通費を集中的に担当するという「分業にともなう集積と節約のために、この〔利潤の—引用者〕減少の程度は、産業資本家自

身がこの資本〔物的な取引諸費用―引用者〕を前貸ししなければならないであろう場合よりも小さ」くなり、「利潤率の低下がより少なくなる」[11] ことが明らかにされている。このように商業資本は、「価値および剰余価値の形成にたいする諸限界」[12] となる流通過程の活動・費用を軽減する役割を根拠に「再生産の総過程にはいり込」[13] み、「生産資本によって生み出された剰余価値または利潤のうち自分に与えられる部分をわがものにする」[14] のである。

（２）利子生み資本の再生産過程における機能

利子生み資本および信用制度の再生産上の機能について、『資本論』第3巻第27章では、「資本主義的生産における信用の役割」として「流通費の軽減」が指摘されている。具体的には「一つの主要な流通費」である「貨幣そのもの」が「信用によって……節約される」こと、さらに「流通または商品変態」の「信用による加速」によって「再生産過程一般の加速」が実現し、これによる「準備金の収縮」を通じて「資本のうちつねに貨幣形態で実存しなければならない部分の縮小」[15] につながる。このように信用制度は、流通費の一部である貨幣の節減という再生産上の機能を果たし、資本蓄積が促進されることを根拠に、利子生み資本は剰余価値の分与としての利子を得るものと理解できる。

（３）再生産過程における地代の機能

地代に関して、『資本論』第3巻第45章では、「土地所有の実存」によって、この土地で生産された「通常の利潤」からの地代の支払いが「資本の価値増殖にとっての一制限となっている」こと、すなわち「土地所有の独占」が「資本の〔価値増殖の―引用者〕制限」となっている事情が「差額地代においては前提されている」[16]。ただし借地農場経営者が差額地代を支払わない場合には、より劣等地の耕作を余儀なくされ、価値増殖を制限されることが含意されている。すなわち、地代の支払い自体は価値増殖の制約であるが、優等地で「土地所有の独占」が存在する場合の差額地代の支払いは、より劣等地での耕作を余儀なくされることによる価値増殖の大きな制約を節減するものと理解できる。こうして検討してみると、剰余価値の地代への分与について

も、先に検討した商業資本や利子生み資本の場合と同様に、資本蓄積にとっての障害・制約を軽減するという再生産上の役割を果たしていることが根拠となっているものと理解できる。

　以上の検討から、『資本論』第3巻に登場する不生産的部門——商業資本、利子生み資本および土地所有者——については、いずれも産業資本の価値増殖にとっての制約を節減することで蓄積を促進する役割を果たし、こうした役割を根拠に産業資本から剰余価値の分与を得るという再生産上の位置にあることが明確になった。

2　収入部分との交換としてのサービス資本の位置

　不生産的労働のうち、消費過程におけるサービス労働について、現行『資本論』第1〜3巻には体系的記述は見られない*。第2巻第3篇の再生産表式では、労働者の収入および資本家の個人的消費はすべて生産物としての消費手段の購入にあてられることが前提されている。

　一方、『1861-63年草稿』ノート7では、『経済学批判要綱』で「人身的用役給付〔persönliche Dienstleistung〕」[17]とされた諸労働、ホテルの料理人や給使、俳優、音楽家、娼婦、弁護士、教師、牧師、兵士、政治家などが言及されている。資本家がこれらの労働者を雇用してサービスを提供した対価は、「個人的消費にはいって行くかぎりでのすべての生産物について当てはまる」のと同様に、「公衆の収入から企業者自身に対して支払われる」[18]と述べられている。すなわち、第1、2章で明らかにしたように、資本家・労働者の収入が生産物である消費手段の購入にあてられるだけでなく、生産物に対象化されない「消費費用」に属する労働、「消費労働」の購入にも支出された結果、これら労働に介在するサービス資本が支払いを受けるものと捉えられる。

　　* 　本文での検討を踏まえると、「『資本論』ではもっぱら資本主義的生産様式の
　　　もとでの物質的財貨である商品の生産、分配、再生産を取り上げて、解明し、
　　　サービスはその後に取り上げるべきものとしていた」[19]との金子ハルオ氏の
　　　指摘は妥当なものと思われる。

第3章　流通費・商業資本と平均利潤率、再生産　　*93*

第3節　流通費の性格と再生産過程における位置

　前節の検討から、『資本論』第3巻に登場する商業資本、利子生み資本などの不生産的部門と、現行『資本論』第1〜3巻には登場しない消費過程に介在するサービス資本との、再生産上の機能および位置の相違が明確になった。前者の諸資本は、産業資本の価値増殖の制限・障害を軽減する役割を果たすことを根拠に、利潤率均等化にあたって剰余価値の分与を受ける、という位置にある。これに対して後者は、消費過程で機能する「消費労働」の提供への対価として、労働者・資本家の収入から支払いを受ける位置にある。本節では、前者の性格を有する不生産的部門の再生産上の機能・役割について、不生産的資本としての商業資本に代表させて考察する。先に検討したように、マルクスは商業資本を再生産表式に具体化する構想は持ちつつも、現行『資本論』では具体的検討はなされておらず、再生産表式では流通費や商業資本について考慮されていない。そこで本節では、再生産過程における流通費の機能・役割について、『資本論』の叙述を踏まえつつ考察しよう。

1　流通費を含む利潤率の定式化をめぐる論争

　商業資本の平均利潤率への参加や、再生産表式への商業部門の導入について考察するためには、商業利潤と流通諸費用——商業労働者の労賃と物的取引費用、商品買取貨幣資本——の再生産上の位置づけを明確にしておく必要がある。このうち、商業利潤は産業資本の獲得する剰余価値から分与されることは明らかだが、流通諸費用の補塡をめぐっては『資本論』にやや一貫性を欠く記述があり、商業資本も加わった場合の一般的利潤率の定式化をめぐって論争が続いている。

（1）流通費の性格についての『資本論』の叙述

　『資本論』第2巻第6章では、「このこと〔購買および販売—引用者〕に費やされる時間は、転換される価値になにもつけ加えない流通費であ」り、「彼〔産業資本家—引用者〕の資本の流通費……は彼の収入からの控除をなす」[20]

とされ、商業労働者の労賃や物的取引費用などは価値を形成せず、産業資本の取得する剰余価値からの控除となるものと捉えられている。さらに『資本論』第3巻第17章では、売買のために「必要な不変資本」と「商業賃労働者の使用に前貸しされる可変資本」は、「計算、簿記、市場取引、通信などに帰着する」ところの「買うことの費用と売ることの費用」すなわち流通費であるとされている[21]。これらの記述を合わせて考慮すると、商業資本にとっての「不変資本」と「可変資本」はともに流通費であり、剰余価値からの控除となるので、価値を移転したり、新たに価値をつけ加えたりしないものと理解できる。

（2）マルクスによる利潤率についての「定義式」

　さらに『資本論』第3巻第17章では、「100の商人資本〔商品買取資本のこと―引用者〕のほかになお、50の追加資本が当該の費用〔流通費のこと―引用者〕のために前貸しされるとすれば、いまや180の総剰余価値が、生産的資本900、プラス、商人資本150、合計1,050に分配される。したがって平均利潤率は、$17\frac{1}{7}$％に低下する。産業資本家は商品を$900+154\frac{2}{7}=1,054\frac{2}{7}$で商人に売り、商人はこれを1,130（1,080＋50――この50は彼が再補填しなければならない諸費用）で売る」[22]ものとして、流通費を含めた生産価格と平均利潤率が示されている。ここで平均利潤率$17\frac{1}{7}$％は（生産的資本900＋商人資本150）を分母、総剰余価値180を分子として計算されており、利潤率の定式は価値次元の概念――商品買取資本をB、流通費をzとする――を用いて以下の「定義式」で表すことができる[23]。

　　マルクスの「定義式」：$p' = m / (c + v + B + z)$

この「定義式」は、剰余価値総額 $m = 180$ が全て産業資本と商業資本によって取得されることを意味しており、流通費は剰余価値部分からの控除をなすとされた第2巻第6章の内容と矛盾している。なお、「定義式」に従うと、費用価格に利潤を加えた販売価格は、商品価値（$c + v + m$）を上回ってしまうから、流通費zと商品買取資本Bの摩滅分の補填は、価格への追加とし

第3章　流通費・商業資本と平均利潤率、再生産　　*95*

て購買者によって負担されるものと捉えられなければならない。

（3）ローゼンベルグの「修正式」とこれをめぐる論争

　こうしたマルクスの叙述に見られる問題点についてローゼンベルグは、「マルクスは此の部分では、流通費をもっぱら平均利潤率の形成に参加する方面からのみ研究し、まだ剰余価値からの控除としてはそれを考察していない」[24] ことに起因するものと捉え、上記の「定義式」に代わって、下記の「修正式」を提示している。

　　　ローゼンベルグの「修正式」：$p' = (m - z) / (c + v + B + z)$ *

この式では、商業資本のうち商品買取資本 B と物的流通費 z とが区別され、とくに z 部分は流通過程において失われる価値として剰余価値からの控除をなすことが示されている。すなわち「修正式」は、「転換される価値になにもつけ加えない流通費」が「彼〔産業資本—引用者〕の収入からの控除をなす」[25] という規定が貫かれるように、「定義式」に変更が加えられたものと把握できる。

　このローゼンベルグの「修正式」の是非をめぐって論争が行われているが、「定義式」を堅持して「修正式」を否定する論者は井田喜久治氏 [26] ら少数で、森下二次也氏 [27] や橋本勲氏 [28] など「修正式」を支持する見解が多数派であった。「流通費用の資本化」問題について森下氏と論争** を続けた宇野弘蔵氏も、この「修正式」をめぐっては「ローゼンベルグの解釈するとおりである」[29] との見解を示している。

　*　ローゼンベルグ自身は数字例を用いて利潤率の算式を示しつつもこのような記号を用いた定式化は行っていない。注 23 でも述べたように、ここで示した記号による「修正式」は、注 27 の森下氏の表記を若干修正した富塚良三氏の表記にしたがった。なお、剰余価値からの控除には、z とともに、商品買取資本 B の摩滅分の補塡費用も含めるべきと考える。

　**　論争自体については、貨幣買取資本、物的流通費のそれぞれについて、商業資本としての自立化の根拠が争点となった。こうした論争により、貨幣買

取資本と物的流通費との性格の相違が明らかになったが、逆に再生産上の機能における両者の共通性が看過されるようになった面も否めない[30]。

（4）草稿研究と「修正式」への批判

他方で近年、マルクスの草稿研究から、従来の多数派への異論が提示されている。宮川彰氏は、『新メガ』の『資本論』第3巻「主要草稿」における異文に基づいた八柳良次郎氏の提起[31]を受けて、「流通費参入の商業価格ははたして価値通りのものか、それとも名目的な追加価格をなすのかという長らく論議されてきた問題では、マルクスもエンゲルスもともに後者で考えていたことは疑いない」[32]と述べている。さらに但馬末雄氏は『1861-63年草稿』および『資本論』第3巻第4篇の検討を通して、マルクスは「修正式」を想定することはなく、流通費については「商業用資材（物的費用K）生産部門（業者）の存在が想定され……、商業用資材用の商品価値がTotalwertに付け加えられている」[33]と把握していたのであり、流通費の価値不生産的性格と「定義式」との矛盾について「価値を基礎とした合理的な説明」[34]を行おうとした、との解釈を示している。

しかしながら、マルクスの叙述に忠実であることと、流通費の性格に関する論理的整合性を保つこととは必ずしも同一の課題ではない。先に検討したように、流通費の性格をめぐるマルクスの2様の叙述には相矛盾する点が認められるのであるから、物的流通費や商業労働者などを用いる商業資本の再生産上の機能・位置を明らかにするという本章の課題に関しては、流通費の性格とその補塡関係について整合的な論理に基づく規定を画定する必要がある。

2 流通費の性格と利潤率の定式への導入

流通費について検討している『資本論』の叙述の考察にあたっては、「産業資本一般の論理段階と、商業資本が自立化した後の論理段階とは異なっている」[35]との橋本勲氏の指摘の通り、叙述箇所それぞれの論理段階の相違に留意されなければならない＊。そこで、こうした論理次元の相違を踏まえて、流通費の性格とその再生産過程における位置づけ、さらに流通費や商業利潤

を含む利潤率の定式化を検討するにあたって、理論的に首尾一貫した考察方法について明らかにしよう。

　　＊　山口重克氏は、産業資本一般の論理段階と商業資本が自立した後の論理段階
　　との相違を踏まえ、商業資本論を「競争論」次元で体系的に再構成する試み
　　を行っている[36]。しかしながら、現行『資本論』第3巻で展開されている商
　　業資本論は、あくまで「資本一般」に導入された限りでの「特殊的諸資本」
　　論にほかならず、「競争論」次元での展開が予定された商業資本論ではより豊
　　富な内容が想定されていたものと考えられる[37]。

（1）価値次元と生産価格次元における流通費の性格の相違

　現行『資本論』で、流通費に関する体系的な叙述は第2巻第6章と第3巻第4篇とに見られるが、前者は投下労働に基づく価値次元、後者は利潤率均等化を通じて成立する生産価格次元の論理段階に属する。なお、商業資本の利潤率均等化への参加や商業資本を含む再生産表式についての検討は生産価格次元で、すなわち社会的総資本の視点から社会的総費用と社会的総利潤との関係を踏まえて考察されなければならない。こうした論理次元の相違を意識しつつ、流通費の性格について考察を進めよう。

　『資本論』第2巻第6章では、「流通費は、単に価値を実現するための……費用であ」り、「この費用に投じられる資本（この資本によって指揮される労働も含めて）は、資本主義的生産の"空費"に属する」のであるから、「空費の補塡は、剰余生産物からなされなければならず、そしてこれは、資本家階級全体を考察すれば、……剰余価値または剰余生産物からの控除をなす」[38]と説明されている。これに対して第3巻第4篇第17章では、「この種の〔流通過程に関わる―引用者〕他の支出がどれでもそうであるように、この支出〔商業賃労働者への労賃の支払い―引用者〕も利潤率を低下させる。なぜなら、前貸資本は増大するが、剰余価値は増大しないからである」[39]と述べられ、個別資本にとって流通費は前貸資本の一部、すなわち費用価格を構成するものと捉えられている。さらに、『資本論』第2巻第6章および第3巻第4篇の内容の基礎となった『1861-63年草稿』ノート17の中に、「資本家は、利潤率を計算するさいには、前貸資本のこのような〔流通費としての事務所の賃

貸料や事務用品費―引用者〕部分を、原料や機械などに前貸しされた部分と
まったく同じように計算に入れる」[40]との叙述が見られる。すなわち、利潤
率に従って活動する現実の資本家にとっては、流通費は「原料や機械など」
の不変資本と「まったく同じように」費用価格として「計算に入れ」られる
ものと捉えられている。従って流通費は、価値次元においては剰余価値部分
の一部をなすが、生産価格次元における個別資本にとっては費用価格を構成
するものと理解できる。

　ところで『資本論』第2巻第6章では「貨幣」も「流通費」に含めて考察
され、「金銀のような特定の諸商品が貨幣として機能し、……流通過程に住
みつく」[41]ことから、売買用の店舗などと同様に、「個人的消費にも生産的
消費にもはいり込まない」、「生産の社会的形態からのみ生じる流通費を形
成」する「商品生産一般の"空費"」[42]であると認識されている。このように、
流通手段としての貨幣は、店舗などの物的流通費と同様の再生産上の機能を
担うと考えられるため、流通手段として機能する貨幣についても流通費に含
めて検討を進めることとしたい*。

＊　流通手段としての貨幣と物的流通費との共通性について但馬末雄氏は、「商
　品買取資本〔商品を購買するための貨幣資本 B―引用者〕……と商業費用〔物
　的流通費 z―引用者〕はともに商品の販売過程において分離不可の相関的な
　前貸資本であ」って、「両者が一体化した結果として $(B+z) < (B_0+z_0)$ を商
　業資本の自立化によって達成しうるからこそ、……商業資本は産業資本に代
　わって流通過程を全面的に担当する（自立化する）」[43]と指摘しており、流通
　費としての貨幣とその他の物的流通費を一括して扱うべきことを主張している。

（2）『資本論』における流通費・商業資本の導入

　現行『資本論』では、再生産表式や利潤率の定式化に際して、流通費はい
かに位置づけられているのだろうか。第2巻第3篇の再生産表式では、c・v・
mの3価値部分とⅠ・Ⅱ部門、すなわち「社会の総生産物、したがってそ
の総生産」は「Ⅰ生産諸手段。生産的消費にはいり込まねばならないか、ま
たは少なくともはいり込みうる形態をもつ諸商品」と「Ⅱ消費諸手段。資本
家階級および労働者階級の個人的消費にはいり込む形態をもつ諸商品」[44]か

ら構成される。ここでは「資本主義的生産の"空費"に属」し、「剰余価値または剰余生産物からの控除をなす」[(45)]物的流通費として購買される店舗や事務用品などは考慮されていない。また、利潤率が定式化されている第3巻第1章の冒頭では、費用価格の性格について、「商品の価値のうち、商品の生産に支出された資本価値を補塡するにすぎないさまざまな部分を費用価格というカテゴリーのもとに総括する」[(46)]との叙述が見られるが、流通費については言及されていない。

　利潤率の定式の中にはじめて流通費が導入されるのは、第3巻第17章中の、先に検討した「定義式」に関する記述が見られる部分である。第17章ではまず「利潤の生産には参加しないで利潤の分配に参加する資本」[(47)]としての商業資本の性格が明らかにされる。そして「さしあたりこのような費用〔流通費―引用者〕ははいり込まないと想定」[(48)]され、「商人が少しも空費を使わない場合」[(49)]を前提に、商業資本の自立化と商業利潤の分与について検討されている。その後、物的流通費、商業労働の順に、それぞれの不生産的性格と価値補塡関係について検討される[(50)]が、「物的な取引諸費用」として商業資本に購買される「不変資本」は、「ある種の産業資本家たちの特有の業務」[(51)]として、すなわち再生産（表式）論におけるⅠ・Ⅱ部門とも異なる部門の産業資本によって生産されるものと捉えられている。さらに前節で検討したように、「不変資本」の補塡と商業利潤は、産業資本の側の「利潤の減少」として賄われているが、流通費と商業利潤との合計額が「産業資本家自身がこの資本〔物的な取引諸費用―引用者〕を前貸ししなければならないであろう場合よりも小さ」[(52)]くなることを根拠にしていることが明らかにされる。

　先述のように流通費の考察に関しては、価値次元に基づく第2巻第6章で考察された「資本主義的生産の"空費"に属」し「剰余価値または剰余生産物からの控除をなす」[(53)]という性格と、生産価格次元で展開される商業資本の自立化に際して、商業資本が流通費を集中的に担当する「分業にともなう集積と節約のために」「利潤率の低下がより少なくなる」[(54)]という性格との両面が考慮されなければならない。ところが第17章では、流通費の具体化に先立って商業資本の自立化と商業利潤の分与について検討されており、商業資本が自立化せず「産業資本自身がこの資本〔物的な取引諸費用―引用者〕

を前貸ししなければならないであろう場合」[55] についての掘り下げた検討は行われていない*。価値次元の論理段階を前提に、産業資本自らが流通費を前貸する場合を考察すれば、剰余価値の一部が「生産過程から引き離されて、総収益からの控除である流通費の一部になる」[56] 関係が明確になるが、第17章ではこうした場合については検討されていない。したがって、剰余価値からの控除をなすという価値次元における流通費の性格がやや不明瞭になっているため、第17章で提示された「定義式」で、剰余価値から物的流通費が控除されず、生産された剰余価値の全てが産業資本と商業資本に取得されることを示す定式化が行われた一因になったものと考えられる。

　* 　第17章の終り近くでは、「商人資本に特有な諸現象はまだ自立して現われないで、まだ産業資本に直接に連関してその分枝として現われるような形態で提起する」方法、すなわち「産業資本家自身の事務所において」「産業資本の商人的操作、したがってまた価値および剰余価値を実現するための労働およびその他の費用〔Zirkulationskosten〕がますます増大する」[57] 場合について検討されている。しかしながら、ここでは流通費のうち商業労働者の賃金についての考察が中心であり、物的流通費に関しての具体的検討は行われていない。

（3）論理次元の相違と流通費・商業資本の導入方法

　このように、流通費・商業資本の再生産上の役割・位置を明確にするためには、剰余価値からの控除をなすという価値次元における流通費の性格と、流通過程の集中的担当による流通費の節減を通じて社会的利潤率を高めるという生産価格次元における商業資本の性格の両面を踏まえて考察する必要がある。先に明らかにしたように、商業資本の自立化後に流通費の具体化をはかる『資本論』第3巻第17章の論理構成では、流通費が剰余価値からの控除をなす性格が不明確になっている。上の流通費の2つの性格の相違を明確にするためには、まずは第2巻第6章で考察されたように価値次元で価値不生産的な流通費の位置づけについて検討した上で、流通費の節減を根拠とする商業資本の自立化と商業利潤の分与については生産価格次元の概念を用いて明らかにする、という論理次元の相違を踏まえて段階的に考察する方法が

望ましいと考える。

　次に、生産価格次元での利潤率の定式化、さらに再生産表式への流通費・商業資本の具体化を検討する際の理論的留意点を確認しておこう。価値次元では剰余価値は各産業資本に雇用された労働者が生産した価値通りに取得されるのに対して、生産価格次元では社会的総利潤が各部門の費用価格に応じて配分される。すなわち、生産価格次元では、社会的総費用に対する社会的総利潤（剰余価値）の比率としての平均利潤率を前提に、社会的総利潤が総再生産過程に参画する資本に配分される関係が明示されなければならない。さらに平均利潤率の成立に商業資本も加わることを想定する場合には、流通費の節減による利潤の拡大に寄与することを根拠に剰余価値の分与を受ける商業資本の再生産上の機能を踏まえて、商業資本が負担する流通費に応じて商業利潤が配分される関係が明らかにされる必要がある。なお、利潤率の定式や再生産表式を構成する諸要素についても、社会的総資本の観点から検討する必要がある。具体的には、流通費は社会的総剰余価値ないし総利潤からの控除をなすと考えられるが、流通費が社会的に節約されたならば、節約分は生産部面に投下されることが想定できる。

3　流通費を導入した場合の利潤率の定式化

　以上の検討を踏まえて、利潤率の定式化について、論理次元の相違を考慮しつつ段階的に考察していこう。すなわち、価値次元における利潤率のもっとも簡単な定式から、自立した商業資本が平均利潤率の形成に参加する場合の利潤率の定式に至るまで、流通費の具体化、価値次元の諸概念の生産価格次元への変換、商業資本の自立化といった論理段階を経て考察を進めよう。

（1）価値次元におけるもっとも簡単な利潤率の定式

　『資本論』第3巻第3章で示された「$p' = m ／ (c + v)$」[58]というもっとも簡単な利潤率の定式については、社会的総資本が産業資本および生産的労働者のみで構成され、しかも産業資本は不生産的な支出としての流通費を支払うことはなく、獲得された剰余価値の全額が産業資本家に取得されることが前提されている。『資本論』第2巻第3篇での再生産表式も、これら c、v、m

102

の3つの価値部分から構成されており、第2巻第6章で考察された流通費は具体化されていない。

（2）価値次元で流通費を導入した利潤率の定式

　次に、『資本論』第2巻第6章で考察された流通費を具体化する場合、すなわち産業資本自身が流通費を負担する場合について、利潤率を定式化しよう。先に検討したように、流通費は価値も剰余価値も生産せず、剰余価値からの控除として補塡される。したがって、剰余価値のうち流通費として年々費やされる物的・人的諸費用を流通費 Mz とすると、剰余価値 m は、流通費 Mz と残余部分 My とに分割され得る。この残余部分 My は、個人的に消費するか拡大再生産に振り向けるかを資本家が決定できる部分であり、所得となる剰余価値と捉えられる。これら諸概念を用いると、流通費を導入した利潤率は下記のように示される。

$$p' = (m - Mz) \diagup (c + v + Mz) = My \diagup (c + v + Mz)$$

なお、$Mz > 0$ である以上、この定式で示した利潤率は、先に（1）で示した利潤率より小さい値を示す。ところで、『資本論』第3巻第17章では、剰余価値からの控除をなす流通費は「確かに追加資本を形成しはするが、しかし剰余価値を形成しはしない」[59] と指摘されている。さらに続けて、「個々の資本家にとっては、また産業資本家階級全体にとっては、そのこと〔「事務所費および商業労働者の賃銀」[60] を支出すること―引用者〕によって利潤率が減少する」[61] と述べられている。これら叙述では、利潤率は流通費を含んだ前貸資本に対して所得となる剰余価値の比率として想定されており、上に定式化したような利潤率が念頭におかれていたものと考えられる。

（3）生産価格次元の諸概念への変換

　商業資本の自立化と商業利潤の分与については、生産価格次元の論理段階において考察されなければならない。そこで、上の定式の価値次元の諸概念を生産価格次元の諸概念に置き換える。価値次元における不変資本 c は物的

流通費を除く物的費用としてc、また可変資本vは労賃vとする。剰余価値部分については、総剰余価値mに対応する総利潤P、流通費MzはPz、所得となる剰余価値Myに対応する所得となる利潤Pyと表記する。なおこの論理段階では、依然として産業資本自身が流通費を支出することを想定しているので、産業資本自身が負担する流通費Pz_0、この場合の所得となる利潤Py_0と表記する。以上の諸概念を用いることで、利潤率の定式は下のように書き改めることができる。

$$\text{p'} = (P - Pz_0) \diagup (c + v + Pz_0) = Py_0 \diagup (c + v + Pz_0)$$

（4）商業資本の自立した後の利潤率の定式

さいごに、商業資本が自立した場合の利潤率についての定式を示す。自立化した商業資本によって負担された流通費をPz、このときの所得となる利潤をPyとすると、利潤率の定式は次のように示すことができよう。

$$\text{p'} = (P - Pz) \diagup (c + v + Pz) = Py \diagup (c + v + Pz)$$

このように商業資本が自立化した後の流通費Pzについては、産業資本自身が負担する場合の流通費Pz_0との間に$Pz < Pz_0$なる関係が成立し、所得となる利潤Pyは（3）の定式における所得となる利潤Py_0よりも（$Pz_0 - Pz$）だけ大きくなる。

　以上、流通費の理論的性格を明らかにした上で、価値次元と生産価格次元との論理次元の相違を踏まえて展開された利潤率の定式は、先に検討したローゼンベルグの「修正式」とほぼ同じ内容であり、流通費を含む利潤率の定式として論理一貫性を有しているのは「定義式」でなく「修正式」の方であると評価できる*。但し、ローゼンベルグの説明では、流通費および商業資本の性格について、「純粋流通費は剰余価値量を減少させることによって、利潤率をも減少させる」[62]面と、「商業資本は剰余価値の生産を促進する」ことを通じて「利潤率の増大に貢献する」[63]面との両面を指摘した上で、上記の「修正式」が価値次元の概念を用いて説明されている。また、森下二次

也氏の定式化における「修正式」も価値次元の概念で構成されている。このような価値次元の概念を用いた利潤率の定式では、流通費が剰余価値からの控除となる面と、商業資本による流通費総額の節減を通じて利潤率が増進する面との相違が不明確になっている。先に検討したように、商業資本による流通費の節減とそれを根拠にした剰余価値からの商業利潤の分与については、生産価格次元の論理段階で考察されるべき内容である。こうした点を踏まえた本節での考察では、生産価格次元の概念を用いて、価値次元では剰余価値部分であるが生産価格次元では費用価格を構成する流通費 Pz を、所得となる利潤 Py から区別することによって、再生産上における流通費の性格や商業資本の機能を明確にすることができた。

   * 上述した宮川氏や但馬氏のマルクス解釈に関連して、利潤率の定式に商業資本を導入する場合の論理次元、具体的には生産価格次元での定式は社会的総資本視点を踏まえて展開されなければならない点に鑑みると、マルクスの「定義式」自体が論理一貫性に欠けるものと評価せざるを得ない。マルクスは『資本論』第3巻第17章での流通費を含んだ利潤率の「定義式と価値法則の両立のための試行錯誤」[64] を行っているとの但馬氏の認識は妥当なものと思われる。ただし、こうした課題に接近するためには、価値次元と価格次元との明確な区別を踏まえた流通費の性格の解明が不可欠であるが、その解明はマルクスによっては充分に行われ得なかったものと考えられる。

第4節 商業部門を組み込んだ単純再生産表式

前節で明らかにした流通費の性格と流通費を含む利潤率の定式化に基づいて、本節では流通費と商業資本の再生産表式への具体化を試みる。検討にあたっては、利潤率の定式化についての前節3項での考察と同様に、論理次元の相違を踏まえて段階的に考察を進める。なお、検討の前提として、『資本論』第2巻第3篇での部門構成2：1、両部門で資本の有機的構成4：1、剰余価値率100％となる次の表式を用いる*。

   * 産業部門間の有機的構成が相違する場合には、価値次元から生産価格次元に展開する際に、産業資本から商業資本への剰余価値の分与のみならず、生産

的部門間での剰余価値の分与による利潤率の均衡化の要因がはいり込み、問題がかえって複雑になってしまうため、産業資本について部門間で有機的構成の等しい下記の表式をもとに検討を進める。

《表式1》
「Ⅰ　4,000c＋1,000v＋1,000m＝6,000　　生産諸手段
　Ⅱ　2,000c＋　500v＋　500m＝3,000　　消費諸手段」[65]

1　単純再生産表式への流通費の導入

　まず、表式1に流通費を導入する。ここではⅠ・Ⅱ部門とも産業資本自身が流通費 Mz_0 を支出することを前提する。Ⅰ・Ⅱ部門のいずれも剰余価値部分の3分の2を流通費として支出しなければならず、残り3分の1が所得となる剰余価値 My_0 になると想定する。このような想定において流通費を導入すると、表式1は以下のように書き換えることができる*。

　*　添え字0を付した Mz_0 は産業資本自身が流通費を負担した場合に要する流通費を意味し、この場合の産業資本の所得となる剰余価値は My_0 であることを示している。

《表式2》
　Ⅰ　4,000c＋1,000v＋333.3My_0＋666.7Mz_0＝6,000W_1
　Ⅱ　2,000c＋　500v＋166.7My_0＋333.3Mz_0＝3,000W_2

この場合の利潤率は、$p'＝My_0／(c＋v＋Mz_0)＝5.9\%$ と計算できる。

　流通費 $1,000Mz_0$（＝Ⅰ$666.7Mz_0$＋Ⅱ$333.3Mz_0$）は商品買取資本 B_0 と物的流通費 cz_0、商業労働者の賃金 vz_0 から構成されるものとする。貨幣の年間流通速度を9回転とすると、商品買取資本 B_0 は総取引額9,000（＝$6,000W_1$＋$3,000W_2$）の9分の1の $1,000B_0$、その年摩滅率を10%として1年間の摩滅分 $100b_0$ とすると、年間に $100b_0$ が流通費から補填されなければならない。この貨幣補填分を除く流通費900について、物的流通費 cz_0 と商業労働者の賃金 vz_0 は産業資本における有機的構成と同様に4：1の構成比となるとすると、

下記の表式を示すことができる。

《表式3》

I　　$4,000c + 1,000v + 333.3My_0 + 66.7b_0 + 480cz_0 + 120vz_0 = 6,000W_1$

II　　$2,000c + \ \ \ 500v + 166.7My_0 + 33.3b_0 + 240cz_0 + \ \ 60vz_0 = 3,000W_2$

この場合の利潤率は、$p' = My_0 \diagup (c + v + B_0 + cz_0 + vz_0) = 5.3\%$ と計算できる[*]。

　　[*]　利潤率が5.3％に下がっているのは、利潤率の分母をなす費用価格に含まれる商品買取資本 B_0 について、年々の補填額は $100b_0$ であるが、利潤率の算定に際しては、その全額 $1,000B_0$ が費用として計算される事情による。

2　貨幣材料生産部門と流通資材生産部門の具体化

　貨幣の摩滅分 $100b_0$ および物的流通費 $720cz_0$ に関して、「彼〔商業資本—引用者〕が消耗する不変資本（物的な取引諸費用）……の生産は、ある種の産業資本家たちの特有の業務」として捉えられている。しかも、これらの「不変資本（物的な取引諸費用）」としての流通費は「資本主義的生産の"空費"」であり、生産物ないし取引対象に価値移転されることはない[(66)]。従って、貨幣材料と流通資材を生産する部門は、再生産表式における I 部門に位置づけることはできない。他方、これら貨幣材料と流通資材を、「II 消費諸手段。資本家階級および労働者階級の個人的消費にはいり込む形態をもつ諸商品」[(67)] に含めることも適切でない。故に理論的には、貨幣材料および流通資材は、『資本論』第2巻第3篇の表式における I・II 部門いずれの範疇にも該当しないと捉えるべきと考える。

　本節では、『資本論』第2巻第3篇における表式をもとに、流通費と商業資本を具体化していく方法で検討しているが、表式での素材・価値の補填関係における需給一致は、他の生産物に価値移転する生産手段以外の生産物を II 部門に含めることによって成立する[*]。そこで、貨幣材料および流通資材を生産する部門については、理論的には II 部門とは異質であるものの、表式の展開としては II 部門の中から分離させ、貨幣材料生産部門を IIg 部門、流通資材を生産する部門を IIz 部門として具体化する方法を採る。なお、全て

の生産部門の有機的構成が等しいとすれば、貨幣材料 Wg を生産する II g 部門、物的流通費によって購買される流通資材 W_{2Z} を生産する II z 部門、収入と交換される消費手段 W_2 を生産する II a 部門は、以下のように示すことができる。

* 物的流通費の一部を構成する貨幣材料の生産部門を再生産表式に位置づける場合には、やはり貨幣材料が生産物へ価値移転しないために、その生産部門を I 部門とすると表式における素材・価値補塡の量的条件が満たされない、という結論は先行研究 [68] によって明らかにされている。

II a　$1{,}453.3c + 363.3v + 121.1My_0 + 24.2b_0 + 174.4cz_0 + 43.6vz_0 = 2{,}180W_2$

II g　　$66.7c + 16.7v + 5.6My_0 + 1.1b_0 + 8.0cz_0 + 2.0vz_0 = 100Wg$

II z　　$480\ c + 120\ v + 40\ My_0 + 8\ b_0 + 57.6cz_0 + 14.4vz_0 = 720W_{2Z}$

3　流通費の節減

次に、「資本機能のこの分割〔産業資本から商業資本の分割、すなわち流通過程を担う商業資本の自立化—引用者〕によって、もっぱら流通過程に費やされる時間が減少し、そのために前貸しされる追加資本が減少し、そして商業利潤の姿態で現われる総利潤のうちの損失分がこの分割が行われない場合よりも減少する」[69] 事情を、再生産表式へ具体化する。商業資本は社会的再生産の総体に占める流通費 Mz を節約することによって——直接的に流通費用を節約するのみならず、流通時間の節減や商品買取資本の節減を通じることにもよって——、所得となる剰余価値 My および利潤率 p' を増加させるという再生産上の機能 [70] を果たす。

ここでは、商業資本の自立化によって各部門の流通費 Mz を構成する商品買取資本 B およびその摩滅分 b、物的流通費 cz、商業労働者の賃金 vz がそれぞれ 25％ だけ節減されるものと想定する。これによって II g 部門の生産物である貨幣材料は 100Wg から 75Wg へ節減されるため、貨幣材料生産部門は下記のように書き改められる。

II g　$50c + 12.5v + 4.2My + 2.1\Delta My + 0.6b + 4.5cz + 1.1vz = 75Wg$

また、$\mathrm{II}z$ 部門の生産物である流通資材は $720W_{2Z}$ から $540W_{2Z}$ へ節減される
ため、流通資材生産部門は下記のように書き改められる。

$$\mathrm{II}z \quad 360c + 90v + 30My + 15\Delta My + 4.5b + 32.4cz + 8.1vz = 540W_{2Z}$$

このように、$\mathrm{II}g$ 部門と $\mathrm{II}z$ 部門が節減された結果、不要となった不変資本
$136.7c$ と可変資本 $34.2v$ が $\mathrm{II}a$ 部門に振り向けられると想定すると、$\mathrm{II}a$ 部
門は以下のように拡大する。

$$\mathrm{II}a \quad 1{,}590c + 397.5v + 132.5My + 66.2\Delta My + 19.9b + 143.1cz + 35.8vz = 2{,}385W_2$$

以上、流通費が節減し、$\mathrm{II}a$、$\mathrm{II}g$ および $\mathrm{II}z$ 部門の構成が変化したことに
よって、表式は次のように書き換えられる。

《表式4》

I	$4{,}000c + 1{,}000\ \ v + 333.3My + 166.7\Delta My + 50\ \ b + 360\ \ cz + 90\ \ vz = 6{,}000W_1$
$\mathrm{II}a$	$1{,}590c +\ \ 397.5v + 132.5My +\ \ 66.2\Delta My + 19.9b + 143.1cz + 35.8vz = 2{,}385W_2$
$\mathrm{II}g$	$50c +\ \ \ \ 12.5v +\ \ \ 4.2My +\ \ \ \ 2.1\Delta My +\ \ 0.6b +\ \ \ 4.5cz +\ \ 1.1vz =\ \ \ \ \ 75Wg$
$\mathrm{II}z$	$360c +\ \ \ \ \ 90\ \ v +\ \ 30\ \ My +\ \ 15\ \ \Delta My +\ \ 4.5b +\ \ 32.4cz +\ \ 8.1vz =\ \ \ 540W_{2Z}$

$$6{,}000c + 1{,}500\ \ v + 500\ \ My + 250\ \ \Delta My + 75\ \ b + 540\ \ cz + 135vz$$

先にも検討したように、「商人資本が資本のよりわずかな部分を貨幣資本
として流通部面に閉じ込める限りでは、それは直接に生産に使用される資本
部分を増大させる」[71] ことによって、社会的再生産の拡大が可能になる。す
なわち、$250\Delta My$ 部分は、新たに産業資本によって生産部面に投じられるこ
とが想定され得るが、上の単純再生産表式では、余剰生産手段が存在しない
ため拡大再生産への移行を展開することはできない*。

* 流通費の節減分 $250\Delta My$ が生産部面に投じられて拡大再生産が実現するため
には、流通費の節減により $\mathrm{II}g$ および $\mathrm{II}z$ 部門で不要となった先述の $136.7c$ と
$34.2v$ が I 部門に振り向けられ、生産手段の生産量が $6{,}000W_1$ から $6{,}205.1W_1$

に増加して余剰生産手段 244.9 が生産されることが必要条件となる[72]。単純再生産表式の拡張を図る本章ではこれら流通費の節減分が各部門の資本家の所得となり、個人的消費に支出されるとするが、各産業資本が自ら担当していた流通過程を商業資本が集中的に代行することによって流通費が節減され、それによって拡大再生産が促進され得ることをここで確認しておきたい。

4　商業資本・商業部門の具体化

　商業資本が自立化すると、表式4で産業資本が負担している流通費は商業資本が集中して担うことになるから、流通過程を代行する商業（Z）部門を導入して書き改める必要がある。なお、商業資本は利潤率均等化に際して産業資本の取得した剰余価値の分与を受けるのであるから、表式は生産価格次元で展開されなければならない。

　以下の表式展開では、生産価格次元における諸概念については、産業資本の物的費用 c、生産的労働者の賃金 v、所得となる利潤 Py、貨幣資本の摩滅補填分 b、商業資材の購入費用 cz、商業労働者の賃金 vz と表記する。なお、所得となる利潤については、産業資本が生産した剰余価値から流通費部分を控除した分を Py、各部門の Py の合計額を平均利潤率に従って各部門に配分された平均利潤を Py' と表記する。なお、元資本部分について、各部門の産業資本は剰余価値部分の半分を流通費として商業資本に支払い、残る半分が資本家の所得になるとする。これら前提から、表式4の各部門の費用価格、所得となる利潤 Py および各部門の個別的利潤率は次のように示すことができる。

I	費用価格：$4,000c + 1,000v + 500Pz$	利潤：$500Py$	利潤率：9.1%
II a	費用価格：$1,590c + 397.5v + 198.7Pz$	利潤：$198.7Py$	利潤率：9.1%
II g	費用価格：$50c + 12.5v + 6.3Pz$	利潤：$6.3Py$	利潤率：9.1%
II z	費用価格：$360c + 90v + 45Pz$	利潤：$45Py$	利潤率：9.1%
Z	費用価格：$75b + 540cz + 135vz$	利潤：ゼロ	利潤率：0%

　次に、産業資本から商業資本への商業利潤の分与について検討する。上記の4つの生産的部門に商業（Z）部門も加わった利潤率の均等化を通じて、

各生産的部門から商業部門へ P^* の利潤が商業利潤として分与され、商業資本は P^* の合計を所得となる利潤 Py' として取得する一方、各生産的部門での所得となる利潤はそれぞれの部門の P^* だけ減少して Py' になるとする。商業部門も含めた5つの部門について、利潤率均等化の条件を求めると、各部門の所得となる利潤はそれぞれⅠ427.2Py'、Ⅱa169.9Py'、Ⅱg5.3Py'、Ⅱz38.4Py'、Z109.2Py'、平均利潤率は7.7％と計算できる*。したがって、各生産的部門から合計109.2（＝Ⅰ72.8P^*＋Ⅱa29P^*＋Ⅱg0.9P^*＋Ⅱz6.6P^*）の商業利潤が分与されることになる。なお、産業資本から商業資本へと分与される商業利潤 P^* は、商業資本が集中して負担する流通費 Pz（＝Ⅰ500Pz＋Ⅱa198.7Pz＋Ⅱg6.3Pz＋Ⅱz45Pz）とともに、商品の生産価格を下回る商業資本への販売価格と生産価格の差額、いわゆる商業マージンとして商業資本に移転すると考えられるので、下記の表式5に示された連関を通じて各生産部門の生産物と商業マージンに対する需給均衡が成立する。

* Z部門の投じる商品買取資本は750B であり、その摩滅分75b のみが当該期間における費用価格となる。但し、利潤率を計算する場合の分母には、摩滅分ではなく投下資本量750B が該当するため、Z部門の利潤率は、109.2Py'／（750B＋540cz＋135vz）＝7.7％となる。

《表式5》

Ⅰ　　4,000c＋　　　　　　　　1,000　v　＋427.2Py'＋500　Pz＋72.8P^*＝6,000

Ⅱa　1,590c＋　　　　　　　　397.5v＋169.9Py'＋198.7Pz＋29　P^*＝2,385

Ⅱg　　50c＋　　　　　　　　　12.5v＋　5.3Py'＋　6.3Pz＋0.9P^*＝　75

Ⅱz　　360c＋　　　　　　　　　90　v　＋38.4Py'＋45　Pz＋6.6P^*＝540

Z　　　　　　75b　＋　540cz　＋　135　vz＋109.2Py'　　　　　　　＝859.2

この表式での需給一致は、以下の通り明らかである。生産的部門の物的諸費用 c としての需要の合計（Ⅰ4,000c＋Ⅱa1,590c＋Ⅱg50c＋Ⅱz360c）は、Ⅰ部門生産物の供給額6,000と一致している。商業部門（Z部門）の需要する商品買取資本の摩滅分の補填需要75b はⅡg部門生産物の供給額75と一致し、物的流通費540cz はⅡz部門生産物の供給額540と一致している。また単純

第3章　流通費・商業資本と平均利潤率、再生産　*111*

再生産なので、全ての部門の労賃vおよびvzと利潤所得Py'の合計（Ⅰ1,000v＋Ⅱa397.5v＋Ⅱg12.5v＋Ⅱz90v＋Z135vz＋Ⅰ427.2Py'＋Ⅱa169.9Py'＋Ⅱg5.3Py'＋Ⅱz38.4Py'＋Z109.2Py'）は収入として消費手段の購入に向けられるが、これら需要の合計額はⅡa部門生産物の供給額2,385と一致している。さらに、産業資本が商業資本に支払う流通費Pzの合計（Ⅰ500Pz＋Ⅱa198.7Pz＋Ⅱg6.3Pz＋Ⅱz45Pz）は、商業部門の供給総額859.2から商業利潤109.2Py'を控除した分750と一致している。なお先に述べたように、産業資本から商業資本へ分与された利潤P^*の合計は、商業資本の利潤Z109.2Py'と一致している。

　なお、産業資本から商業資本に支払われる流通費Pzと商業利潤の分与分P^*とは、上で述べたような理論的意味の相違はあるが、現実には商業マージンとして一括して商業資本が取得する。そこで、流通費Pzと商業利潤P^*との合計額を商業マージンPz'として、表式5は下記のようにより簡潔に書き換えることができる。下記の表式6で、生産的部門全体と商業部門（Z部門）との取引における需給均衡は、生産部門からの商業利潤を含む商業マージンPz'の支払い総額（Ⅰ572.9Pz'＋Ⅰa227.6Pz'＋Ⅱg7.2Pz'＋Ⅱz51.6Pz'）が、商業部門の供給総額859.2に一致する、という形で成立している。

《表式6》

Ⅰ　　4,000c＋　　　　　　　　1,000　v＋427.2Py'＋572.9Pz'＝6,000

Ⅱa　1,590c＋　　　　　　　397.5v＋169.9Py'＋227.6Pz'＝2,385

Ⅱg　　50c＋　　　　　　　12.5v＋　5.3Py'＋　7.2Pz'＝　75

Ⅱz　360c＋　　　　　　　90　v＋38.4Py'＋51.6Pz'＝　540

――――――――――――――――――――――――――――――――

Z　　　　　75b＋540cz＋135　vz＋109.2Py'　　　＝859.2

Ⅰ　費用価格：4,000c＋1,000v＋572.9Pz'　利潤：427.2Py'　利潤率：7.7%

Ⅱa　費用価格：1,590c＋397.5v＋227.6Pz'　利潤：169.9Py'　利潤率：7.7%

Ⅱg　費用価格：50c＋12.5v＋7.2Pz'　　　利潤：5.3Py　　利潤率：7.7%

Ⅱz　費用価格：360c＋90v＋51.6Pz'　　　利潤：38.4Py　　利潤率：7.7%

Z　　費用価格：75b＋540cz＋135vz　　　利潤：109.2Py'　利潤率：7.7%

おわりに

　本章では、社会的総再生産過程における流通費・商業資本の機能・役割と、それを根拠にした一般的利潤率への商業資本の参加、さらに再生産表式への流通費・商業資本の具体化について、現行『資本論』第2・3巻および準備草稿の叙述を手掛かりに考察した。流通費への支出自体は価値も剰余価値も生産しない流通空費であるが、商業資本による流通費の集中的代行を通じて社会全体の流通空費を節減することによって、価値増殖にとっての制限が軽減される、すなわち価値増殖が推進されるという理論的性格が明らかになった。さらに、こうした社会的総再生産過程における流通費および商業資本の役割・位置を前提に、価値次元から生産価格次元へと展開する論理段階の相違を踏まえつつ、利潤率の定式化、流通費・商業資本の再生産表式への具体化について考察した。こうした検討を通じて、マルクスの「定義式」とローゼンベルグの「修正式」をめぐって従来から議論が続いていた流通費を含む利潤率の定式について、流通費の再生産上の機能を踏まえて首尾一貫する説明が可能になった。さらに、商業資本とともに利子生み資本、地代所有者という『資本論』第3巻に登場する不生産的部門についても、価値増殖に対する制限の軽減を根拠にして剰余価値の分与を受ける、という同様の再生産上の位置にあることも明らかになった。

　以上の検討を通じて、商業資本自体は価値を形成する部門とは見做せないが、資本蓄積にとっての制限をなす流通費の節減を通じて価値増殖を促進する再生産上の機能を果たしていることが明確になった。なお、不生産的部門の中でも商業資本とは再生産上の機能・位置が異なるサービス部門に関して、再生産過程における役割・位置を踏まえつつ再生産表式に具体化する課題については次章で考察する。

第 3 章　流通費・商業資本と平均利潤率、再生産　　*113*

注

（1）こうした視角に基づいた日本経済に関する現状分析として拙著『現代日本再生産構造分析』日本経済評論社、2013 年を参照。

（2）第 1、2 章で明らかにしたように、不生産的労働の理論的性格および内容について、流通過程における不生産的労働としての流通労働と、消費過程における不生産的労働としてのサービス労働とに区分すべきものと考えている。

（3）谷野勝明「再生産（表式）論と商業資本（上）（下）」（『経済』2006 年 1・7 月号）。

（4）マルクスによる経済表の構想および再生産表式の成立過程については、小林賢斉『再生産論の基本問題』有斐閣、1971 年；谷野勝明『経済科学の生成』時潮社、1991 年；松尾純「『1861 ～ 63 年草稿』における『経済表』」（服部文男・佐藤金三郎編『資本論体系 1　資本論体系の成立』有斐閣、2000 年）などを参照。

（5）MEGA., Ⅱ/3.6, S. 2280；『草稿⑨』593–594 頁。

（6）谷野前掲書、262 頁。

（7）MEGA., Ⅱ/4, S. 305；『Ⅱ–1 稿』201 頁。

（8）以上の引用は *Kapital.*, Ⅲ、S. 320（S. 300）；『資本論⑨』、490 頁。

（9）Ibid., S. 325（S. 305）；同上、498–499 頁。

（10）以上の引用は、Ibid., S. 311（S. 291）；同上、476 頁。

（11）Ibid., S. 328（S. 308）；同上、502–503 頁。

（12）Ibid., S. 311（S. 292）；同上、477 頁。

（13）Ibid., S. 320（S. 300）；同上、490 頁。

（14）Ibid., S. 312（S. 293）；同上、479 頁。

（15）以上の引用は、Ibid., S. 476–477（S. 451–452）；『資本論⑩』、754–756 頁。

（16）以上の引用は、Ibid., S. 799（S. 759）；『資本論⑬』、1309–1310 頁。

（17）MEGA., Ⅱ/1.2, S. 372；『草稿②』、108 頁。

（18）MEGA., Ⅱ/3.2, S. 452；『草稿⑤』、192 頁。

（19）金子ハルオ『サービス論研究』創風社、1998 年、49 頁。

（20）*Kapital.*, Ⅱ, S. 126–127（S. 134）；『資本論⑤』、208 頁。

（21）*Kapital.*, Ⅲ, S. 319–320（S. 300）；『資本論⑨』、490 頁。

（22）Ibid., S. 323（S. 303）；同上、495 頁。

（23）マルクスによる「定義式」と、後に検討するローゼンベルグの「修正式」についての数式表記については、富塚良三『経済原論』有斐閣、1976 年、378–379 頁を参照。なお、マルクス自身はこの式のような価値次元の概念を用いた定式化自体は行っていない。

（24）ローゼンベルグ（梅村二郎訳）『資本論註解（第六巻）』魚住書店、1965 年、395 頁。なお、引用の一部を常用漢字・現代仮名づかいに改めた。

(25) 注 20 を参照。

(26) 井田喜久治『商業資本の研究』青木書店、1975 年。

(27) 森下二次也『現代商業経済論』有斐閣、1960 年、166-177 頁。

(28) 橋本勲『商業資本と流通問題』ミネルヴァ書房、1970 年、3-40 頁。

(29) 宇野弘蔵『マルクス経済学原理論の研究』岩波書店、1959 年、274 頁。

(30) 論争の経緯については、加藤義忠「流通費用の資本化論をめぐって」(富塚良三・本間要一郎編『資本論体系 5 利潤・生産価格』有斐閣、1994 年所収) を参照。

(31) 八柳良次郎「〈連載〉新メガ (『資本論』第三巻草稿) の研究 第四篇」(『経済』1997 年 3 月号)。

(32) 宮川彰「『資本論』の学習と新メガ」(『経済』2002 年 6 月号)、39 頁。

(33) 但馬末雄『商業資本論の展開〔増補改訂版〕』法律文化社、2000 年、131 頁。

(34) 同上、116 頁。

(35) 橋本前掲書、41 頁。

(36) 山口重克『競争と商業資本』岩波書店、1983 年。

(37) 谷野前掲書、239-262 頁を参照。

(38) *Kapital.*, Ⅱ, S. 143 (S. 150)；『資本論⑤』、233 頁。

(39) *Kapital.*, Ⅲ, S. 330 (S. 310)；『資本論⑨』、507 頁。

(40) MEGA., Ⅱ/3.5, S. 1689；『草稿⑧』、230 頁。

(41) *Kapital.*, Ⅱ, S. 130 (S. 137)；『資本論⑤』、212 頁。

(42) Ibid., S. 130 (S. 138)；同上、213 頁。

(43) 但馬前掲書、48 頁。

(44) *Kapital.*, Ⅱ, S. 398 (S. 394)；『資本論⑦』、630 頁。

(45) 注 38 を参照。

(46) *Kapital.*, Ⅲ, S. 48 (S. 34)；『資本論⑧』、48 頁。

(47) Ibid., S. 315 (S. 295)；『資本論⑨』、482 頁。

(48) Ibid., S. 313 (S. 293)；同上、479 頁。

(49) Ibid., S. 318 (S. 299)；同上、488 頁。

(50) 『資本論』第 3 巻第 17 章の論理構成については、但馬前掲書、56-190 頁を参照。

(51) *Kapital.*, Ⅲ, S. 328 (S. 308)；『資本論⑨』、502-503 頁。

(52) 注 11 を参照。

(53) 注 38 を参照。

(54) 注 11 を参照。

(55) 同上。

(56) *Kapital.*, Ⅱ, S. 129 (S. 136)；『資本論⑤』、211 頁。

(57) *Kapital.*, Ⅲ, S. 330 (S. 310)；『資本論⑨』、506 頁。

(58) Ibid., S. 79 (S. 59)；『資本論⑧』、82 頁。引用中の括弧は引用者が付した。

第 3 章　流通費・商業資本と平均利潤率、再生産　*115*

(59) Ibid., S. 322(S. 303)；『資本論⑨』、494 頁。

(60) Ibid., S. 322-323(S. 303)；同上、494 頁。

(61) Ibid., S. 322(S. 303)；同上、494 頁。

(62) ローゼンベルグ前掲書、394 頁。

(63) 同上、388 頁。

(64) 但馬前掲書、116 頁。

(65) *Kapital.*, Ⅱ, S. 400(S. 396)；『資本論⑦』、633 頁。

(66) *Kapital.*, Ⅲ, S. 328(S. 308)；『資本論⑨』、502-503 頁。

(67) 注 44 を参照。

(68) 富塚前掲書、299-304 頁；谷野勝明「貨幣材料の再生産をめぐる論争」（富塚良三・井村喜代子編『資本論体系 4　資本の流通・再生産』有斐閣、1990 年所収）。

(69) *Kapital.*, Ⅲ, S. 322(S. 302)；『資本論⑨』、493 頁。

(70) この点については、谷川宗隆「商業資本実存の根拠について」（大阪市立大学『経済学雑誌』第 59 巻 3・4 号、1968 年 10 月）も参照。

(71) *Kapital.*, Ⅲ, S. 311(S. 291)；『資本論⑨』、476 頁。注 10 も参照。

(72) 社会的総資本の蓄積率・経済成長率に対する余剰生産手段量の規定的意義については、富塚良三『恐慌論研究』未来社、1962 年；井村喜代子『恐慌・産業循環の理論』有斐閣、1973 年などを参照。

第4章

消費過程に介在するサービス資本
および国家事業と再生産

はじめに

　『資本論』第2巻第3篇で展開される再生産表式は、すべての資本が産業資本であること、すなわち価値形成労働を担う生産的労働者を雇用することが前提され、商業労働および商業資本をはじめとした不生産的労働および不生産的資本の活動は扱われていない。前章では、『資本論』第3巻で不生産的資本と定義されている商業資本など流通過程における資本の活動について、平均利潤率への参加と再生産表式への導入を試みた。ただし、資本の活動は今日、生産過程および流通過程だけでなく、いわゆるサービス産業によって担われる消費過程における不生産的労働を雇用し、「消費労働」として機能する領域へと広がっている。そこで本章では、消費過程における不生産的労働および資本の活動について、社会的総資本の再生産と労働者・資本家の階級的再生産に果たす役割を明らかにした上で、再生産過程におけるサービス資本の位置と機能の具体化、すなわち、再生産表式にサービス部門を導入し、再生産表式をさらに展開させることを試みる*。

　*　マルクスの草稿から消費過程における不生産的労働の内容について考察した第1章では、「人身的用役給付」ないし「消費費用」としての不生産的な労働支出については「消費労働」と捉えることができ、消費者の収入から消費労働への代価の支払いがなされるものと理解された。後に検討するように、今日ではこうした消費労働の多くが資本に雇用された労働者によって提供されているものと考えられる。本章では、こうした消費労働を担う労働者を雇用する資本ないし産業について「サービス資本」ないし「サービス部門」、さら

にサービス資本ないしサービス部門から消費者向けの消費労働の提供を「サービスの提供」との呼称で表現する。

第1節　資本の活動の消費過程への浸透

本節ではまず、生産的労働や流通過程における不生産的労働とは区別される、消費過程における不生産的労働としての「消費労働」の理論的性格について考察する。考察にあたっては、消費労働を担う賃労働者を雇用するサービス資本の成立について、消費者自らが消費労働を担う場合から、消費者が不生産的労働者によるサービスの提供を受けて自らの消費労働を代行させる場合、さらには消費労働を提供する賃労働者を雇用した資本によってサービスの提供が行われる現在のいわゆるサービス産業へ、と理論的展開過程を跡付けながら検討を進める。こうした考察を通じて、現代のいわゆるサービス資本およびサービス部門の理論的性格、とりわけ再生産過程における位置づけが明確になるものと思われる。

1　「対象化されていない労働」としての消費労働

生産的労働ないし価値形成労働を画する基準について第2章では、「諸商品の使用価値に直接に変化を与え影響を及ぼしてそれに別な形態を与える諸過程のなかで充用される」[1] というマルクスの「本源的規定」を基準にして考察した[2]。「本源的規定」から生産的労働と捉えられるのは、消費者が享受する有用効果が客観的に度量可能であり、価値実体である投下労働の成果が労働そのものとは区別される「量的規定性」を有する使用価値に対象化され、その使用価値が他人のために販売されるような労働である。このように労働が対象化され、量的規定性を有する有用効果としての使用価値が他人のための使用価値として売買対象となる場合に、対象化に至る以前の労働過程は売買取引から切り離され、労働者を雇用する産業資本による労働過程の支配、すなわち「資本のもとへの労働の実質的包摂」[3] が実現するものと考えられる。

他方、労働の成果である有用効果の客観的度量が不可能な労働も含めて、

第4章　消費過程に介在するサービス資本および国家事業と再生産　　*119*

「対象化されていない労働」自体が売買対象とされる場合には、購入された「対象化されていない労働」が生産、流通、消費の各過程のいずれに充用されるかによって、生産的労働と、流通過程および消費過程における不生産的労働とに区分できる*。本章で検討の対象とするのは、消費過程で充用される「対象化されていない労働」としての消費労働であるが、消費過程は消費者の個人的生活過程であり、そこで充用される消費労働も消費者の意思にしたがって機能するものと考えられる。例えば、家政婦や家庭教師など、今日でも一般的にみられる消費労働を提供する不生産的労働者に関しては、労働自体——多くの場合は労働時間——が売買対象とされ、消費者から労働時間に応じた支払いを受け、労働内容については消費者の意向・要望にしたがって消費労働を遂行するものと理解できる。この意味で、消費労働ないしサービスを提供する労働者は顧客である消費者に従属する面があり、資本に雇用されている場合でも「資本のもとへの労働の実質的包摂」が完全には実現しない。故に、資本によって雇用された場合にも、労働条件や賃金などは資本による規制を受けつつも、労働内容については顧客の注文や指示にしたがって変更が生じ得るものと考えられる。

　このように、「対象化されていない労働」が消費過程で充用されている消費労働ないしサービスの提供については、労働者が自営業者であったとしても、資本に雇用された賃労働者であったとしても、労働過程が消費者の意思に従属する点は共通するものと捉えられる。そこで本節では以下、消費過程における消費費用としての労働を消費者自身が行う場合、消費者が収入からの支出と引き換えに消費労働ないしサービスの提供を受ける場合、さらに消費労働を提供する賃労働者を雇用するサービス資本による消費過程への介入が行われる場合、という論理的段階を踏まえつつ**、消費労働ないしサービスの提供、サービス資本およびサービス資本が得る利潤の理論的性格について考察していきたい。

　*　筆者は、生産的労働の規定については、『資本論』体系における理論的整合性ないしそこで明らかにされた諸法則の適用可能性に鑑みて評価すべきものと考える。確かに、流通過程における不生産的労働と規定できる商業労働や、消費過程における不生産的労働と規定できる教育や医療、福祉分野での労働

が果たす社会的役割・重要性は否定できない。しかしながら、「本源的規定」から生産的労働とはみなせない、すなわち「対象化されていない労働」自体が取引対象となるこれら労働の成果は、客観的度量が不可能で労働自体が取引対象とされるために、いわゆる労働生産性の向上は著しく制限されるものと考えられる。例えば、近年急速に従業者数が増加している医療・福祉分野などを含むいわゆる対人サービス労働に関しては、労働の成果が対象化・自立化し得ず、労働投入自体がそのまま消費者に享受されるものと捉えられる。対象的生産物の生産過程では、労働自体から自立した生産物を生産するための労働投入量の節減、具体的には機械化や生産工程の見直しなど新生産方法の導入による労働生産性向上が実現するが、労働成果が対象化・自立化しない対人サービス労働ではこうした意味での労働生産性向上が著しく困難であることは明らかであろう。そして、こうした新生産方法導入による労働生産性向上は、『資本論』第1巻第4篇で考察される相対的剰余価値の生産の推進力となる一方、その結果としての資本の有機的構成の高度化は『資本論』第3巻第3篇の利潤率の傾向的低下法則の要因となる。すなわち、消費過程における不生産的労働と捉えた対人サービス労働については、こうした『資本論』で展開される理論的諸法則が適用できないものと理解できる。なお付言すれば、今日、新生産方法による生産性向上が実現し難い医療・福祉分野にも市場・収益性原理が導入され、産業化が推進されているが、営利企業の利益拡大は、労働投入の節減によるサービス低下か、賃金引き下げなど労働条件悪化によって確保せざるを得ないものと考えられる。

　もちろん、流通・消費過程における不生産的労働の社会的意義・有用性は否定できない。ただし、その社会的意義・有用性をもって生産的と捉え、「本源的規定」を放逐して「資本主義的形態規定」だけをもって生産的労働を規定すると、生産・流通・消費の各過程における労働の性格の相違が見失われ、生産過程を前提に展開された価値法則や蓄積過程の諸法則が本来的に貫徹し得ない不生産的労働を、生産部面における労働と混同し、さらには、これら領域についても市場・収益性原理に基づく効率化・生産性向上につながる、との労働過程の実態を看過した議論につながる懸念がある。生産過程の論理で展開される価値法則、および『資本論』で展開される蓄積過程の諸法則が適用できない不生産的労働については、生産過程における労働の性格とは異

第 4 章　消費過程に介在するサービス資本および国家事業と再生産　　*121*

なる流通・消費部面における労働の性格を踏まえ、とりわけ不生産的労働に
関する独自の評価方法を明らかにする理論的基準の考察が求められるものと
思われる。

＊＊　流通費および商業資本の再生産上の位置づけについて考察した前章でも、
　　生産の空費である流通費を産業資本自身が負担する場合、商業資本の自立化
　　による流通費の集中とその節約が実現する場合、という段階を踏まえつつ、
　　理論的性格を明らかにした。『資本論』第2巻第3編の論理次元に基づいた再
　　生産表式に、商業資本やサービス資本などより具体的契機を具体化・導入し、
　　再生産表式のさらなる展開をはかるためには、こうした論理段階を踏まえた
　　考察が不可欠であると思われる。

2　消費労働の提供と収入による補塡

　消費過程については、消費手段たる生産物の使用価値が享受される過程で
あると考えられるが、この使用価値を享受するために消費者が消費手段にさ
らに手を加える場合も想定できる。例えば『1861−63年草稿』ノート15では、
消費手段としての食肉は食べる前に料理されなければならないが、この場合
「私が自分の食肉を家庭で料理させるとしたら、料理することは食肉の消費
費用〔Consumtionskosten〕に属する」[4]と捉えられており、調理労働は消費
過程で支出される「消費費用に属する」消費労働であると理解できる。もち
ろん、「消費費用」に属する消費労働を行うのが消費者自身やその家族であ
る場合には無償の消費労働であるが、家政婦やホームヘルパーに消費労働を
代行させて報酬を支払う場合は、対価の支払いに対して消費労働が提供され
ているものと考えられる。

　第1章で明らかにしたように『経済学批判要綱』（以下、『要綱』と略記）
では、「相手が消費したい用役を、交換に出すのであって、この用役が直接
に給付されること」を「人身的用役給付〔persönliche Dienstleistung〕」と捉え、
「人身的用役給付」を提供する労働者について記述している。具体例として
は「放浪の裁縫師」「医者」[5]のほか「料理、裁縫等々、庭仕事等々のよう
な個人的消費の労働」、「役人、医者、弁護士、学者、等々のような不生産的
階級の全体」、さらに「あらゆる家事奉公人、等々」があげられ、「収入との

交換」によって「収入の分け前にありつく」[6] ものとされている。また、
『1861-63 年草稿』ノート 8 でも「物を消費するためには絶対に必要であっ
ていわば消費費用〔Consumtionskosten〕に属している部分」の労働の例とし
て「召使」「料理屋」「直接的なサーヴィスをする理髪師、調髪師」「左官、
屋根ふき」[7] が指摘されているが、上記の『要綱』での「人身的用役給付」
の事例と同様の性格の労働者である。すなわち、『要綱』で「人身的用役給付」
と捉えられた労働者は、「消費費用に属している」消費労働を担うことで、
消費者の収入から支払いを受けているものと理解できる。

　なお、上記の叙述の中で指摘されている消費労働を担う労働者については、
国家に雇用されると考えられる役人や学者を除けば、資本に雇用されず、消
費者に対して消費労働を提供するのと引き換えに収入の一部からの支払いを
受ける独立労働者——今日的意味では自営業者ないし個人業主——として把
握されている。なお付言すれば、このような消費労働については、上述のよ
うに、享受対象たる労働のもたらす有用効果ではなく労働そのものが売買対
象となり、したがって労働過程は消費者からの不断の介入を受けるという性
格を有しており、「サーヴィスを直接に収入と交換する不生産的労働者」[8]
であると定義することができる*。

　なお第 1 章第 3 節で検討したように、マルクスによる「人身的用役給付」
の把握は、アダム・スミス『国富論』での不生産的労働についての認識を基
本的に継承しているものと考えられる。スミスは、不生産的労働者である
「家事使用人の労働は、ある特定の対象または販売しうる商品のかたちで固
定されたり具体化されたりはしない。かれのサーヴィスは、それが行われる
その瞬間に消滅してしまうのがふつうであって、それだけのサーヴィスと引
き換えになにかを入手できるだけのもの、つまり価値をあとに残すことは、
滅多にない」[9] と述べている。すなわち、不生産的労働は対象・商品に具体
化しないので、サービスが行われる瞬間に消滅し、価値をあとに残さない。
商品のように、貯えられた投下労働を再び活動させること、すなわち投下労
働の成果を享受することができず、価値の貯蔵としての蓄積ができないため
に生産的労働とはならないと把握されている**。さらに、「社会の最も尊敬
すべき階級中のある者の労働」についても、「家事使用人たちの労働と同じ

ように、なんの価値をも生産しないし、また、労働が終わってしまったあと
も持続し、あとになってからそれと引換えに等量の労働を獲得しうるような、
ある永続的な対象または販売しうる商品のかたちで、固定されたり具体化さ
れたりしない」ために、「主権者、かれのもとで働く司法官や軍将校のすべて、
また全陸海軍などは、ことごとく不生産的労働者であ」り、「かれらは公共
社会の使用人であって、他の人々の勤労の年々の生産物の一部によって扶養
されている」[(10)] ものと捉えられている***。

 * 　渡辺雅男氏は「本来サービスとは、労働および商品が使用価値としてその消
　　費過程で行う有用的働き（作用）であ」り、「こうしたサービスを目的として
　　結ばれる関係」を「サービス関係」[(11)] と名付けているが、ここで展開した「人
　　身的用役給付」としての消費労働と収入との交換関係も同様なものと捉える
　　ことができよう。

** 　アダム・スミスは、このように対象化された労働について、「ある特定の
　　対象や販売商品のかたちに固定し具体化するのであって、この商品は、労働
　　が投ぜられたあとも、少なくともしばらくのあいだは、存続する」ために、「一
　　定量の投下労働が、その後必要におうじて使用されるために蓄積され
　　〔stocked〕貯えられ」るものと捉えている。そして、「その対象、または同じ
　　ことであるが、生産物の価格は、のちに、もともとそれを生産したのと等し
　　い量の労働を、必要におうじて活動させることができる」[(12)] ことになる。労
　　働が特定の商品に対象化されていることは、その商品に貯えられた労働の成
　　果を後に享受できる、つまり「労働が終わってしまったあとも持続し、あと
　　になってからそれと引換えに等量の労働を獲得しうる」[(13)] ことを意味する。
　　このように、労働が対象化した商品の中に貯えられ、こうした生産物が拡大
　　することが「資本の蓄積〔accumulation of capital〕」[(14)] と捉えられ、こうした
　　蓄積に資する労働、すなわち生産物に対象化する労働こそが生産的労働であ
　　る、という「本源的規定」が提示されているものと理解できる。
　　　なお、スミスの生産的労働論には、「ある国の土地と労働の年々の生産物の
　　うち、資本を回収する部分は、……生産的労働の賃金だけを支払う」一方、「不
　　生産的労働者やぜんぜん働かない人たちはすべて、収入によって維持され
　　る」[(15)] という、支払い形態による区分、すなわち「資本主義的形態規定」に

よる区分も併存している。この点に関してマルサスは、「アダム・スミスはど
こでも、富についての整然とした正式の定義を与えていない。しかしかれが
このことばに与えている意味が物質物にかぎられていることは、かれの著作
をつうじて十分に明らかである」[16] と述べ、「資本主義的形態規定」よりも「本
源的規定」を重視する見解を示し、これに対してリカードも「蓄積および一
定の評価のできる物質物にかんする研究を、このような操作を許すことのま
れなものから分けることは、本当に有用なことだと考える」[17] と同意を示し
ている。さらにマルサスは、「ある程度の耐久力をもち、その結果、蓄積が可
能であるということは、ただたんに、この種の生産物のみが将来の生産をき
わめてたやすくするところの蓄積を形成しうるように思われるからだけでな
く、また、それのみが貧困と比べてたしかに富のもっとも著しい指標の一つ
であるところの消費用のたくわえをふやすのに寄与するのだから、われわれ
の富の概念にとって欠くことのできないもののように思われる」[18] と捉え、
「物質であるものと物質でないものとのあいだに、耐久的なものと耐久的でな
いものとのあいだに、蓄積および一定の評価〔accumulation and definite
valuation〕をなしうるものとこれらの本質的性質の一方か両方を欠いている
ものとのあいだに」〔下線―引用者〕[19] 生産的労働であるか否かを区分する基
準、すなわち「本源的規定」に基づいて区分することの意義が認識されている。

　このように、スミスからリカード、マルサスに至る古典派経済学においては、
分業の発展を通じた生産力向上による諸国民の富裕化という、『国富論』で示
された問題視角に立脚することで、富裕化の前提となる蓄積の増進につなが
る対象化された労働を生産的労働と捉える「本源的規定」の意義が認識され
ている。『国富論』の「序論および本書の構想」では、生産的労働論が展開さ
れる第2篇の課題について、「資本ストックの性質と、それがどんなふうに蓄
積されていく〔gradually accumulated〕のか、またその用途の違いにおうじて
動員される労働の量がどう違うか、を取り扱う」〔下線―引用者〕[20] と述べら
れている。さらに第2篇の「序論」では、「いったん分業が導入され行きわた
るようになると、一人の人間の労働の生産物は、そのときどきのかれの欲望の、
ごく僅かの部分しか充足できない。欲望の大部分は、他の人々の労働の生産
物によってみたされる」ようになるため、「かれを扶養し、かれのその作業の
材料と道具を供給するのに十分なだけのさまざまな種類の財貨のストックが

どこかに貯えられていなければならない」[21] と、資本蓄積の意義が述べられている [22]。すなわち、『国富論』第1篇で明らかにされた生産力の増進をもたらす分業の拡大のためには、生産者が必要とする消費手段および材料や道具などの生産手段があらかじめ生産され、貯えられている必要があり、こうした貯えの増加が資本の蓄積と捉えられている。そして第2篇の課題は、蓄積の増進に資するために、資本や労働者はいかに動員・使用されるべきかについて検討することであると捉えられる。したがって、第2篇第3章における生産的労働の規定は、上記のような理論的課題を視野に、物財としての資本ストックの蓄積に結実する対象化されうる労働を生産的労働とする「本源的規定」に基づいているものと理解できる。そして、このような資本蓄積の観点からの生産的労働認識、すなわち「本源的規定」の意義を重視する見解は、マルサス・リカードへと継承されていったことが明らかである。

***　『1861–63年草稿』ノート7でマルクスは、こうした「本源的規定」に基づくアダム・スミスの生産的労働論を批判し、生産的労働と不生産的労働との区分は「資本を生産する労働だけが生産的労働なのである」[23] という「資本主義的形態規定」に従うべきとの見解が示され、いわゆるサービス労働価値形成説の根拠とされてきた。ただし、「経済学批判」体系におけるいわゆるプラン問題を踏まえて検討した第1章では、流通過程をも自ら担当する産業資本を念頭にした「一つの資本」としての「資本一般」がノート7での考察対象とされていたために、生産過程と流通過程・消費過程との区分については問題とされず、「資本主義的形態規定」のみで概念規定されているものと理解された。ところが『1861–63年草稿』ノート15以降ではこのような「資本一般」範疇が修正され、「特殊的諸資本」に属し、価値不生産的過程である流通過程を担当する商業資本も考察対象に加えられたために、不生産的賃労働としての商業労働を、生産過程における生産的労働としての賃労働と区分する必要が生じ、生産過程を流通・消費過程から区分するための「本源的規定」が考慮されるようになった事情を明らかにした。

3　消費労働へのサービス資本の介在と利潤の獲得

　先に検討した『要綱』で「人身的用役給付」と捉えられた不生産的労働者、さらに『1861–63年草稿』ノート8で「消費費用に属している」と捉えられ

た不生産的労働者は、資本に雇われていない独立労働者として把握されていた。しかしながら、上記の例の中では料理屋や理髪師、調髪師、左官など、現代では資本に雇用されて賃労働者となり、資本によって規定された料金や内容にしたがって消費労働ないしサービスを提供し*、対価についても消費者から資本に対して支払われる形態も増えている。このように、医療や教育、飲食店や娯楽業など対個人サービス業を含む現代のいわゆるサービス産業の資本の多くは、消費労働を提供する賃労働者を雇用する資本であると考えられる。

　また『1861-63年草稿』ノート7の中で「生産的労働と不生産的労働との区別」との表題が付された部分にも、「すこしも客観的姿態をとらない——物としてサーヴィス提供者から分離された存在をもつことなく、また価値成分として商品にはいって行くこともない——一部の単なるサーヴィスが、資本をもって（労働の直接の買い手によって）買われ、それ自身の賃金を補塡し利潤を生ずることがありうる」との記述がみられる。すなわち、消費労働を提供する労働者がサービス資本によって雇用され、サービス資本に利潤をもたらす場合が想定されている。さらにノート7では続けて、「こうしたサーヴィスの生産が部分的に資本のもとに包摂されうる」と捉えられているが、「有用物に物体化される労働の一部分が、直接に収入によって買われ、資本主義的生産のもとに包摂されないのと同じこと」(24)と述べられている。すなわち、前者は労働成果が「すこしも客観的姿態を取らない」という意味で「本源的規定」を満たさないものの「資本によって……買われ」るという意味で「資本主義的形態規定」を満たす労働、後者は「有用物に物体化される」という意味で「本源的規定を満たしつつ「収入によって買われ」るという意味で「資本主義的形態規定」を満たさない労働であるが、両者とも不生産的労働と理解されている**。

　次に、消費者に消費労働を提供する労働者が、「資本をもって（労働の直接の買い手によって）買われ、それ自身の賃金を補塡し利潤を生ずる」過程について考察しよう。資本に雇用された賃労働者から消費労働ないしサービスの提供を受けた消費者は、労働者自身に対してではなく資本に対して、収入の中から対価を支払う。そしてサービス資本は、この対価のうちから賃金を

第 4 章　消費過程に介在するサービス資本および国家事業と再生産　　*127*

支払い、残額を利潤として獲得するものと理解できる。なお、提供された消費労働ないしサービスは「すこしも客観的姿態をとらない」故に、その労働過程・労働内容は消費者による介入を受けるものであるから、消費者に提供されているのは、特定の労働内容を遂行する一定時間の労働能力と捉えられる[25]。すなわち、このようなサービス資本は、消費者と消費労働の提供者である不生産的労働者との間、消費労働と収入との交換過程に介入すること、すなわち賃労働者を雇い入れる一方、消費者に対して賃労働者の一定時間の労働能力を提供し、消費者から受け取る対価と賃金との差額を利潤として獲得しているものと理解できる。

　＊　第 1、2 章でも検討したように、資本によって規定された料金や内容にしたがって消費労働ないしサービスが提供される場合でも、現実の労働過程における具体的な労働内容については消費者の意向を無視できない。この意味で、本源的規定からは生産的労働とは捉えられない「対象化されていない労働」としての消費労働については、資本に雇用された賃労働者であっても、「資本のもとへの労働の実質的包摂」[26]は貫徹し得ないものと考えられる。

　＊＊　金子ハルオ氏は、前者の「本源的規定」は満たさないが「資本主義的形態規定」を満たす労働については「いわゆるサービス」、後者の「本源的規定」は満たすが「資本主義的形態規定」を満たさない「本来のサービス」と区別しつつ、いずれも価値を形成しない不生産的労働と捉えている[27]。

4　サービス部門用資材・設備の価値補填とサービス資本の利潤

　消費労働ないしサービスの提供に要する資材・設備を、サービス資本が準備ないし所有する場合が想定できる。理髪師の場合を例にすると、使用する整髪剤のような資材、さらにはバリカンや調髪台などの設備があげられる。こうした資材・設備の価値補填分も、消費者が支払う対価に含まれるものと考えられる。特に、サービス資本が保有する設備は資本の手元にとどまり続け、多数の消費者へのサービス提供に利用されるため、価値補填についても、生産的資本における労働手段としての固定資本の価値補填と同様に、対価の支払いのたびに少しずつ補填が実現していくものと捉えるべきであろう。

　なお、これら資材・設備については、資本の保有物ではあるものの、消費

過程で機能し、消費者への享受につながるものであるため、消費手段の一種として理解すべきものと考える。消費手段について『資本論』第2巻第3篇では、「資本家階級および労働者階級の個人的消費にはいり込む形態をもつ諸商品」[28]と定義されている。消費手段を購入した消費者本人が消費活動を行う場合には、消費者本人の所有物である消費手段が「個人的消費にはいり込む」ものと捉えられるが、消費活動の一部が他者——消費労働を提供する独立労働者、あるいはサービス資本に雇用された賃労働者——に担われる場合にも、こうした他者が準備・所有する資材・設備も消費者に享受されるものと理解できる。そして、消費者本人の所有物である消費手段と、消費労働を担う他者が準備・所有する資材・設備とは、同じものであり得、または消費活動の形態によっては代替関係にあるものと考えられる。

先に見た『1861-63年草稿』ノート15で示された「自分の食肉を家庭で料理させるとしたら、料理することは食肉の消費費用に属する」[29]との事例に即して例示すれば、料理として消費者に享受される食肉について、消費者自身が「消費費用」としての調理を行う場合には消費者自身が所有する消費手段であるのに対して、調理がサービス資本に雇用された賃労働者によって提供される消費労働によって担われる場合にはサービス資本が購入・準備する資材となる。さらに、調理用設備についても、前者の場合には消費者個人が所有する消費手段であるのに対して、後者の場合にはサービス資本が所有する設備となる。とりわけ「消費費用」の一部をなす設備については、個人が所有して個人的にのみ利用される場合に比して、サービス資本に所有されて多数の消費者の消費過程で利用される後者の場合の方が使用頻度は高くなる*。

もう一例を挙げて検討しよう。庭木の剪定という「消費費用」を各消費者自身が負担する場合には、剪定鋏や鋸などの消費手段を消費者各自が購入しなければならない。他方、複数の消費者の庭木の剪定という「消費費用」を、庭師の提供する消費労働が代行する場合には、必要となる剪定鋏や鋸など消費手段は庭師のみが購入し、複数の消費者の消費過程で共用される。このような意味での消費手段量の社会的節減も、「消費費用」としての消費労働が特定の労働者によって担われることの意義と理解できる。このように、サー

第4章　消費過程に介在するサービス資本および国家事業と再生産　　*129*

ビス資本の提供する消費労働が個人的消費過程を代替することによって、社会的に「消費費用」の節減が実現する。このような「消費費用」の節減という社会的役割を有していることが、サービス資本が利潤を得ることの理論的根拠となる＊＊。より多くの消費者に消費労働ないしサービスを提供するほど「消費費用」の節減は増大するのであるから、独立労働者によって消費労働が担われる場合よりも、サービス資本が介在して販路を拡大することで利潤が増大するものと理解できる。

＊　消費手段の使用頻度の向上は、「消費費用」の節減につながるだけでなく、より高価で高品質・高機能の設備の導入をも可能とし、消費者の享受を量的・質的に高める面も有している。さらに、消費労働が特定の労働者によって集約されることで、労働力陶冶による作業の効率化を通じた「消費費用」の節減、さらに作業の質的改善に伴う作業内容の改善という成果につながる点も指摘できる。ただし、労働力の再生産費として規定される労働力価値を賃金として受け取っていることを前提する『資本論』での論理的抽象に鑑みると、こうした特定の労働者への消費労働の集中に伴う労働力の育成・陶冶、労働の質的改善による生活の質的向上については、『資本論』の範囲を超える課題であると考えられるため、ここでは可能性の言及のみにとどめる。

＊＊　こうした「消費費用」の社会的節減というサービス資本の利潤獲得の根拠は、前章で明らかにした、流通費用の節減を根拠に産業資本から剰余価値を分与される商業利潤と類似するものと思われる。

　以上、本節での検討を通じて、現代におけるいわゆるサービス資本ないしサービス産業の理論的性格が明らかになった。サービス資本は、消費者の消費過程に介在し、多数の消費者の「消費費用」を集中的に代行することによってこれを節減することを根拠に、収入からの支払いを通じて利潤を獲得する性格の資本と位置づけることができた＊。そこで次節では、こうした理論的性格を有するサービス資本ないしサービス産業の活動をサービス部門と捉え、再生産過程における位置づけについて考察していきたい。

＊　このように、消費過程に介在することで利潤を獲得するサービス資本の拡大について渡辺雅男氏は、「生産部面の包摂を完了した資本による消費部面の包摂を意味する」[30]と捉えている。

第2節 消費労働およびサービス資本の再生産上の
位置について

　消費過程における資本の活動、すなわち消費部面でサービス資本が活動する領域としてのサービス部門は、再生産過程において、どのように位置づけることができるだろうか。前節では、「消費費用」の節減が、サービス資本の自立化と、サービス資本が利潤を得るための根拠になるものと捉えられた。本節では、この点に注目しつつ、消費労働を消費者自身が行う場合、消費労働を独立労働者が提供する場合、消費労働をサービス資本に雇用された賃労働者が提供する場合、という段階的考察を通じて、それぞれの労働および資本の再生産上の位置を明らかにしていきたい。

　なお、収入からの分与による消費労働への対価の支払い、さらにサービス資本への利潤の分与などの問題は本来、生産価格次元で概念規定された諸範疇を用いて考察すべき課題であると考えられる。ただし本節では、議論の単純化のため、『資本論』第2巻第3篇の再生産表式をもとに、価値次元の概念で検討を進め、生産価格次元での考察は、次節で流通部門およびサービス部門を含めた経済活動全般について検討する際に行う。

1　第2巻第3篇次元における消費過程と「消費費用」の具体化

　まず、『資本論』第2巻第3篇における再生産表式で消費手段が「資本家階級および労働者階級の個人的消費にはいり込む形態をもつ諸商品」[31]と定義されているように、資本家と労働者の得た収入によって購入される消費手段は、すべて個人的消費にはいり込むことが前提されている。消費過程については、独立労働者による消費労働の提供も、サービス資本に雇用された賃労働者による消費労働ないしサービスの提供も介在しない。この場合、次頁の再生産表式で示されたように、消費部面の価値・生産物は全額個人的に消費され、生産部面で獲得された収入 3,000 は、全て個人的消費の対象となる II 部門の生産物 W_2 の購買にあてられることになる。

第4章 消費過程に介在するサービス資本および国家事業と再生産 *131*

《表式1》

「Ⅰ 4,000c + 1,000v + 1,000m = 6,000 生産諸手段

Ⅱ 2,000c + 500v + 500m = 3,000 消費諸手段」[32]

　上記の表式では、サービス資本が自立化する根拠に関連する「消費費用」については明示的に示されていない。前節で検討したマルクスの叙述で挙げられた食肉の事例でも明らかなように、消費者が購入する消費手段を実際に享受するためには、調理や加工、整備など何らかの「消費費用」が必要である。しかしながら、『資本論』第2巻第3篇における論理的抽象において、こうした「消費費用」は捨象されているものと理解できる。

　次に、上記の表式に「消費費用」を具体化する。消費者自身が消費手段を購入し、「消費費用」をかけて消費する場合、上記表式で消費手段10単位あたり1時間の「消費費用」としての消費労働時間が必要であると想定し、消費部面は下記のように示す。なお、生産手段については W_1、個人によって購買・取得される消費手段については W_2 の記号を用いる。生産部面と消費部面とは、$3,000W_2$ を介して関連している。

《表式2》

〈生産部面〉

Ⅰ 4,000C + 1,000V + 1,000M = 6,000W_1

Ⅱ 2,000C + 500V + 500M = 3,000W_2

〈消費部面〉

3,000(V + M) → 3,000W_2 → （個人的消費 300h）

　上記の消費部面に示したように、消費者は個人的消費過程において、300労働時間分の「消費費用」を負担している。なお第1節で検討したように、「消費費用」ないし「消費労働」は価値値形成労働とは捉えられないため、価値表記でなく時間表記とする。

2 消費労働ないしサービスの提供と収入の分与

上記のように、「消費費用」ないし消費労働がすべて消費者本人によって担われる場合は、消費者の収入はすべて、使用価値として役立つ商品である消費手段の購入にあてられるものと捉えられる。一方、「収入のうち一部は、使用価値として役立つべき諸商品と交換され、一部は、サーヴィス、すなわち、それ自体使用価値として消費されるサーヴィス提供と交換される」[33] とも想定できる。そこで、消費労働ないしサービスを提供する不生産的労働者が消費過程に介在し、「消費費用」の一部がこのような消費労働ないしサービスによって代行されることの理論的意義について検討しよう。こうした理論的意義、具体的には消費者自身にとっての意義と、社会的再生産過程全体における意義を明らかにすることを通じて、収入の一部の支払いによって、消費労働ないしサービスを提供する労働者の賃金、さらにはサービス資本の利潤が得られることの根拠が明らかになる。

上記の表式 2 の消費部面に示されているように、消費者としての労働者および資本家の個人的消費過程では、300 時間の「消費費用」が家事労働などとして費やされている。「消費費用」としての 300 時間は、生活時間の中から「不払い労働」として支出されているもので、この分だけ消費者個人の自由時間が削減されるものと捉えられる。故に、収入の一部を対価として支払い、他者にこの「消費費用」を代行してもらうことで、消費者は自由時間を増やすことが可能になる。なお消費者が労働者の場合には、消費・生活に必要な家事労働など「不払い労働」の減少は、賃労働者としての「支払労働」時間を増やすことで所得の増加につながることも想定できる＊。

  ＊ ただし、労働力の再生産費として規定される労働力価値を賃金として受け取ることを前提する『資本論』での論理的抽象に鑑みると、こうした「支払労働」の増加は労働力の再生産費を超える賃金を得ることを意味する。このような賃金の具体的形態や変動については、マルクスの『経済学批判』「序言」で「資本・土地所有・賃労働、そして国家・対外商業・世界市場」[34] として提示された 6 部門の中では、第 3 部「賃労働」での考察が予定されていたものと理解できる。なお、『1861-63 年草稿』執筆過程で、「資本一般」は拡充され、「「資本の生産過程の部」の後半部分で……「賃労働」の基礎理論・一般理論の分

第 4 章　消費過程に介在するサービス資本および国家事業と再生産　　*133*

析はなされ」[(35)] るようになったものの、生活手段の形態の変動、労働力の育成費、労働者間の競争、労働の需要供給の法則の具体的検討などは、依然として現行『資本論』に続く「賃労働」篇での課題とされていたものと考えられる。したがって、「支払労働」の増加による賃金所得増加の問題について本章では、その可能性の言及のみにとどめ、表式上での考察は行わない。

　前節でも検討したように、アダム・スミスは「不生産的労働」としての「家事使用人の労働」を「生産的労働」としての「製造工の労働」[(36)] と対比しながら考察しており、マルサスも同様に「召使（menial servants）の労働」を「製造業者の労働」[(37)] と対比している。さらにマルクスも 『要綱』で、「あらゆる家事奉公人」を「人身的用役給付」に含め、「収入との交換」によって「収入の分け前にありつく」[(38)] 不生産的労働者と位置づけていた。このように、消費労働を提供して収入から対価を得る不生産的労働者として、富裕階級、支配階級の「消費費用」を担う「家事使用人」「召使」「家事奉公人」が認識されていたものと捉えられる。

　なお、『国富論』には「大地主や富裕な商人ばかりか、普通の職人でさえ、もしかれの賃金がかなりの額にのぼるなら、家事使用人の一人ぐらいは維持できるし、また場合によっては、芝居や人形芝居を見にゆくこともできる。かくして労働者といえども、一群の不生産的労働者を維持するために自分の所得である賃銀を使う」[(39)] との叙述もあり、地主や資本家階級ばかりでなく、「普通の職人」や「労働者」も、「一群の不生産的労働者を維持するために自分の所得である賃金を使う」ことが認識されている。さらに、『1861-63年草稿』ノート9では、「召使」や「馬丁」「料理人」「警官」「役人」などの「不生産的労働者」について、「消費費用〔Consumtionskosten〕にはいる……機能を果た」すものと捉えたうえで、「本来の生産的労働者は、こうした消費費用を自分で負担し、自分の不生産的労働をしなければならない」と述べられている。すなわち、生産的労働者が、「本来」は「自分で負担し」ていた「消費費用」を、「分業の結果」として、「一部の労働者の排他的機能にさせる」[(40)]、つまり「不生産的労働者」に代行させることを意味するものと理解できる。現代的に捉えると、労働者家庭も「消費費用」の一部を消費労働ないしサービスを提供する不生産的労働者ないしサービス資本に代行させ、それと引き

換えに収入から支払いを行うことを示しているものと考えられる。

　このように、地主や資本家のみならず労働者の消費過程においても、収入の一部の支払いと引き換えに、消費労働ないしサービスが提供されることによって「消費費用」の一部が代行されることが、スミスやマルクスによって認識されている。そこで、このように資本家および労働者の消費過程における「消費費用」の一部を、不生産的労働者の提供する消費労働が代行することの再生産上の意義について考察しよう。上記の表式2では、資本家・労働者を含めた消費者が、$3,000W_2$ の消費手段を購入し、消費過程において 300時間の「消費費用」をかけてこれらを享受しているものとした。そこで次に、消費者が「消費費用」の半分の 150 時間を、不生産的労働者の提供する消費労働ないしサービスによる代行に委ね、その対価として収入の半分の 1,500を支払うものとする。消費者の消費過程は、消費者自ら「消費費用」150 時間を費やして消費手段 $1,500W_2$ を享受する部面と、1,500 の支払いと引き換えに提供される消費労働ないしサービスを享受する部面とに分かれ、下記の表式3の消費部面のように示すことができる。なお、表式3においては、消費労働ないしサービスは、資本によって雇用されていない独立労働者によって提供されるものとして考察する。

《表式3》

〈生産部面〉

Ⅰ　$4,000C + 1,000V + 1,000M = 6,000W_1$

Ⅱ　$2,000C + 500V + 500M = 3,000W_2$

〈消費部面〉

$$3,000(V+M)\begin{cases} 1,500 \rightarrow 1,500W_2 \rightarrow （個人的消費 150h） \\ 1,500 \rightarrow 1,500S = 1,250W_{2'} + 250V \rightarrow （サービス消費）\end{cases}$$

　表式3では、消費労働ないしサービスの提供に対する収入からの支払いを $1,500S$、消費労働ないしサービスを提供する不生産的労働者が用意し、消費される消費手段を $1,250W_{2'}$、上記の収入からの支払い $1,500S$ から消費手段 $1,250W_{2'}$ 補塡分を差し引いた不生産的労働者が得る所得を $250V$ と表記した。

第 4 章　消費過程に介在するサービス資本および国家事業と再生産　　*135*

前節で検討したように、社会的総生産の観点からは、消費労働を提供する労働者が複数の消費者の「消費費用」を代行することによって、消費者自身が「消費費用」を担う場合に比べ、消費者が生活を維持するために要する消費手段量を節減する、という意義を有することが明らかになった。したがって、不生産的労働者は多くの消費者の「消費費用」を代行したために、消費者の享受に必要な消費手段が、表式 2 に示した「消費費用」の代行がなされない場合の $3,000W_2$ から、表式 3 に示したように 2,750（$= 1,500W_2 + 1,250W_{2'}$）に節減されるものと把握される。そして両者の差額 250、すなわち「消費費用」の節減分が、不生産的労働者の得る収入 250V に結実したものと考えられる。

3　消費過程に介在するサービス資本の具体化

　次に、今日のいわゆるサービス産業の発展を踏まえて、消費過程に資本が介在する事態、すなわち、サービス資本が不生産的労働者を雇用し、消費労働ないしサービスはサービス資本から消費者に対して提供され、対価としての消費者の収入の一部もサービス資本に対して支払われる場合について考察しよう。この場合も、表式 3 と同様に、資本家と労働者からなる消費者は収入 3,000 の半分 1,500 を消費労働ないしサービスの提供に対して支出し、残り 1,500 で消費手段 $1,500W_2$ を購入し 150 時間の「消費費用」を要して自ら消費するものとしよう。なお、多くの不生産的労働者がサービス資本に雇用され、サービスの販路が広がり、より多くの消費者の「消費費用」の代行が進むことで、社会的に必要な消費手段量はさらに節減できるものと考えられる。そこで、資本によって代行されたサービス提供に要する消費手段量は、表式 3 に示した独立労働者が代行する場合の $1,250W_{2'}$ から、$1,000W_{2'}$ に節減されるものとする。なお、こうした消費手段はサービス資本が準備する資本財の補填分と捉えられることから、1,000Cs と表記し、サービス資本が獲得する利潤を M とすると、サービス資本が消費過程に介在する場合の再生産過程については、表式 4 のように示すことができる。

《表式 4》

〈生産部面〉

I $4,000C + 1,000V + 1,000M = 6,000W_1$

II $2,000C + 500V + 500M = 3,000W_2$

〈消費部面 1〉

$\begin{cases} 1,500 \to 1,500W_2 \to （個人的消費 150h） \\ 1,500 \to 1,500S = 1,000Cs + \underline{250V + 250M} \to （サービス消費） \end{cases}$

〈消費部面 2〉

$500 \begin{cases} 250 \to 250W_2 \to （個人的消費 25h） \\ 250 \to 250S = 166.7Cs + \underline{41.7V + 41.7M} \to （サービス消費） \end{cases}$

〈消費部面 3〉

$83.4 \begin{cases} 41.7 \to 41.7W_2 \to （個人的消費 4.2h） \\ 41.7 \to 41.7S = 27.8Cs + \underline{6.9V + 6.9M} \end{cases}$

〈消費部面 4〉

$13.8 \begin{cases} 6.9 \to 6.9W_2 \cdots\cdots \\ 6.9 \to 6.9S \cdots\cdots \end{cases}$

　上の表式の消費部面 1 において、1,500S の支払いを受けたサービス資本は、消費された資本財 1,000Cs を補填するために支払い、雇用している不生産的労働者への賃金 250V を支払った残額 250M を利潤として取得するものと把握できる*。先に検討したように、サービス資本が利潤 250M を取得する理論的根拠は、「消費費用」の代行の範囲が広がって、サービス提供に必要な消費手段 W_2 ないし Cs の節減が進んだことに求められるが、こうした関係を数式上でも確認することができる。

　なお、サービス資本における労働者と資本家も、それぞれ賃金 250V および利潤 250M の合計 500 の収入を得る。この合計収入 500 についても生産的部門で得られた収入と同様に、半額 250 が消費手段 $250W_2$ の購入に、残り 250 がサービスへの支出 250S に支払われるものと想定しなければならない。すなわち、こうした消費活動については、上記表式で消費部面 2 に示され、この消費部面 2 に介在するサービス資本の活動を通じて、賃金 41.7V および

第 4 章　消費過程に介在するサービス資本および国家事業と再生産　　*137*

利潤 41.7M の合計 83.4 が取得される。この合計収入 83.4 についても同様に、半分の 41.7 が消費手段 41.7W$_2$ の購入に、残りの 41.7 がサービスへの支出 41.7S に支払われるものと想定する必要があり、上の表式で消費部面 3 に示した。さらに、消費部面 3 においてもサービス資本の賃金 6.9V と利潤 6.9M が収入として取得され、やはり次の消費部面に入っていく。このように、消費部面を通じた賃金および利潤の連鎖が続いていく**。このように、サービス資本の賃金 V と利潤 M は、消費部面において連鎖を続けるが、収斂値は 300V および 300M となる。したがって、サービス資本が資本財として補填する消費手段の総額は 1,200W$_2$ と計算でき、個人的に消費される消費手段の総額は 1,800W$_2$ となる。

　そこで、消費手段を生産するⅡ部門を、個人的に消費される部分 W$_2$ を生産するⅡa 部門と、サービス資本が資本財として購入する部分 W$_2$' を生産するⅡa' 部門とに分割し、サービス部門を S 部門として欄外に位置づけると、表式は下のように書き換えることができる。なお、資本家および労働者はともに収入の半分をサービス提供への支払いにあてることを前提しているが、Vp および Mp は収入のうち個人的に消費する消費手段 W$_2$ の購入にあてられる部分を、Vs および Ms は収入のうちサービス提供への支払いにあてられる部分を示している。

《表式 5》　　　　　　　　　　　　　　　　　　　　　　　（供給）

Ⅰ	4,000C		+500Vp	+500Mp	+500Vs	+500Ms	=6,000W$_1$
Ⅱ	1,200C		+150Vp	+150Mp	+150Vs	+150Ms	=1,800W$_2$
Ⅱ'	800C		+100Vp	+100Mp	+100Vs	+100Ms	=1,200W$_{2'}$
S		1,200Cs	+150Vp	+150Mp	+150Vs	+150Ms	=1,800S
（需要）	6,000	1,200	1,800		1,800		

　上の表式 5 で、下段の枠内に示した諸要素は、生産物に加え、消費労働ないしサービスを含む供給に対する総需要額である。不変資本 C の補填需要の合計 6,000 はⅠ部門の供給する 6,000W$_1$ に一致し、サービス資本の資本財 Cs の補填需要額 1,200 はⅡ' 部門の供給する 1,200W$_2$ に一致する。各部門の

収入部分のうち、個人的に消費される消費手段にあてられる Vp および Mp の合計 1,800 は Ⅱa 部門の供給する 1,800W₂ に一致し、消費労働ないしサービス提供への支払いにあてられる Vs および Ms の合計 1,800 は S 部門の供給する 1,800S に一致する＊＊＊。このように、これら 4 部門の供給する生産物およびサービス提供について需給均衡が成立している。

＊　サービス資本についても、物的費用である資本財補填額 Cs と賃金 V の比率は、生産的部門である Ⅰ・Ⅱ部門の不変資本 C と賃金 V と同じ 4：1 となっているが、表式展開を簡易にするために仮定したものである。

＊＊　寺田隆至氏は、サービス部門を含む単純再生産表式を展開する中で、こうした消費部面を通じた賃金および利潤の連鎖の問題を、「「サービス部門」の部門内取引」[41] と捉えて、表式上に位置づけている。ただし、同氏が扱う「「サービス部門」の部門内取引」の連鎖は、上記の表式 4 に示した消費部面 2 までにとどまり、消費部面 3 以降への連鎖は扱われていない。

＊＊＊　表式 5 で、サービス部門の労働者の賃金のうち消費労働ないしサービスの購入にあてられる S150Vs、およびサービス部門の資本家の得る利潤のうち消費労働ないしサービスの購入にあてられる S150Ms については、消費過程で得られた収入が消費労働ないしサービスの提供に対して支払われている。これら収入部分から支出された貨幣は、対象的生産物の購入にあてられることなく、したがって生産的部門を経由することなく、消費過程内において還流している。このように、消費過程における消費労働ないしサービスについては、価値法則が貫徹する生産的部門とは異なる部面において、独自の取引と貨幣還流を繰り返し得るものと理解できる。

第 3 節　流通過程、消費過程に拡張させた再生産表式

前節では、消費過程に介在するサービス資本について、再生産過程における位置づけとともに、『資本論』第 2 巻第 3 篇の単純再生産表式に導入する方法を明らかにした。前章では、流通過程において流通費を節減することを根拠に剰余価値の分与を受ける流通部門について、生産価格次元の諸概念を用いて再生産表式に位置づけた。本節ではさらに、流通部門とともに、消費

第4章　消費過程に介在するサービス資本および国家事業と再生産　　*139*

過程において「消費費用」を節減することを根拠に収入の一部の支払いを受けるサービス資本を含んだ再生産表式の展開を試みることとしたい*。こうした分析を通じて、資本の活動領域が生産過程から流通過程、さらには消費過程に拡張している現代資本主義の特質に関連して、これら各領域の資本と収入の相互連関、さらに各領域で雇用される労働者と資本の再生産の条件を明らかにすることができる。

*　　本節では、サービス資本を導入した再生産表式を生産価格次元で展開するが、生産価格次元においては産業間・部門間の資本移動を通じた利潤率均等化が前提となる。消費過程に介在するサービス部門についても、利潤率が高ければ生産過程および流通過程から資本の新規参入が、利潤率が低ければ生産過程および流通過程への資本の流出が想定できる。こうした資本移動は、生産的部門における生産物価格の変動と同様に、消費労働ないしサービス提供への対価の額の変動を通じて、利潤率の均等化をもたらすものと考えられる。

1　流通過程を含む、生産価格次元での再生産表式

前章で明らかにした、商業資本など流通部門を含む生産価格次元での再生産表式は、貨幣材料の生産部門をⅡg部門、流通部門で用いられる物的資本財を生産する部門をⅡz部門、さらに流通部門をZ部門と欄外に位置づけた下記の表式6である。

《表式6》

Ⅰ	$4,000c$	$+1,000\ v$	$+427.2Py'$	$+572.9Pz'$	$=6,000$
Ⅱa	$1,590c$	$+\ 397.5v$	$+169.9Py'$	$+227.6Pz'$	$=2,385$
Ⅱg	$50c$	$+\ 12.5v$	$+\ 5.3Py'+$	$7.2Pz'$	$=\ 75$
Ⅱz	$360c$	$+\ 90\ v$	$+\ 38.4Py'$	$+51.6Pz'$	$=\ 540$
Z	$75b+540cz+$	$135\ vz$	$+109.2Py'$		$=\ 859.2$

上記の表式では、生産価格次元における諸概念として、産業資本の物的費用c、生産的労働者の賃金v、流通費を控除した所得となる利潤Py'、貨幣資本の摩滅補塡分b、流通部門の物的資材の購入費用cz、流通部門における不

生産的労働者の賃金 vz、各生産部門から流通部門に支払われる商業マージン分 Pz' と表記されている。なお、所得となる利潤 Py' については、各生産部門で生み出された剰余価値から流通費を控除した分の合計額を平均利潤率に従って各部門に配分された平均利潤となっている。

　なお、流通部門用資材およびその生産部門について、上の表式6では、商品買取資本をなす貨幣資本の摩滅分 b およびこれを生産する II g 部門と、流通費として購入されるその他の物的資材 cz およびこれを生産する II z 部門とに区分した。ただし以後は、両者の再生産上の共通性から一括して流通部門用資本財 W_{2z} と捉え、これを生産する部門として II z 部門を位置づけることとして、下記の表式7のように単純化する*。表式7も生産価格次元の諸概念で構成され、生産的部門の物的費用を c、流通部門の物的費用を cz、労働者の賃金を v**、利潤 P のうち流通費部分を Pz'、所得となる利潤を Py' とし、消費手段を W_{2a}、流通部門用資本財を W_{2z} と表記した***。

《表式7》

I	4,000c		+1,000	v +500	Py' +500	Pz' =6,000W_1
II a	1,633.3c		+	408.3v +204.2Py'+	204.2Pz' =2,450W_{2a}	
II z	366.7c		+	91.7v + 45.8Py'+	45.8Pz' = 550W_{2z}	
Z		550cz +	137.5v +	62.5Py'	= 750Pz	

この表式7では、生産的部門および流通部門で次のように平均利潤率が成立している。

I	費用価格：4,000c+1,000v+500Pz'	利潤：500Py'	利潤率：9.1%
II a	費用価格：1,590c+408.3v+204.2Pz'	利潤：204.2Py'	利潤率：9.1%
II z	費用価格：366.7c+91.7 v+45.8Pz'	利潤：45.8Py'	利潤率：9.1%
Z	費用価格：550cz+137.5 v	利潤：62.5Py'	利潤率：9.1%

＊　前章で検討したように、商品買取資本をなす流通手段としての貨幣資本 B
　　は流通過程にとどまり続け、その摩滅分 b のみが年々補塡されるという意味

で固定資本と同様の性格を有している。ここで流通手段としての貨幣資本を流通部門用資材に含めたことは、各生産部門で固定資本要因を捨象したのと同様に、商品買取資本をなす貨幣資本はその全額が1年間で摩滅し、年々補填されることを意味している。こうした単純化は、流通費が物的流通費に限られ、貨幣材料は存在しない想定にもつながるが、信用制度の発達により預金決済が大半を占める現代資本主義経済の現実、とりわけ銀行の貸借対照表での貸借同時記帳を通じた信用創造による通貨供給を想定する内生的貨幣供給説[42]と適合するものと思われる。

＊＊　前章の表式では、商業労働者の賃金 vz と生産的部門の労働者の賃金 v とを区別して表記したが、本章では以後、全ての労働者の賃金を v と表記する。

＊＊＊　前章で検討したように、商業マージン Pz' は流通費 Pz と、剰余価値から分与される商業利潤 P^* とからなるが、表式7に示された商業マージンの合計 $750Pz'$（$= \mathrm{I}\,500Pz' + \mathrm{II}\,\mathrm{a}204.2Pz' + \mathrm{II}\,\mathrm{z}45.8Pz'$）の内訳は、流通費 $687.5Pz$（$= \mathrm{I}\,458.3Pz + \mathrm{II}\,\mathrm{a}187.2Pz + \mathrm{II}\,\mathrm{z}42Pz$）および商業利潤 $62.5P^*$（$= \mathrm{I}\,41.7P^* + \mathrm{II}\,\mathrm{a}17P^* + \mathrm{II}\,\mathrm{z}3.8P^*$）である。

2　サービス部門の構成と具体化

　次に、消費労働ないしサービスを提供し、その対価として収入からの支払いを受けるサービス資本によって構成されるサービス部門（S部門）を、表式7に位置づけることを試みる。なお、サービス部門で消費労働ないしサービスを提供する労働者は、前節の表式3で示したような独立労働者ではなく、表式4で展開されたようなサービス資本によって雇用されている労働者だけから成ることを前提にする。

　価値を形成しないサービス部門については、商業資本などによって構成される不生産的部門である流通部門（Z部門）と同様に、再生産表式の欄外に表記すべきである。なお表式では、サービス資本によって提供される活動自体としての消費労働ないしサービスをSと表記し、賃金および所得となる利潤のうち個人的に消費される消費手段 $W_{2\mathrm{a}}$ の購入にあてられる部分を vp および Pyp、賃金および所得となる利潤のうちサービスSの購入にあてられる部分を vs および Pys と示す。そして、消費者は、労働者および資本家い

142

ずれも、収入のうち 80％を消費手段の購入にあて、残り 20％をサービスの購入にあてるものとする。さらに、サービス資本が購入・準備する消費手段をサービス部門用資本財＊と捉えて $W_{2a'}$ と表記し、個人的消費手段部分 W_{2a} と区別する。以上の表記、前提を踏まえると、表式 7 の収入部分は下記の表式 8 のように書き換えることができる。

＊　サービス部門用資本財について、第 1 節での理論的検討の中では、庭師が準備・所有する剪定鋏や鋸など耐久的な消費手段を例示し、多数の消費者の消費過程を代行することでこうした消費手段が節減されることが明らかになった。このように、サービス部門用資本財には耐久的消費手段が含まれ、サービス資本にとっては固定資本として減価償却を通じて価値が補填される。現実的にも多くの人々の消費過程で機能することを通じて価値が消尽されるものと考えられる。ただし、固定資本要因を導入すると表式展開が複雑化するため、サービス部門用資本財は年内にすべて消費しつくされ、全額が補填されるものとして検討を進める。

《表式 8》

$$\text{I} \quad 4,000 \ \ c \ +800 \ \ vp +200 \ \ vs +400 \ \ Pyp +100 \ \ Pys +500 \ \ Pz' =6,000W_1$$
$$\text{II a} \quad 1,633.3c \ +326.6vp + 81.7vs +163.4Pyp + 40.8Pys +204.2Pz' =2,450W_{2a}$$
$$\underline{\text{II z} \quad 366.7c \ + 73.3vp + 18.3vs + 36.7Pyp + 9.2Pys + 45.8Pz' = 550W_{2z}}$$
$$\text{Z} \quad 550 \ \ cz +110 \ \ vp + 27.5vs + 50 \ \ Pyp + 12.5Pys \qquad\qquad = 750C$$

この表式で、vs 部分と Pys 部分との合計額は 490 である。また、サービス資本においても物的費用 cs と労賃 v との比率は 4：1 と、生産的部門および流通部門と同様になると仮定する。さらにサービス部門においても、生産的部門および流通部門とともに、資本の参入・退出を通じて利潤率が均等化すると考える。サービス資本も平均利潤率 9.1％にしたがって利潤を取得すると仮定すると、下記のようなサービス資本の構成を導くことができる＊。なお、不生産的部門であるサービス部門では、流通部門と同様に流通費は要しないものと考える。

S　$379.6cs + 75.9vp + 19vs + 34.5Pyp + 8.6Pys = 517.6$S＊＊

　このサービス資本について利潤率は次のように算定され、平均利潤率が成立している。

$$\text{p'} = (34.5Pyp + 8.6Pys) \diagup (379.6cs + 75.9vp + 19vs) = 9.1\%$$

＊　サービス部門の具体的数値については、同部門の cs、v、Py を未知数とする下記の3元1次連立方程式を解くことにより導くことができる。
　　1)　$cs + v + Py = 490 + v \diagup 5 + Py \diagup 5$
　　2)　$cs = 4v$
　　3)　$0.091 = Py \diagup (cs + v)$
　　1) 式は消費労働ないしサービスの提供についての需給一致式であり、2) 式は物的費用と労賃との比率についての前記の前提を示し、3) 式はサービス資本が平均利潤率に参加する場合の条件式である。上記の連立方程式を解くと、$cs = 379.6$、$v = 94.9$、$Py = 43.2$ を求めることができる。収入となる v および Py についてはそれぞれ、80％が消費手段 W_{2a} の購入に、残り20％がサービスの購入にあてられることを前提したので、$75.9vp$、$19vs$、$34.5Pyp$、$8.6Pys$ をそれぞれ算定することができる。
＊＊　このように算出された消費労働ないしサービスの提供額の総額は517.6となり、生産的部門および流通部門の資本家と労働者の収入からサービスへの支出額490を27.6だけ上回っている。この27.6は、前節での考察を通じて明らかにしたように、消費部面を通じた賃金および利潤の連鎖によって生じたもので、消費過程内での取引と貨幣還流となると理解できる。

3　サービス部門用資本財生産部門の具体化

　次に、サービス資本が購入・準備する物的資材であるサービス部門用資本財と、これら資本財を生産する部門の再生産上の位置について考察し、再生産表式に具体化しよう。前節で検討したように、サービス資本は、消費過程に介在して消費労働ないしサービスを提供し、消費者の「消費費用」を代行

するのであるが、多くの消費者の消費過程を代行することによって、消費手段の社会的節減を実現する、という再生産上の機能を果たしている。したがって、こうしたサービス資本が購入・準備する資材・設備であるサービス部門用資本財は、通常の消費手段と同様に消費過程で機能・使用されるものと理解でき、広義の消費手段の範疇に属するものと考えられる。ただし、サービス部門用資本財については、直接個人の収入によって購入される通常の消費手段と異なり、サービス資本によって購入されるため、生産物の購入・補填関係を明らかにする再生産表式に位置づける際には、両者を区別して表記する必要がある。

そこで、消費手段のうち、サービス資本により購入されるサービス部門用資本財を $W_{2a'}$ と表記し、上の表式8で W_{2a} と示された消費手段全体から区分し、サービス部門用資本財 $W_{2a'}$ を生産する部門を $\mathrm{II}a'$ 部門とする*。ところで、上記の表式8の支出構成に基づいて算出されたサービス部門Sは、$379.6cs$ の物的費用、すなわち $379.6W_{2a'}$ だけの資本財の購入を要するのであるから、これを補填するようなサービス部門用資本財を生産する $\mathrm{II}a'$ 部門は以下のように措定することができる。なお、$\mathrm{II}a'$ 部門における資本の有機的構成、同部門の労働者・資本家の収入からの支出構成、生産額に占める流通費の構成比は $\mathrm{II}a$ 部門と等しいものとする。

$$\mathrm{II}a' \quad 253.1c + 50.6vp + 12.7vs + 25.3Pyp + 6.3Pys + 31.6Pz' = 379.6W_{2a'}$$

なお、$\mathrm{II}a$ 部門によって生産される消費手段 W_{2a} を、消費者個人によって購入される通常の消費手段に限ることとすると、$\mathrm{II}a$ 部門は、表式8に示された $\mathrm{II}a$ 部門から $\mathrm{II}a'$ 部門を控除した下記のような構成となる。

$$\mathrm{II}a \quad 1,380.2c + 276vp + 69vs + 138Pyp + 34.5Pys + 172.6Pz' = 2,070.4W_{2a}$$

このように、社会的総生産物の購入・補填関係を示す再生産表式にサービス部門を導入するためには、消費手段生産部門は $\mathrm{II}a'$ 部門と $\mathrm{II}a$ 部門とに区分する必要が生じ、生産的部門は4分割される。したがって、流通過程およ

第 4 章　消費過程に介在するサービス資本および国家事業と再生産　*145*

び消費過程における不生産的部門を含む再生産表式については、下記の表式9に示したように、4つの生産的部門と不生産的部門である流通部門およびサービス部門とからなる計6部門により構成される。

《表式 9》

$$\text{I} \quad 4{,}000 \; c + 800 \; vp + 200 \; vs + 400 \; Pyp + 100 \; Pys + 500 \; Pz' = 6{,}000\text{W}_1$$

$$\text{II a} \quad 1{,}380.2c + 276 \; vp + 69 \; vs + 138 \; Pyp + 34.5Pys + 172.6Pz' = 2{,}070.4\text{W}_{2a}$$

$$\text{II a'} \quad 253.1c + 50.6vp + 12.7vs + 25.3Pyp + 6.3Pys + 31.6Pz' = 379.6\text{W}_{2a'}$$

$$\text{II z} \quad 366.7c + 73.3vp + 18.3vs + 36.7Pyp + 9.2Pys + 45.8Pz' = 550\text{W}_{2z}$$

$$\text{Z} \quad 550 \; cz + 110 \; vp + 27.5vs + 50 \; Pyp + 12.5Pys \qquad\qquad = 750\text{Z}$$

$$\text{S} \quad 379.6cs + 75.9vp + 19 \; vs + 34.5Pyp + 8.6Pys \qquad\qquad = 517.6\text{S}$$

* サービス部門用資本財 $\text{W}_{2a'}$ については、消費労働ないしサービスの提供を介して消費者に享受される、すなわち『資本論』第2巻第3篇で定義された「資本家階級および労働者階級の個人的消費にはいり込む形態をもつ諸商品」[43]に属するものと考えられる。表式においては、生産的部門によって購入される生産手段と同じように、サービス部門の資本によって購入されるものであるが、その価値は他の生産物に価値移転することなく、消費過程で消失するものと捉えられる。前章では貨幣材料や物的流通費に関して検討したが、資本によって購入されるものの、他の生産物に価値移転しない生産物を生産手段に含め、このような生産物を生産する部門を I 部門の一部と捉えて表式を展開すると、需給一致関係が成立しなくなる。こうした事情も踏まえて、貨幣材料および物的流通費を構成する資材・設備については、II 部門の一部を独立させる形で表式展開を試みた。なお前節で理論的に検討したように、サービス部門用資本財については、こうした表式作成上の整合性のみならず、生産物の性格についても、個人的消費過程の一部が他者の消費労働ないしサービスの提供に代替されることに伴い、個人的所有から独立労働者、さらにはサービス資本の所有へと変化したものと捉えられる。このため、サービス部門用資本財を生産する II a' 部門は、本来の消費手段を生産する II a 部門の一部を成す亜部門と理解すべきものと考える。

4 表式における物的補塡関係

次に、表式9に示された6つの部門間における物的・価値的補塡関係を明らかにしよう。ここでは生産的部門で生産された生産物についてのみ、その物的補塡関係を明らかにする。なお、6部門間の貨幣還流の条件については、きわめて複雑な経路を想定しなければならず、節を改めて検討する。

この表式9において、4つの生産的部門で生産された4種の生産物は、以下のように、各部門からの需要によって過不足なく購入され得る。

まずⅠ部門で生産される生産手段 $6,000W_1$ は、4つの生産部門の物的費用部分であるⅠ$4,000c$、Ⅱa$1,380.2c$、Ⅱa'$253.1c$ およびⅡz$366.7c$ によって過不足なく購買されることは明らかであろう。次に、Ⅱa部門によって生産された個人的に購入される消費手段 $2,070.4W_{2a}$ は、不生産的部門も含めた6つの部門における収入部分のうち vp および Pyp、仮定より労賃および所得となる利潤それぞれの80%によって購入される。すなわち、これら個人的消費手段は、収入部分のうちのⅠ $(800vp + 400Pyp)$、Ⅱa $(276vp + 138Pyp)$、Ⅱa' $(50.6vp + 25.3Pyp)$、Ⅱz $(73.3vp + 36.7Pyp)$、Z $(110vp + 50Pyp)$ およびS $(75.9vp + 34.5Pyp)$ によって過不足なく購入される。さらに、Ⅱa'部門によって生産されたサービス部門用資本財 $379.6W_{2a'}$ はサービス部門における物的費用部分である S$379.6cs$ によって購入され、Ⅱz部門が生産した流通部門用資本財 $550W_{2z}$ は流通部門における物的費用部分である Z$550cz$ によって購入される。このように4つの生産的部門によって生産された生産物が、不生産的部門も含めた6つの部門における需要によって過不足なく購入されることが明らかになった。

第4節　生産過程・流通過程・消費過程の総体における　　　貨幣還流

本節では、表式9に示された、生産過程における4つの部門、流通部門、サービス部門の間での貨幣還流が実現することを明らかにする。前節ではこれら6部門間における生産物の補塡関係を示したが、流通部門に対する支出、およびサービス部門の提供する消費労働ないしサービスに対する支払いについては、生産物を介さずに貨幣が授受される。したがって、生産過程・流通

第 4 章　消費過程に介在するサービス資本および国家事業と再生産　　*147*

過程・消費過程の総体における円滑な経済循環を明らかにするためには、生
産物についての物的補塡関係のみならず、生産物を供給しない不生産的部門
をも含めた貨幣還流の実現を証明することが不可欠である。貨幣が、はじめ
に投じられた部門から、生産物の素材・価値補塡を媒介し、あるいは不生産
的部門への支払いを通じて 6 つの部門の間を流れ、再びはじめに投じられた
部門へ還流する経路を示すことができれば、この課題を果たすことができる。
そこで以下、Ⅰ部門、Ⅱa 部門および不生産的部門の投じた貨幣が、6 部門
間のすべての取引を媒介し、再びもとの部門に還流することを明らかにする。
先に示した 6 つの部門から成る再生産表式について、貨幣の流れに応じて各
要素を統合あるいは細分した次頁の表式 10 に基づいて、貨幣還流が実現す
ることを明らかにしていきたい。

1　Ⅰ部門からの貨幣の流れ

　Ⅰ部門で 6,000 単位の貨幣が投じられると、これらの貨幣は以下のような
経路を経て、再びⅠ部門へ還流することが明らかである。

　まずは、Ⅰ部門から物的生産物の購入にあてられる分について、Ⅰ部門の
物的費用Ⅰ4,000c はⅠ部門内で内部補塡され、購入にあてられた貨幣が出発
点に還流する。Ⅰ部門の収入部門のうち個人的消費手段 W_{2a} の購買にあてら
れる貨幣 1,200 ＝ Ⅰ（800vp＋400Pyp）はⅡa 部門の資本家に支払われ、これを
受け取ったⅡa 部門の資本家によって物的費用Ⅱa1,380.2c の一部として生産
手段の購入にあてられ、Ⅰ部門の資本家のもとに還流する。

　次に、Ⅰ部門の労働者および資本家がサービス提供への対価としてＳ部門
に支払った貨幣Ⅰ（200vs＋100Pys）については、次のような経路を経てⅠ部
門へ還流する。まずＳ部門に支払われた貨幣 300 は、Ｓ部門での物的費用
S379.6cs のうちの一部としてⅡa' 部門へ支払われる。さらに、Ⅱa' 部門では、
このうち 253.1 の貨幣が物的費用Ⅱa'253.1c としてⅠ部門へ支払われ、出発
点に還流する。なお、Ⅱa' 部門に残った貨幣 46.9 は、Ⅱa' 部門の労働者およ
び資本家による個人的消費のための消費手段の購入にあてられるⅡa'（50.6vp
＋25.3Pyp）の一部としてⅡa 部門に支払われ、さらにⅡa 部門において物的
費用Ⅱa1,380.2c の一部として生産手段の購入にあてられ、Ⅰ部門に還流する。

148

《表式 10》

I　　$\boxed{4{,}000c}$　$+\,800vp + 400Pyp$　　$+\,\underline{200vs + 100Pys}$　$+\,\underline{500Pz'}$　$=6{,}000\mathrm{W_1}$

　　　　　　　　　　(1,200)　　　　　　　　(300)

II a　　$1{,}380.2c\ +\ \boxed{276vp + 138Pyp}$　$+\,\underline{69vs + 34.5Pys}$　$+\,\underline{172.6Pz'}$　$=2{,}070.4\mathrm{W_{2a}}$

　　　　　　　　　　　　　　　　　(103.5)

$\left\{\begin{array}{l} 1{,}200 \\ 46.9 \\ 110 \\ 23.3 \end{array}\right.$

　　　　$\overline{1{,}380.2}$

II a'　$253.1c$　　$+\,50.6vp + 25.3Pyp$　　$+\,\underline{12.7vs + 6.3Pys}$　$+\,\underline{31.6Pz'}$　$=379.6\mathrm{W_{2a'}}$

　　　　　　　　$\left\{\begin{array}{l} 46.9 \\ 23.3 \\ 5.6 \end{array}\right.$　　　　(19)

　　　　　　　　　$\overline{75.9}$

II z　　$366.7c$　　$+\,73.3vp + 36.7Pyp$　$+\,\underline{18.3vs + 9.2Pys}$　$+\,\underline{45.8Pz'}$　$=550\mathrm{W_{2z}}$

　　　　　　　　　　(110)　　　　　　　　$\left\{\begin{array}{l} 23.3 \\ 4.2 \end{array}\right.$

　　　　　　　　　　　　　　　　　　　　$\overline{27.5}$

Z　　$\underline{550cz}$　　$+\,\underline{110vp + 50Pyp}$　$+\,\underline{27.5vs + 12.5Pys}$　　　　$=750Z$

$\left\{\begin{array}{l} 500 \\ 4.2 \\ 45.8 \end{array}\right.$　$\left\{\begin{array}{l} 31.6 \\ 128.4 \\ \overline{160} \end{array}\right.$　(40)

　　$\overline{550}$

S　　$379.6cs$　$+\,75.9vp + 34.5Pyp$　$+\,\boxed{19vs + 8.6Pys}$　　　　$=517.6S$

$\left\{\begin{array}{l} 300 \\ 23.3 \\ 56.3 \end{array}\right.$　$\left\{\begin{array}{l} 47.2 \\ 19 \\ 40 \\ 4.2 \end{array}\right.$

　　$\overline{379.6}$

　　　　　　$\overline{110.4}$

第4章　消費過程に介在するサービス資本および国家事業と再生産　　*149*

さらに、Ⅰ部門から流通費Ⅰ500PzとしてＺ部門に支払われた貨幣は、Ｚ部門における物的費用Ｚ550czの一部としてⅡz部門へ支払われた後、以下の３つの経路を経てⅠ部門へ還流する。第一に、貨幣500のうち366.7は、Ⅱz部門における物的費用Ⅱz366.7cとして生産手段の購入にあてられⅠ部門に還流する。第二に、貨幣500のうち110は、Ⅱz部門の労働者と資本家が個人的消費手段の購入にあてるⅡz（73.3vp + 36.7Pyp）としてⅡa部門に支払われた後、Ⅱa部門において物的費用Ⅱa1,380.2cの一部としてⅠ部門へ還流する。第三に、Ⅱz部門に残る貨幣23.3は、Ⅱz部門の労働者および資本家から消費労働へ支払われるⅡz（18.3vs + 9.2Pys）の一部としてＳ部門に流れ、さらにＳ部門では物的流通費Ｓ379.6csの一部としてⅡa'部門に支払われる。そして、Ⅱa'部門に流れこんだ貨幣23.3は同部門の労働者および資本家が個人的消費手段の購入にあてるⅡa'（50.6vp + 25.3Pys）の一部としてⅡa部門に支払われ、さらにⅡa部門の物的費用Ⅱa1,380.2cとして生産手段に支払われる貨幣の一部としてⅠ部門へ還流する。

以上から、Ⅰ部門において投じられた貨幣6,000が、諸部門を経てⅠ部門へ還流することが明らかになった。これによって、上記表式10でⅠ部門を構成するⅠ4,000c、Ⅰ（800vp + 400Pyp）、Ⅰ（200vs + 100Pys）およびⅠ500Pzの各部分とともに、Ⅱa1,380.2c、Ⅱa'253.1cおよびⅡz366.7cの生産手段部分、さらにⅡz（73.3vp + 36.7Pyp）部分の取引が貨幣によって媒介されたことが示された。

2　Ⅱa部門からの貨幣の流れ

Ⅱa部門では、上記の過程で取引が媒介されなかった部分について自ら貨幣を投じるものと前提すると、やはり以下に示す経路によって貨幣還流が実現していることが明らかになる。

Ⅱa部門の労働者および資本家が個人的に購入する消費手段の購入にあてるⅡa（276vp + 138Pyp）については、Ⅱa部門内の取引として貨幣還流する。

次に、Ⅱa部門の労働者および資本家が消費労働の購入にあてるⅡa（69vs + 34.5Pys）としてＳ部門へ支払われる貨幣103.5がⅡa部門へ還流することは以下のように示される。まず、Ｓ部門に流れ込んだ貨幣103.5のうち56.3

は、S部門における物的費用S379.6csのうち先の取引で補填されていない分56.3の購買にあてられてⅡa'部門に流れ込んだ後、以下の3つの経路を経てⅡa部門に還流する。第一に、Ⅱa'部門の貨幣56.3のうち5.6は、Ⅱa'部門の労働者および資本家が個人的消費にあてるⅡa'（50.6vp＋25.3Pyp）のうち、先の取引で実現しなかった分5.6としてⅡa部門へ支払われ、出発点たるⅡa部門に還流する。第二に、Ⅱa'部門の貨幣56.3のうち19は、Ⅱa'部門の労働者および資本家による消費労働への支払いⅡa'（12.7vs＋6.3Pys）としてS部門に流れ込み、さらにS部門で労働者および資本家による個人的消費手段の購入分S（75.9vp＋34.5Pyp）の一部としてⅡa部門に支払われることでⅡa部門に還流する。第三に、Ⅱa'部門の貨幣56.3のうち残る31.6は、Ⅱa'部門から商業部門へ支払われるⅡa'31.6Pz'としてZ部門へ支払われた後、Z部門の労働者および資本家の個人的消費手段への支出Z（110vp＋50Pyp）のうちの一部としてⅡa部門へ支払われることで、出発点たるⅡa部門に還流する[44]。なお、はじめにⅡa部門からS部門へ流れ込んだ貨幣103.5のうちの残り47.2は、S部門の労働者および資本家による個人的消費手段の購入分S（75.9vp＋34.5Pyp）のうちの一部としてⅡa部門へ支払われ、Ⅱa部門へ還流する。

　さらに、Ⅱa部門から流通（Z）部門への支出Ⅱa172.6Pz'としてZ部門へ支払われた貨幣172.6についても、以下の3つの経路を経てⅡa部門へ還流することが明らかになる。第一に、Z部門に流れ込んだ貨幣172.6のうち128.4は、Z部門の労働者および資本家によって個人的消費手段の購入にむけられるZ（110vp＋50Pyp）のうち、これまでに取引されていない部分128.4としてⅡa部門へ支払われる。第二に、Z部門に流れ込んだ貨幣172.6のうち40は、Z部門の労働者と資本家がサービス提供への支出Z（27.5vs＋12.5Pys）として支払われてS部門へ流れ込み、さらにS部門の労働者および資本家による個人的消費手段への支出S（75.9vp＋34.5Pyp）の一部としてⅡa部門に還流する。第三に、Z部門に流れ込んだ貨幣172.6のうちの残り4.2は、Z部門の物的費用Z550czの一部としてⅡz部門へ流れ込んだ後、Ⅱz部門の労働者および資本家によって消費労働の購入にあてられるⅡz（18.3vs＋9.2Pys）のうちこれまでの取引で実現されていない4.2分としてS部門に支

払われる。さらに、S部門に流れ込んだ貨幣4.2は、S部門の労働者および資本家によって個人的消費手段に支出されるS（$75.9vp + 34.5Pyp$）のうちこれまでの取引で実現されていない4.2分としてIIa部門に支払われ、この貨幣も出発点に還流する。

　以上、IIa部門の投じた貨幣還流の検討から、IIa部門を構成するIIa（$276vp + 138Pyp$）、IIa（$69vs + 34.5Pys$）およびIIa$172.6Pz'$として投じられた貨幣が、IIa'部門の構成要素のうちIIa'（$50.6vp + 25.3Pyp$）、IIa'（$12.7vs + 6.3Pys$）、IIa'$31.6Pz'$、IIz部門の構成要素のうちIIz（$18.3vs + 9.2Pys$）、Z部門の構成要素のうちZ（$110vp + 50Pyp$）とZ（$27.5vs + 12.5Pys$）、さらにS部門の構成要素のうちS$379.6cs$とS（$75.9vp + 34.5Pyp$）の各要素の取引を媒介していることが明らかになった。

3　不生産的部門からの貨幣の流れ

　再生産表式を構成する諸要素のうち、以上検討したI部門およびIIa部門で投じられた貨幣の支払いによっても取引されないのは、IIz$45.8Pz'$、Z$550cz$のうち45.8部分およびS（$19vs + 8.6Pys$）の3つの部分である。これらについては、不生産的部門によって投じられた貨幣が還流することで、取引が実現されることが明らかになる。

　まず、S（$19vs + 8.6Pys$）は、サービス部門の労働者および資本家の収入から消費労働の支払いにあてられる分を示しており、サービス部門内の内部取引として貨幣が還流する。

　一方、Z部門については、I部門およびIIa部門により投じられた貨幣によって実現されていない取引がZ$550cz$のうち45.8分であるから、Z部門の資本が45.8の貨幣を投じてIIz部門から流通部門用資本財を購入したとすると、この貨幣はIIz部門へ流れ込む。そしてIIz部門では、流通部門へ支払わなくてはならないIIz$45.8Pz'$がこれまでの取引では実現されずに残っているため、この取引のために貨幣45.8を支出することになり、貨幣は出発点であるZ部門に還流する。

第5節　再生産過程と国家事業

　第3節では、再生産表式を、生産過程のみならず流通過程および消費過程にまで拡張した。本節では、国家事業と国家が購入する資材や設備の再生産上の位置を明らかにした上で、再生産表式に位置づけることを課題とする。

1　国家事業および公共物の再生産上の位置づけ

　第1節で検討したように『要綱』では、「役人、医師、弁護士、学者、等々のような不生産的諸階級の全体」が「料理、裁縫等々、庭仕事等々のような個人的消費の労働」とともに「人身的用役給付」と捉えられ、「自分の用役給付——しばしば押しつけられたそれ——によって……資本家の収入〔Revenu〕の分け前にありつく」[45] と述べられていた。さらに『1861-63年草稿』ノート9でも、警官による警備や兵士による防衛、役人による統治の諸活動が「生産的ではなく……消費費用にはいる……機能」[46] と捉えられていた。このようにマルクスは、軍人を含む公務員の労働を、消費過程において機能する一種の消費労働であり、収入から租税への強制的な徴収を通じて補填されるものと考えていた*。

　さらに、『要綱』の「Ⅲ. 資本にかんする章」の中の「資本の循環」との表題が付された部分では、「国家が租税によって道路建設を営んでいる場合」[47] について考察されており、ここには国家事業の再生産上の位置づけについて示唆に富む記述が含まれている。まず、「道路、運河等々のような生産の一般的条件」[48] は、「社会的なものとして措定された、個人の必需品〔Bedürfnisse〕、すなわち個人が、社会のなかにあるばらばらの個人としてではなくて他の諸個人とともに共同的に消費したり必要としたりする必需品——これらのものの消費の仕方は、ことの性質上、社会的な仕方である」[49] と捉えられている。すなわち、道路は「生産の一般的条件」であり、例えば運輸業の資本の生産過程において生産的に消費されるのと同時に、「個人が……消費したり必要としたりする必需品」でもあり、「個人にとっての消費費用」[50] として、個人的消費過程で利用されるものでもある。故に、生産手

第 4 章　消費過程に介在するサービス資本および国家事業と再生産　　*153*

段および消費手段のいずれの機能をも同時に果たしているものと理解できる。そして、このように「社会のなかにあるばらばらの個人としてではなくて他の諸個人とともに共同的に消費」されることを、「社会的な仕方で」の消費と捉えられている。

　国家の建設事業に雇用される労働者については、「たまたま失業している人口の一部が、若干の建築師などとともに、道路建設のために使用されることもあるが、しかしこの建築師たちは資本家として働くわけではなく、高度の訓練を積んだ召使い〔menial〕として労働するのである」[(51)] と述べられており、上述した役人や軍人などと同様に、収入からの支払いを受ける「人身的用役給付」に含めて把握されている。しかも、「社会的生産過程の一般的諸条件が、社会的収入の控除から、つまり国税からつくりだされる……場合には資本ではなく所得が労働ファンド〔labour fonds〕として現われるのであって、労働者は他のどの労働者とも同じ自由な労働者でありながら、経済的にはそれと別の関係にある」[(52)] との記述もみられる。そして、「国の収入──国庫──の一部で賄われ」る「労働者は、資本の生産力を増大させるにもかかわらず、生産的労働者としては現われない」[(53)] 不生産的労働者であると認識されている。すなわち、建設物など対象化した生産物をつくりだす労働ではあっても、国家に雇用される労働者は、第 1 節で検討したように、収入からの支払いを受けて消費労働を提供する庭師や料理屋と同様に、消費過程に介在する不生産的労働であると理解できる。

　他方、「資本家が道路建設を事業として、自分の費用で営む」場合と対比して、「国家がこのたぐいのことを国務賃貸請負人〔Staatspächter〕にやらせる場合には、それは間接的に、やはりつねに賦役労働または租税によって行われるものである」[(54)] と述べられている。さらに、「現実の〔reell〕共同体組織〔Gemeinwesen〕が資本の形態で構成され終えた程度」によっては、「公共土木事業〔*travaux publics*〕が、国家から切り離されて資本そのものによって行われる仕事の領域に移行する」[(55)] 可能性についても言及されている。ここで指摘された「国務賃貸請負人」は、現代的に捉えると公共事業を受注した建設資本などとして理解することができる。すなわち、公共事業を受注した建設資本は、先に検討したように「社会的な仕方で」消費される建設物を

生産するのであるが、国家を通じて租税の中から対価を受け取るので、「間接的に……賦役労働または租税によって行われるもの」と理解できる。ここで指摘された道路や運河など、直接・間接に租税からの支払いを受けて生産された設備・施設については、通常の生産手段および消費手段とは異なり、「社会的な仕方で」消費される独特の生産物と捉えられる。すなわち、特定の個人や資本による消費ではなく、複数の個人および資本の消費過程に共通で用いられる生産物であり、しかも国家の徴収する租税を通じて収入から補填される、という再生産上の位置にあるものと理解できる。故に、こうした生産物は、第3節で考察したサービス部門用資本財に類似するものの、国家が保有・管理するものとして、独自な範疇の生産物として把握することが妥当であると思われる。

　以上の検討から、公務員・軍人を含む租税で雇われた労働者は、「人身的用役給付」すなわち消費労働の一類型ではあるが、個人的消費過程に介在する消費労働とは別の位置づけが与えられるべきであり、こうした国家事業は公的サービス G を供給する公的サービス部門と捉えることとしたい。他方、租税で雇われた労働者によって造られた生産物、あるいは「国務賃貸請負人」によって「間接的に……賦役労働または租税によって行われる」事業で造られた生産物は、生産的消費および個人的消費が共存するような「社会的な仕方で」消費されるものと理解できるため、生産手段とも消費手段とも区別された公共物 WG という範疇で把握することとしたい**。

＊　なお、第1節で検討したようにアダム・スミス『国富論』でも、「主権者、かれのもとで働く司法官や軍将校のすべて、また全陸海軍など」「社会の最も尊敬すべき階級中のある者の労働」についても、「家事使用人たちの労働と同じように、なんの価値をも生産しないし、また、労働が終わってしまったあとも持続し、あとになってからそれと引換えに等量の労働を獲得しうるような、ある永続的な対象または販売しうる商品のかたちで、固定されたり具体化されたりしない」ために、「公共社会の使用人であって、他の人々の勤労の年々の生産物の一部によって扶養されている」[56] ものと捉えられている。このように、国家の官吏や軍人、今日的には公務員について、「家事使用人」などと同様に消費過程における不生産的労働と捉える考え方は、スミスからマ

第 4 章　消費過程に介在するサービス資本および国家事業と再生産　　*155*

ルクスへと継承されていることは明らかである。

**　再生産表式への国家部門の導入という課題に関しては、国家によって購買
される軍需品を生産する部門の導入をはかった井村喜代子氏の研究[57]や延
近充氏によるサーベイ[58]などが参照され得る。これら研究では、国家によっ
て購入される軍需品を含む公共物について、奢侈品類似の消費手段範疇に含
めて捉えられている。さらに井村氏は、「軍需品を購買する租税の本質を剰余
価値とする」山田盛太郎氏らの見解を批判し、「支給された賃金の一部が国家
に徴収される」[59]と理解しているが、本節での検討を踏まえると、剰余価値
および賃金の双方を含む収入から徴収されたものと理解すべきものと考える。

2　公的サービスおよび公共財の再生産表式への導入

　以上のような範疇規定を踏まえて、公的サービス G を提供する不生産的
部門、さらには公共物 WG を生産する部門について、第 3 節で展開した再
生産表式に具体化し、国家事業および公共工事など国家のかかわる経済活動
の再生産上の位置を明らかにしよう。

　再生産過程における公的サービスについては、「収入の分け前にありつく」
という点では消費労働ないしサービスの提供と類似した位置にあると理解で
きる。したがって、第 3 節で展開した表式 9 に示されたサービス部門から分
割して具体化できるものと考えられる。そこで、表式 9 に示されたサービス
部門の供給額の半分を公的サービスとして分割し、公的サービスを提供する
部門を公的サービス部門（G 部門）とする。この公的サービス部門を賄う租
税については、上の表式 9 では労働者・資本家の収入のうち消費労働の支払
いにむけられた vs および Pys のうちの半額が、租税 vt および Pyt として徴
収されるものとする。なお、公的サービス部門は全て租税によって賄われて
いることとし、公的サービス提供時における購買者の自己負担や公債による
資金調達などの具体的な問題は捨象する。以上の前提を踏まえると、サービ
ス部門と公的サービス部門は下記のような構成となる。

S　$189.8c + 38vp + 4.8vs + 17.3Pyp + 2.2Pys + 4.8vt + 2.2Pyt = 258.8S$

G　$189.8c + 38vp + 4.8vs + 17.3Pyp + 2.2Pys + 4.8vt + 2.2Pyt = 258.8G$

なお、上記の公的サービス部門は国家事業ないし政府の活動を意味し、本来的に利潤は生じないものと考えられる。ただ、第1節で検討したスミス『国富論』の叙述では「主権者、かれのもとで働く司法官や軍将校」も「不生産的労働者」[60]に含めて検討されている。しかし、こういった人々は労働者とは捉えがたく、彼らが国家から得る収入については労賃ではなく、公的サービス部門における利潤範疇として表式に示すこととする。すなわち、G部門における Py は、現代的には幹部公務員や政治家、国王などの収入が含まれるものと捉えられる。

　上記のサービス部門および公的サービス部門は、物的費用として消費手段 $189.8W_{2a'}$ および公共物 $189.8WG$ を需要する。そして、これらの需要に対して生産物を供給する部門として、サービス部門用資本財生産（IIa'）部門および公共物生産（IIG）部門を下記のように措定できる。なお、両部門とも、物的費用と賃金との比率、生産物に対する流通費の比率は他の生産的部門と同様であるとする。

$$\text{IIa'}\quad 126.5c + 25.3vp + 3.2vs + 12.7Pyp + 1.6Pys + 3.2vt + 1.6Pyt + 15.8Pz = 189.8W_{2a'}$$
$$\text{IIG}\quad 126.5c + 25.3vp + 3.2vs + 12.7Pyp + 1.6Pys + 3.2vt + 1.6Pyt + 15.8Pz = 189.8WG$$

　さらに、他の生産的部門、流通部門についても同様に、表式9で労働者および資本家がサービスの購入にあてていた収入の半分が租税として徴収され、国家事業が行われて、公共物の購入および公務員の賃金支払いにあてられるものとすると、経済活動全体は次頁の表式11のように示すことができる。

　表式11における需給均衡関係を、新たに付け加えた公的サービス（G）部門、公共物生産（IIG）部門についてのみ明らかにしよう。

　表式9よりも縮小したサービス部門用資本財生産（IIa'）部門の供給する $189.8W_{2a'}$ はサービス部門用資本財であり、やはり縮小したサービス（S）部門の物的費用 $189.8cs$ に対応し、その補填需要 $S189.8cs$ 部分によって購入される。他方、新設したIIg部門の供給する $189.8WG$ は公共物であり、公的サービス（G）部門の物的費用に対応し、その補填需要 $189.8cg$ によって購入される。さらに、各部門の賃金および所得となる利潤のうち、サービス提

第 4 章　消費過程に介在するサービス資本および国家事業と再生産　　*157*

《表式 11》

$$
\begin{array}{llllllll}
\text{I} & 4{,}000\ c & +800\ vp & +100\ vs & +400\ Pyp & +50\ Pys & +100\ vt & +50\ Pyt & +500\ Pz' = 6{,}000\mathrm{W_1}
\end{array}
$$

$$
\text{II a}\quad 1{,}380.2c\ +276\ vp\ +34.5vs\ +138\ Pyp\ +17.3Pys\ +34.5vt\ +17.3Pyt\ +172.6Pz' = 2{,}070.4\mathrm{W_{2a}}
$$

$$
\text{II a'}\quad 126.5c\ +25.3vp\ +3.2vs\ +12.7Pyp\ +1.6Pys\ +3.2vt\ +1.6Pyt\ +15.8Pz' = 189.8\mathrm{W_{2a'}}
$$

$$
\text{II G}\quad 126.5c\ +25.3vp\ +3.2vs\ +12.7Pyp\ +1.6Pys\ +3.2vt\ +1.6Pyt\ +15.8Pz' = 189.8\mathrm{WG}
$$

$$
\text{II z}\quad 366.7c\ +73.3vp\ +9.2vs\ +36.7Pyp\ +4.6Pys\ +9.2vt\ +4.6Pyt\ +45.8Pz' = 550\mathrm{W_{2z}}
$$

$$
\text{Z}\quad 550\ cz\ +110\ vp\ +13.8vs\ +50\ Pyp\ +6.3Pys\ +13.8vt\ +6.3Pyt\ = 750\mathrm{C}
$$

$$
\text{S}\quad 189.8cs\ +38\ vp\ +4.8vs\ +17.3Pyp\ +2.2Pys\ +4.8vt\ +2.2Pyt\ = 258.8\mathrm{S}
$$

$$
\text{G}\quad 189.8cg\ +38\ vp\ +4.8vs\ +17.3Pyp\ +2.2Pys\ +4.8vt\ +2.2Pyt\ = 258.8\mathrm{G}
$$

供に対して支出される部分の合計 ¦（I 100vs ＋ II a34.5vs ＋ II a'3.2vs ＋ II G 3.2vs ＋ II z9.2vs ＋ Z13.8vs ＋ S4.8vs ＋ G4.8vs）＋（I 50Pys ＋ II a17.3Pys ＋ II a'1.6Pys ＋ II G 1.6Pys ＋ II z4.6Pys ＋ Z6.3Pys ＋ S2.2Pys ＋ G2.2Pys）¦ ＝258.8 がサービス提供への需要になり、サービス（S）部門の供給額258.8Sに一致している。さらに、各部門の賃金および利潤所得に対する課税額の合計 ¦（I 100vt ＋ II a34.5vt ＋ II a'3.2vt ＋ II G 3.2vt ＋ II z9.2vt ＋ Z13.8vt ＋ S4.8vt ＋ G4.8vt）＋（I 50Pyt ＋ II a17.3Pyt ＋ II a'1.6Pyt ＋ II G 1.6Pyt ＋ II z4.6Pyt ＋ Z6.3Pyt ＋ S2.2Pyt ＋ G2.2Pyt）¦ ＝258.8 が国家の歳入となり、国家はこの全額を支出して公共物 189.8WG の購入、政治家や幹部公務員も含む公務員はじめ政府部門で雇用される労働者への報酬・賃金支払いにあてていることを示している。

　なお、本来的に国家に担われ、資本の参入ができない公的サービス（G）部門以外については、資本移動を通じた利潤率の均等化が実現するものと考えられる。上の表式11については、下記のように、租税公課を損金算入するものとして、税引き後利潤率が8.1％で均等化している*。

I　　費用価格：4,000c ＋ 800vp ＋ 100vs ＋ 100vt ＋ 50Pyt ＋ 500Pz'
　　　税引き後利潤：400Pyp ＋ 50Pys　　利潤率：8.1％

II a　費用価格：1,380.2c ＋ 276vp ＋ 34.5vs ＋ 34.5vt ＋ 17.3Pyt ＋ 172.6Pz'
　　　税引き後利潤：138Pyp ＋ 17.3Pys　　利潤率：8.1％

Ⅱa'　費用価格：$126.5c + 25.3vp + 3.2vs + 3.2vt + 1.6Pyt + 15.8Pz'$

　　　　税引き後利潤：$12.7Pyp + 1.6Pys$　　　利潤率：8.1%

ⅡG　費用価格：$126.5c + 25.3vp + 3.2vs + 3.2vt + 1.6Pyt + 15.8Pz'$

　　　　税引き後利潤：$12.7Pyp + 1.6Pys$　　　利潤率：8.1%

Ⅱz　費用価格：$366.7c + 73.3vp + 9.2vs + 9.2vt + 4.6Pyt + 45.8Pz'$

　　　　税引き後利潤：$36.7Pyp + 4.6Pys$　　　利潤率：8.1%

Z　　費用価格：$550cz + 110vp + 13.8vs + 13.8vt + 6.3Pyt$

　　　　税引き後利潤：$50Pyp + 6.3Pys$　　　利潤率：8.1%

S　　費用価格：$189.8cs + 38vp + 4.8vs + 4.8vt + 2.2Pyt$

　　　　税引き後利潤：$17.3Pyp + 2.2Pys$　　　利潤率：8.1%

*　先に表式9の算定に際して明らかになった利潤率は9.1％であったが、公的サービス（G）部門および公共物生産（ⅡG）部門を具体化した表式11での利潤率は8.1％となっている。これは、労働者および資本家の収入のうち10％分が租税支払いにあてられると仮定したことによって、表式9では利潤収入であったPys部分の半分が、表式11では租税公課Pytとして費用とされているためである。

おわりに

　本章では、今日のいわゆるサービス産業を念頭に、消費過程に介在するサービス資本の再生産上の位置を明らかにした上で、サービス資本も含んだ社会的総生産物の再生産の条件を示す再生産表式を展開した。『資本論』およびその準備草稿の検討を通して、消費過程における「消費費用」の代行を意味する消費労働ないしサービスの提供、さらには消費労働ないしサービスを提供する賃労働者を雇用するサービス資本の介在は、多数の個人の消費過程を集中して代行することを通じて、「消費費用」自体とともにそれに要する消費手段を節減する、という再生産上の機能を果たすことが明らかになった。こうした再生産上の役割を根拠に、消費労働ないしサービスの提供に対して収入から対価を受け取ることで、サービス資本は自ら購入・準備した資

本財としての消費手段、雇用する労働者の賃金を補塡し、さらに利潤を獲得することができるものと理解された。こうした理論的考察を前提に、サービス資本を再生産表式に具体化する検討を行い、生産過程における産業資本のみならず、流通過程および消費過程における不生産的資本・不生産的労働者を含めた社会的再生産、社会的総生産物の物的補塡関係と、生産・流通・消費過程の資本と収入の間の貨幣還流の実現が明らかになった。

　さらに、国家事業と、国家によって購入される公共物の再生産上の位置を考察した上で、これら活動・生産物を再生産表式に位置づけることを試みた。国家によって提供される公的サービスは、個人的消費のみならず資本による生産的消費においても機能するものと捉えられるため、サービス資本の活動とは区別し、公的サービス部門および公共物生産部門を措定した上で、再生産表式に位置づけた。

　以上の考察を通じて、流通過程における流通費を節減する流通部門、消費過程における「消費費用」の節減を実現するサービス部門、さらに個人的消費・生産的消費の両面において機能を果たす公的サービス部門の再生産上の意義を明確にした上で、これら不生産的部門とともに、各不生産的部門が購入する生産物である流通部門用資本財、サービス部門用資本財、公共物を生産する各生産部門を位置づけた単純再生産表式を展開することができた。こうした再生産表式の展開および具体化は、資本の活動領域が生産過程および流通過程から消費過程に広がり、また国家事業ないし公的サービスの再生産上の位置とともに、資本がこうした公共領域へ参入しようとする動きもみられる現代資本主義の現状について、再生産（表式）論的視角から把握するための基礎作業を成したものと思われる。

注

（1）MEGA., Ⅱ/3.5, S. 1573；『草稿⑧』、52頁。
（2）本項の内容の詳細については、第1、2章も参照。

（ 3 ） *Kapital.,* Ⅰ, S. 535（S. 533）；『資本論③』、874 頁。

（ 4 ） MEGA., Ⅱ/3.5, S. 1572；『草稿⑧』、51 頁。

（ 5 ） 以上の引用は MEGA., Ⅱ/1.2, S. 373；『草稿②』、108 頁。

（ 6 ） 以上の引用は Ibid., S. 375-376；同上、113 頁。

（ 7 ） 以上の引用は MEGA., Ⅱ/3.2, S. 506；『草稿⑤』、281-282 頁。

（ 8 ） Ibid., S. 446；同上、182 頁。

（ 9 ） *Wealth.,* Vol. Ⅰ, p. 314-315；『国富論Ⅰ』、518 頁。

（10） Ibid., p. 315；同上、518 頁。

（11） 渡辺雅男『サービス労働論』三嶺書房、1985 年、93 頁。

（12） *Wealth.,* Vol. Ⅰ, p. 314；『国富論Ⅰ』、516-518 頁。

（13） Ibid., p. 315；同上、518 頁。

（14） Ibid., p. 314；同上、515 頁。

（15） Ibid., p. 316；同上、520 頁。

（16） *Principle.,* p. 28；マルサス『経済学原理（上）』、48 頁。

（17） *Note.,* p. 14；同上、48-49 頁。

（18） *Principle.,* p. 44-45；同上、68-69 頁。

（19） Ibid., p. 44；同上、68 頁。

（20） *Wealth.,* Vol. Ⅰ. p. 1 ⅷ；『国富論Ⅰ』、3 頁。

（21） Ibid., p. 259；同上、419-420 頁。

（22） スミス『国富論』を蓄積論的視角から考察した研究として、富塚良三『蓄積論研究』未来社、1965 年、第 1 章を参照。

（23） MEGA., Ⅱ/3.2, S. 443；『草稿⑤』、176 頁。

（24） 以上の引用は、Ibid., S. 453；同上、192 頁。

（25） この点については、第 2 章第 3 節 1 項を参照。

（26） 注 3 を参照。

（27） 金子ハルオ『サービス論研究』創風社、1998 年、序論、第 1 章を参照。

（28） *Kapital.,* Ⅱ, S. 398（S. 394）；『資本論⑦』、630 頁。

（29） 注 4 を参照。

（30） 渡辺雅男前掲書、239 頁。

（31） 注 28 を参照。

（32） Ibid., S. 400（S. 396）；同上、633 頁。

（33） MEGA., Ⅱ/3.2, S. 450；『草稿⑤』、188 頁。

（34） MEGA., Ⅱ/2, S, 99；『草稿③』、203 頁。

（35） 谷野勝明「『資本論体系』プラン」（服部文男・佐藤金三郎編『資本論体系 1 資本論体系の成立』有斐閣、2000 年所収）166 頁。

（36） 以上の引用は *Wealth.,* Vol. Ⅰ. p. 314；『国富論』、516 頁。

第4章　消費過程に介在するサービス資本および国家事業と再生産　　*161*

(37) *Principle.*, p. 32；マルサス『経済学原理（上）』、54 頁。

(38) MEGA., Ⅱ/1.2, S. 375-376；『草稿②』、113 頁。

(39) *Wealth.*, Vol.Ⅰ. p. 317；『国富論Ⅰ』、521 頁。

(40) 以上の引用は、MEGA., Ⅱ/3, S. 614；『草稿⑤』、457-458 頁。

(41) 寺田隆至『経済循環と「サービス経済」の理論』八朔社、2015 年、228 頁。

(42) 内生的貨幣供給説に基づく信用貨幣の理論的性格については、建部正義『貨幣・金融論の現代的課題』大月書店、1997 年を参照。なお、銀行の貸借対照表における貸借同時記帳による信用貨幣創造の理解については、拙稿「簿記会計の知識を活用した金融経済の学習」（『全国商業教育研究協議会年報 2008』、2009 年 3 月）を参照。

(43) *Kapital.*, Ⅱ, S. 398(S. 394)；『資本論⑦』、630 頁。

(44) Ⅱa 部門から S 部門を経てⅡa’ 部門に支払われた貨幣は 56.3 であったが、その後、Ⅱa’ 部門から他部門を経てⅡa 部門へ還流した貨幣は 5.6、19 および 31.6 であり合計は一致しない。これは、小数第 1 位までの貨幣額を示すために四捨五入した影響であり、より厳密な数値を用いて表記すれば一致することとなる。

(45) MEGA., Ⅱ/1.2, S. 375-376；『草稿②』、113 頁。

(46) MEGA., Ⅱ/3, S. 614；『草稿⑤』、458 頁。

(47) MEGA., Ⅱ/1.2, S. 428；『草稿②』、199 頁。

(48) Ibid., S. 430；同上、202 頁。

(49) Ibid., S. 432；同上、204 頁。

(50) Ibid., S. 431；同上、203 頁。

(51) Ibid., S. 429；同上、200 頁。

(52) Ibid., S. 431；同上、204 頁。

(53) Ibid., S. 432；同上、205 頁。

(54) Ibid., S. 429；同上、201 頁。

(55) Ibid., S. 430；同上、203 頁。

(56) *Wealth.*, Vol.Ⅰ. p. 315；『国富論Ⅰ』、518 頁。

(57) 井村喜代子「軍需生産にかんする理論的一考察」（中央大学『商学論纂』第 28 巻第 5・6 号、1987 年 3 月）；同「再生産表式による軍需生産の分析」（富塚良三・井村喜代子編『資本論体系 4 資本の流通・再生産』有斐閣、1990 年所収）。

(58) 延近充「軍需品生産の再生産表式分析にかんする一考察」（『三田学会雑誌』1983 年 8 月号）。

(59) 井村前掲「軍需生産にかんする理論的一考察」、11-12 頁。

(60) *Wealth.*, Vol.Ⅰ. p. 315；『国富論Ⅰ』、518 頁。

第5章

不生産的部門を含む再生産表式に関する
諸説の検討

はじめに

　第3、4章では、商業資本など流通過程で機能する資本、消費過程に介在するサービス資本、さらには国家事業について、再生産過程においてこれら資本・事業の果たしている役割を明らかにした上で、再生産表式に位置づける試みを行った。なお、こうした課題に関しては、再生産表式へのサービス部門の導入という方法に拠った先行諸研究がみられる。本章では、これら諸研究の検討を通して、再生産表式に不生産的部門を導入する際の諸課題を明らかにしていきたい。

　なお、生産的労働と不生産的労働に関しては、生産的労働の範囲ないしサービス労働の価値形成性をめぐる論争[1]が続いており、この論争における立場の違いによって、不生産的部門を再生産表式に導入する方法は異なってくる。そこで本章では、サービス部門を不生産的部門として表式に位置づける諸研究を第1節で、サービス部門を生産的部門として表式に導入する諸研究を第2節で検討する。さらに第3節では、これら諸見解の検討を通して明らかになった、再生産表式に不生産的部門を具体化するうえで留意すべき点、検討・解明しなければならない諸課題などについて考察する。

第1節　サービス部門を不生産的部門として位置づける諸見解

　本節では、生産的労働論争ないしサービス論争において、サービス労働価値不生産説の立場に立って、不生産的なサービス部門を再生産表式に位置づ

ける課題に取り組んだ諸研究について検討する。なお、こうした立場の諸見
解は、サービス部門が資本財として購入する生産物を生産する部門の位置づ
けをめぐって、これら資本財を生産する部門を I （生産手段生産）部門に含
める見解、同部門を II （消費手段生産）部門に含める見解、同部門を I・II
部門のいずれにも含めない見解に分かれる。そこで本節では、これら 3 つの
類型ごとに諸研究を検討する。

1　不生産的部門用資本財生産部門を I 部門に含める見解

　まず、サービス部門が資本財として購入する生産物について、生産手段生
産部門としての I 部門によって生産されるものと捉える見解として、川上正
道氏[2]の研究を検討する。

　川上正道氏は、「生産的労働の一般的規定からみて、サービスのような非
物質的な商品をつくる労働は、ついに物質化されることなく、価値形成過程
において消滅してしまうから、価値をつくりだしえないといういみで非生産
的である」[3]という前提に立つ。さらに、サービス部門について、「この
〔サービス―引用者〕産業は価値生産をおこなわず、したがって物質的部面で
つくられる剰余価値ないし可変資本（賃金）の再分配をうけて運営される」
ものとして、「不生産部門」である III 部門と位置づける。そして、この III 部
門が提供するサービスを「生産財的サービスと消費的サービスにわけて考
え」、前者を「コスト・サービス S'」、後者を「消費的サービス S''」[4]として、
下記のような拡大再生産表式を展開している。この表式における素材・価値
補塡関係について、枠つきの数値は部門内補塡を、矢印は部門間の相互補塡
を示している。見られるように、表式を構成する各要素について、複雑な分
割・統合関係により、補塡関係が示されている。

　この表式では「サービスの提供と交換に、サービス部門は、生産財を 50
……え」[5]ることが示されており、サービス部門が資本財として購入する生
産物である 50C は I 部門で生産される生産財であることが前提されている。
なお、「サービスのような非物質的な商品をつくる労働は、ついに物質化さ
れることなく、価値形成過程において消滅してしまう」のであるから、サー
ビス労働において消費される資本財 50C の価値も、サービス労働の成果が

第 5 章　不生産的部門を含む再生産表式に関する諸説の検討　　165

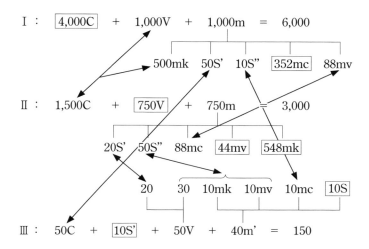

価値の担い手である対象的生産物とならない以上、「消滅してしまう」ものと捉えられる。しかしながら川上正道氏は上記のように、こうしたサービス部門が購入する資本財 50C を「生産財」と捉え、Ⅰ部門によって生産されるものとして表式を展開している。

　この点に関して、単純再生産表式について考察した『資本論』第 2 巻第 3 篇第 20 章の第 2 節では、「社会的生産の二大部門」が定義される際に「生産諸手段。生産的消費にはいり込まなければならないか、または少なくとも入り込みうる形態をもつ諸商品」[6]と叙述されている。さらに第 8 節で、「両大部門における不変資本」が考察される中では、「社会的に考察すれば、社会的労働日のうち、生産諸手段を生産する部分〔すなわちⅠ部門─引用者〕……（中略）……は、古い生産諸手段で消費された不変資本を、すなわちⅠでもⅡでも消費された不変資本を補塡するものと予定された新たな不変資本のほかには、なにも生産しない」[7]と述べられ、Ⅰ部門生産物は不変資本部分の補塡のみに充てられることが前提されている。こうした前提を踏まえて展開されている単純再生産表式では、右辺のⅠ部門生産物の価値は、両部門の左辺第 1 項で示される、生産的に消費されて生産物に価値移転する不変資本価値の合計額と等しい形で需給均衡関係が示される。したがって、川上正道氏の表式のように、生産的に消費される不変資本とは異なり、その価値が

「価値形成過程において消滅してしまう」サービス部門用の資本財を I 部門生産物に含めて単純再生産表式を展開すると、需給均衡関係が満たされない＊。そこで川上正道氏の表式では、拡大再生産表式のみが展開され、しかも、各部門の蓄積率、各部門の剰余価値から消費手段、生産財的サービスおよび消費的サービスへの支出構成は統一されておらず、むしろ部門間の需給均衡を一致させるためにこれら蓄積率・支出構成が決定されているものと考えられる＊＊。

さらに、川上正道氏の表式では、「消費的サービス」が資本家のみによって需要され、労働者は物的消費手段のみを購買することが前提されている。この点に関しては、現代のサービス産業の広がりや、家計消費支出に占めるサービス消費の拡大を踏まえると、サービス部門が労働者を含む個人の収入全体から支払いを受ける形で表式が展開されるべきであると思われる＊＊＊。

＊　この点に関して、物的流通費の一部を構成する貨幣材料生産部門の再生産表式における位置づけをめぐる論争[8]を通じて、生産物に価値移転せず流通過程で摩滅する貨幣材料生産部門を I 部門に位置づけると表式における素材・価値補塡の量的条件が満たされず、表式の需給関係を満たすためには、II 部門と同様に位置づけなければならないことが明らかにされている。

＊＊　とくに、各部門の蓄積率については、I 部門が40％、II 部門が17.6％、III 部門が50％と大きく異なり、上述のように部門間の均衡を満たすように決定されていると思われる。各部門の蓄積率については、例えば『資本論』第2巻第3巻におけるように I 部門の蓄積率を50％と前提したり、あるいは各部門の蓄積率一定の均衡蓄積軌道[9]を想定したりと、何らかの原則をもって措定されるべきものと考える。

＊＊＊　前章で検討したように、アダム・スミスやマルクスの叙述でも、不生産的労働者は資本家や地主ばかりでなく労働者の収入からも支払いを受けるものと把握されていたことが明らかになった。

2　不生産的部門用資本財生産部門を II 部門に含める見解

前項での検討から明らかになったように、不生産的部門用資本財の生産部門を I 部門に含める見解は、理論的にも、表式展開の上でも合理性に欠ける

ものと思われる。そこで以下、不生産的部門用資本財の生産部門をⅡ部門に含める山田喜志夫氏[10]、大野秀夫氏[11]、姜昌周氏[12]の見解について検討する。

（1） 山田喜志夫氏の見解

　山田氏は、「サービス部門の基本的特質は、生産物を生産しないで、生産物の消費のみをこととするという点である」と、サービス労働価値不生産説に立脚する立場を示した上で、「サービスの活動の維持および拡大に必要な生産物は、サービス部門において生産的に消費されるのではなく、したがって、生産手段ではない。……サービス部門の設備等は、……範疇的には消費財である」[13]として、サービス部門用資本財の生産部門をⅡ部門の亜部門に位置づける。すなわち、Ⅱ部門を、「生産的部門の労働者、資本家によって消費される消費財」を生産するⅡa部門と、「・サ・ー・ビ・ス・部・門・で・消・費・さ・れ・る・生・産・物（サービス部門の建物や設備、サービス部門の労働者と資本家が個人的に消・費・す・る・生・産・物）を生産する部門」[14]であるⅡb部門とに分割して、下記のような単純再生産表式が展開されている。

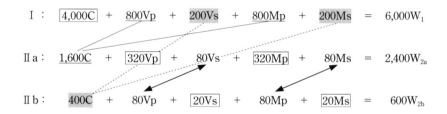

　この表式で、収入のうちVpおよびMpは商品生産物としての消費手段を購入する部分、収入のうちVsおよびMsはサービスへ支払われる部分を示している。なお、山田氏の説明によれば、Ms部分の内容として「広告販売費、流通費および対個人サービス等への支払い」[15]があげられており、同氏が想定するサービス部門には流通過程における資本の活動も含まれている。なお、Ⅱb部門はサービス部門用の資本財等を生産する部門であり、上記の表式にはサービス部門自体は位置づけられていない。

このような山田氏の見解について、3点指摘しておきたい。第1に、Ⅱa部門の生産物を生産的部門の労働者・資本家が個人的に消費する消費手段のみに限定し、サービス産業の設備・原材料とともに不生産的部門の労働者・資本家が個人的に消費する消費手段をⅡb部門の生産物に含めている点である。この結果、Ⅱb部門の生産物の中には、「社会的消費財というべき」「不生産的部門における固定設備等」[16] と不生産的部門の労働者・資本家が個人的に消費する消費手段とが含まれることになる。すなわち、Ⅱb部門の生産物には、不生産的部門における投資需要によって購入される生産物と、同部門の労働者・資本家の個人的消費需要によって購入される生産物とが混在している。これら不生産的部門における投資需要と個人的消費需要とは再生産上の意味が異なっているが、山田氏によるⅡb部門の定義では両者の相違は不明確である。さらに、個人的に消費される消費手段は、生産的部門の労働者・資本家に販売される分はⅡa部門の生産物、不生産的部門の労働者・資本家に販売される分はⅡb部門の生産物として、表式上に別々に位置づけられている。これらの点を踏まえると、Ⅱ部門を2つの亜部門に分割する場合には、生産的部門および不生産的部門の労働者・資本家によって個人的に消費される消費手段を生産するⅡa部門と、サービス部門用資本財を生産するⅡb部門とに区分する方が、両者の再生産上の位置および機能の違いが明確になると思われる。

第2に、サービス部門自体を表式に導入しない山田氏の表式は、不生産的部門における資本の活動そのものが把握できず、生産過程から流通・消費過程を含む不生産的部門への資本の活動領域の広がりや、不生産的部門における資本蓄積の態様を考察するための理論的基準としては限界がある。

第3に、資本家収入からサービス部門への支払いMsの中に「広告販売費、流通費」が含まれている点に関して、こうした前提によれば、上記表式に明示されていないサービス部門の中に、商業資本を含む流通過程における不生産的資本が含まれることになる。そして、Ⅱb部門の生産物 $600W_2b$ の中に、消費過程で機能するサービス資本が購入する資材・設備と、流通過程で機能する商業資本などが購入する資材・設備とが混在することになる。このようなMsおよびⅡb部門の扱いは、本書第3章で明らかにした流通過程におけ

る空費の節減を通じて剰余価値の分与を受ける商業資本と、前章で考察した消費者の消費費用の代行と引き換えに収入からの支払いを受けるサービス資本との再生産上の機能の相違を不明確にしてしまうものと考えられる。

（2）大野秀夫氏の見解

　大野秀夫氏は、サービス部門用資本財はⅡ部門によって生産されることを前提しつつも、次の2点で山田氏の見解を批判して独自の理論的前提を示している。第1に、流通費によって購入される生産物もⅡb部門の生産物に含め、事実上、サービス部門に商業部門も含めている山田氏の見解に対して、「商業部門は……剰余価値の分配に直接参加することによって、平均利潤率の形成に参加する」一方、「サービス部門は生産的諸部門および商業部門によって形成された平均利潤率を外的規制としてこれに受動する」[17] ものとして両者を区別し、サービス部門のみについて表式への導入をはかっている。第2に、「何らかの形で不生産的部門を再生産表式に位置づけようとすれば、これを直接表式上に示すのがもっとも合理的である」[18] として、下記のようにサービス（S）部門を欄外に位置づけた単純再生産表式を作成している。

$$\text{Ⅰ}：12,000C_{11} + 1,500V_{12} + 1,500M_{12} + 500V_{1s} + 500M_{1s} = 16,000W_1$$
$$\text{Ⅱ}：\ \ 4,000C_{21} + \ \ 750V_{22} + \ \ 750M_{22} + 250V_{2s} + 250M_{2s} = \ \ 6,000W_2$$
$$\overline{\phantom{\text{Ⅱ}：}16,000C \ \ + 2,250V \ \ + 2,250M \ \ + 750V \ \ + 750M \ \ = 22,000W}$$
$$\text{S}：\ \ \ \ 900C_{s2} + \ \ 300V_{s2} + \ \ 300M_{s2} + 100V_{ss} + 100M_{ss} = \ \ 1,700S$$

　この表式で、各要素の添字1・2・Sは部門を示し、これによって部門間の素材・価値補塡における均衡条件が成立していることが分かる。例えばC_{s2}はサービス部門からⅡ部門へのサービス部門用資本財の需要を示しており、サービス部門用の資本財はⅡ部門で生産されることが前提されている。なお、大野氏の見解については、次に検討する姜昌周氏の見解と共通点が多いため、姜氏の研究の検討に際して考察することとしたい。

(3) 姜昌周氏の見解

　大野氏の見解とほぼ同様の前提に立脚して拡大再生産表式を展開したのが、姜昌周氏の研究である。姜氏は、先に見た川上正道氏の見解を批判しつつ、以下の6つの理論的前提に基づいて下の表式を展開している。

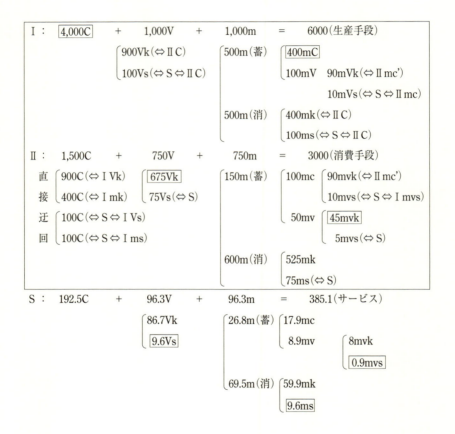

　第1に、川上正道氏の恣意的とも思われる数値例を批判して、『資本論』第2巻第3篇で示された再生産表式における資本構成、剰余価値率、蓄積率、有機的構成を前提に表式を展開している。第2に、「サービス部門の運動は、……消費過程にほかならない」として、「再生産過程の外部に、つまりその枠外に位置づける」べきものと捉え、欄外にS部門として位置づけられて

いる。第3に、「サービスは、サービス部門を含む労使の二大階級が、……所得の10％をもって購入し、消費されるものと仮定」されている。第4に、「サービス部門における、資本構成は第Ⅱ部門の比率（2対1）を援用し、剰余価値率は一般的剰余価値率（100％）を適用」している。第5に、「サービス部門の蓄積は、物質的生産部門の蓄積にともなって、増大する国民所得Ｖ＋ｍのうち、サービス消費に転化する部分（第三の仮定によれば所得増加額の10分の1）の増大、さらにサービス部門の労使の収入増加につれて、生ずるはずのサービス需要の増大——ここでもやはり増加所得の10分の1——に依存するものと仮定」されている。そして第6に、「サービス部門から商業部門を排除すべき」として、再生産表式から「商業資本と利子生み資本を排除」[19]している。以上の諸前提より、前頁に示したような拡大再生産表式が展開されている。

　この表式の素材・価値補塡の条件に関しては、表式を構成する諸要素を細分した各数値について、枠付きの数値は部門内転態、括弧付きの数値は括弧内に示された諸要素との部門間交換を通じて補塡されることが示されている。なお、Ⅱ部門を構成する数値のうち、括弧内にＳの要素を含むものは、サービス部門に購入されること、すなわち不生産的部門用の資本財および不生産的部門の労働者と資本家が個人的に購入する消費手段であることを意味している。また、サービス部門（Ｓ部門）の数値については、Ⅰ部門蓄積率50％が決定された場合にⅠ・Ⅱ部門間の部門間均衡条件を満たすⅡ部門蓄積率20％という生産的部門の蓄積率を踏まえるとともに、サービス部門を含めた全部門の労働者・資本家の個人的支出のうち10％がサービス支出にあてられるという仮定に基づき、さらにサービス部門を含めて部門間均衡が成り立つように算定されている。こうした算定の結果として、Ｓ部門の蓄積率は27.8％となっている。

　大野氏および姜氏の見解に関しては、次の3点を指摘したい。第1に、サービス部門と商業資本など流通過程における不生産的部門とが区別されているが、後者については再生産表式に位置づけられていない点である。山田氏の見解に際して検討したように、サービス部門と商業部門との再生産過程にお

ける機能の相違は明らかであり、大野氏および姜氏の見解で両者が区別され
ていることは適切である。しかしながら、両氏の表式で流通過程における不
生産的部門が導入されていない点は疑問である。第3章でも検討したように、
商業資本について考察されている『資本論』第3巻第17章では、「そのほか
に……研究されなければならない」課題として次の3つが指摘されている。
「第一に、必要労働だけが商品の価値にはいり込むという法則は、流通過程
ではどのように顕現するのか？第二に、蓄積は商人資本の場合どのように現
れるのか？第三に、商人資本は社会の現実の総再生産過程ではどのように機
能するのか？」[20]。これらの課題を解明するためには、再生産表式に商業資
本を位置づけて検討することが不可欠であり、マルクス自身が商業資本を再
生産表式へ導入しようとの意図を持っていたことは明らかである。さらに
『資本論』体系の論理構成を踏まえても、消費過程に介在するサービス資本
よりも、商業資本をはじめとする流通過程における不生産的資本を先に表式
に位置づけるべきと考えられるからである。

　第2に、両氏の見解では、サービス部門自体を再生産表式の欄外に位置づ
けたことで、サービス部門における資本の活動が明示され、不生産的部門で
の資本蓄積の態様を明らかにする理論的基準が示されている。しかしながら、
こうした理論的意義の点では、サービス部門用資本財が他の消費手段ととも
にⅡ部門に含められている点は不十分である。確かに、個人的に消費される
消費手段とサービス部門の資本によって購入される資本財とは、消費過程で
充用されるという同様の性格を有しているが、後者は資本によって投資財と
して購入されるのであり、収入によって直接購入される消費手段とは再生産
上の位置づけ・機能は異なる。むしろ、サービス部門用資本財の生産部門に
ついては、Ⅱ部門の内部における亜部門として位置づけることで、他の消費
手段とは異なり、サービス部門における資本の活動の影響によって需要が変
化するという独自の性格が明確になるものと考えられる。

　さらに、姜氏の見解における各部門の蓄積率の決定にあたっては、Ⅰ部門
の蓄積率50％が先行決定され、部門間均衡条件が満たされるようにⅡ部門
とS部門の蓄積額が算定されており、蓄積率はⅡ部門20％、S部門27.8％
となっている。このようなⅠ部門の蓄積率50％の先行決定という論理自体

は、『資本論』第2巻第3篇第21章での方法を踏襲したものであるが、このような方法では、Ⅱ部門およびS部門の独自の蓄積率決定、これら部門が主導する蓄積の態様を明らかにすることができず、資本蓄積の動態分析のための理論的基準として限界が生じるものと思われる[21]。

（4）川上則道氏の見解

　サービス労働価値不生産説に立脚する川上則道氏は、自説に拠った「サービス部門を価値が再分配される部門として捉えた」表式と、サービス労働価値生産説に拠る「サービス部門が生産部門としての形態をとった場合の」表式とを、氏独自の「マトリックス形式」で作成し、検討を加えている[22]。
①「サービス部門を価値が再分配される部門として捉えた」表式の展開
　川上則道氏が、サービス労働価値不生産説に立脚して作成したマトリックス形式の単純再生産表式は、通常の表式の形式で下記のように示すことができる。

Ⅰ　5,000C ＋　 500Vp ＋　 500Vs ＋ 500Mp ＋ 1,500Ms ＝ 8,000
Ⅱ　3,000C ＋　 250Vp ＋　 250Vs ＋ 250Mp ＋ 　750Ms ＝ 4,500
S　 1,500C ＋ 1,000Vp ＋ 1,000Vs ＋ 500Pp 　＋ 　500Ps 　＝ 4,500

　この表式では、サービス部門の利潤は生産的部門の収入から再配分されたという意味でPと表記されているが、S（1,500C＋2,000Ｖ）部分も含むサービスの供給総額（4,500S）は、生産的部門およびサービス部門の収入からの支払い（Vs＋Ms＋Ps）によって補填されることが示されている。さらに、サービス部門（S部門）の「物質的な手段（設備・機器・材料など）」としてのS1,500Cについて、「サービス部門は物質的な生産物を生産せず本来は消費部門ですので、この物質的な手段は生産手段ではなく消費手段になる」と捉え、上記表式の数値例を踏まえて、「第Ⅰ部門と第Ⅱ部門からなる物質的生産部門だけを取り上げますと、第Ⅰ部門の優先的発展という帰結……になりますが、サービス部門の導入はこの法則と反対に作用することになります」[23]との示唆を行っている。

しかしながら、この表式については下記3つの問題点を指摘できる。第1に、商業もサービス部門に含められているために、「本来は消費部門」であるサービス資本と、流通過程で機能する商業資本との再生産上の機能の相違が不明確になっている。第2に、生産価格次元の論理段階を踏まえて展開された表式でありながらⅠ部門の利潤率33.3％とⅡ・S部門の利潤率28.6％とが相違している。第3に、サービス部門の「物質的な手段（設備・機器・材料など）」についてもⅡ部門の生産物に含められているが、これら生産物はサービス部門の資本によって投資財として需要されるのであり、個人的な収入部分によって需要される一般の消費手段とは性格が異なる点が不明確になっている。

② 「サービス部門が生産部門としての形態をとった場合の」表式の展開

　川上則道氏は、サービス労働価値形成説に立脚した場合の表式を作成し、これについて検討を加えているが、「サービス部門を価値生産部門として捉えた単純再生産表式」[24]を通常の表式の形式で表記すると、以下のように示せる。

$$\text{Ⅰ}\quad 4,500C + 500Vp + \quad 500Vs + 1,000Mp + 1,000Ms + 500Mz = 8,000$$
$$\text{Ⅱ}\quad 2,500C + 250Vp + \quad 250Vs + \quad 500Mp + \quad 500Ms + 500Mz = 4,500$$
$$\text{S}\quad 1,000C + 750Vp + 1,250Vs + 1,500Mp + \underline{2,500Ms} + 500Mz = 7,500$$

　この表式では、S部門が自ら剰余価値Mを生産するものとして表記されている。さらに、S部門の購入する資本財1,000CはⅠ部門によって補填されるものとして位置づけられており、この1,000Cの価値は供給されるサービス7,500の中に移転されることが示されている。なお、生産的部門としてのサービス部門（S部門）の一部、供給額7,500のうち1,500は「生産のための費用として計上される」「原材料的なサービス」であり、残りの6,000は各部門の賃金・利潤によって購買されるサービスであることを意味している。なお、上記表式で各部門の剰余価値のうちMz部分は、こうした「原材料的サービス」[25]の購入額を示している。

　川上則道氏は、この表式の数値例のうち下線が付された部分が大きい点に

着目して、「サービス部門の 4,000M が大きく、……そのため、サービス部門内部での取引（2500）が大きくなりすぎており、この点で現実離れしている」[26] と指摘している。しかしながら、この「現実離れ」の要因は、資本の有機的構成（C ／ V）が I 部門 4.5 ／ 1、II 部門 5 ／ 1 であるのに対して、サービス部門では 1 ／ 2 と著しく低く設定されているためであって、サービス労働価値生産説自体に起因する問題ではない。なお付言すれば、この表式では、収入部分から物的消費手段とサービスへの支出構成は、利潤部分のみならず賃金部分についても各部門で異なっており、部門間均衡条件を満たすためにこれら数値が導かれているものと思われる。このように、表式の数値例を踏まえた川上則道氏の指摘は、部門間の有機的構成の相違や収入部門からの支出構成の違いなど、独特の数値設定に起因しているものと考えられる。

3 不生産的部門用資本財生産部門を I 部門にも II 部門にも含めない見解

次に、不生産的部門用資本財の生産部門は I 部門にも II 部門にも含まれない、と捉える井村喜代子氏の見解を検討しよう。

井村氏は、産業連関表を利用して高度成長期日本の再生産構造について実証分析[27] を行っているが、これとならんで「再生産表式論を現状分析の基礎理論としてより充分なものとしていくために、……第二巻第三篇では捨象されていた重要な問題を再生産表式論にとりいれ、より具体的な分析基準を設定」[28] する課題について別稿で検討している。

井村氏の見解では、先に検討した山田喜志夫氏がサービス部門用資本財を消費財の中に含めている点について、「「消費手段」概念があまりに拡張され、その内容が不明確となる」と批判し、「「サービス部門」の固定設備や流動的資材は、生産的に消費される生産手段とも、消費手段とも異なる機能をはたすのであるから、第一部門・第二部門とは別個に、「サービス部門用財貨生産部門」を設定する必要が生じる」と指摘している。そして、「個人の欲望を直接充足する狭義のサービス業（飲食業、娯楽業、医療等）」のみならず、「純粋の流通過程の一部を担う商業、広告宣伝業等」および「金融・保険業」を加えた「広義のサービス業」[29] という範疇を設定している。

このような井村氏の見解については、「広義のサービス業」を想定し、こ

の広義のサービス部門に資本財を供給する生産部門を「サービス部門用財貨生産部門」と一括している点に疑問がある。井村氏自身、「広義のサービス業」に含まれる「各種のサービス部門が資本制経済のもとではたす諸機能、サービス部門の利潤と賃金の源泉、サービス価格の規定要因、……等が理論的に解明されていなければならない」[30] と述べているが、「個人の欲望を直接充足する狭義のサービス業」と「純粋の流通過程の一部を担う商業、広告宣伝業等」や「金融・保険業」が「資本制経済のもとではたす諸機能」は明らかに異なっている。これら不生産的部門に属す諸産業については、再生産過程における機能を解明したうえで、それら部門へ資本財を提供する生産部門の表式上の位置づけを検討するという方法が採られるべきであると考える。

4 不生産的部門用資本財生産部門の位置づけについて

以上、サービス部門を不生産的部門として再生産表式への導入をはかる諸研究を検討してきたが、流通過程で機能する不生産的部門をサービス部門に含めるか否か、さらに不生産的部門用資本財の生産部門の位置づけをめぐる見解の相違が見らかになった。そこで、この問題についての私見を整理し、本節のまとめとしたい。

不生産的部門そのものの性格については、流通過程における不生産的労働および資本と、消費過程における不生産的労働および資本との再生産上の機能の相違は明らかである。すなわち第3章で考察したように、流通過程における労働および資本は、『資本論』第2巻の論理次元では産業資本自らが負担するものと想定されていた流通費について、専門的・集中的代行によってその節減を果たすことを根拠に商業資本など流通過程における不生産的資本が自立化し、剰余価値の分与を受けるものと捉えられる。一方、前章で明らかにしたように、消費過程における不生産的労働および資本は、『資本論』第2巻第3篇の論理次元においては消費者自身が負担していた「消費費用」を代行するのと引き換えに、収入からの支払いを受けるものと理解できる。故に、これらの不生産的部門が購入する資本財を生産する部門については、流通過程の資本によって購入される資本財と、消費過程に介在する資本によって購入される資本財とを区別して位置づけるべきと考える。

第5章　不生産的部門を含む再生産表式に関する諸説の検討　　*177*

　流通過程における資本が購入する資本財は、生産過程において充用される生産手段とも、個人的消費過程において充用される消費手段とも異なり、流通過程において充用されるものと理解できる*。したがって、流通過程における不生産的資本によって購入される資本財を生産する部門は、生産手段を生産するⅠ部門および消費手段を生産するⅡ部門とは異なる生産部門として位置づけるべきである。しかしながら、『資本論』第2巻第3篇における再生産表式にⅠ部門ともⅡ部門とも異なる部門を新たに位置づける場合、素材・価値補填の数量的条件を満たすためには、Ⅱ部門の一部分を独立した部門として自立させるという展開をはかる方法しか採り得ない。そこで、流通部門用資本財生産部門は、理論的には異質であるものの、数式の展開としてはⅡ部門から分離させた部門として位置づけるべきと考える。

　これに対して、前章で検討したように、消費過程に介在する不生産的資本によって購入される資本財は、消費者の収入によって直接購入されるものではないが、『資本論』第2巻第3篇の再生産表式における消費手段と同様に、消費過程で機能するものと考えられる。このような資本財としての消費手段は、資本によって購買されるため、収入と交換され個人的に消費される消費手段とは異なった態様を示すものと考えられる。したがって、消費過程における不生産的部門を表式に導入する際、これら資本財としての消費手段を生産する部門は、Ⅱ部門の中の亜部門として位置づけることが適切であると思われる。

　＊　『経済学批判要綱』序説では、経済活動の総体を「生産、消費、分配、交換。（流通。）」[31]と区分し、「生産は出発点として、消費は終結点として、分配と交換は媒介項として現われる」[32]ものと捉えている。そして、「流通それ自体は、交換の規定された契機にすぎないか、あるいはまたその総体性の見地から見た交換である」[33]と述べられており、生産過程、消費過程、流通過程は明確に区別されている。

第2節　サービス部門を生産的部門として位置づける諸見解

　次に、サービス部門を生産的部門として再生産表式に位置づける諸見解に

ついて検討する。まずは、サービス労働価値生産説に立脚してサービス部門の再生産表式への導入をはかった諸研究として、飯盛信男氏、長田浩氏、櫛田豊氏の見解について検討する。なお、必ずしもサービス労働価値形成説に立脚するわけではない佐藤拓也氏と藤島洋一氏も、事実上同様な表式を展開しており、本節での検討対象に加える。

1 サービス労働価値生産説に立脚する諸研究

まずは、サービス労働価値形成説に立脚する飯盛信男氏[34]、長田浩氏[35]、櫛田豊氏[36]の所説について検討しよう。これら諸研究では、サービス労働に含める活動の定義は異なっているが、いずれもサービス労働が提供されるサービス部門を生産的部門として再生産表式に具体化することを試みている。

(1) 飯盛信男氏の見解

飯盛氏は、旧ソ連のメドヴェジェフの研究を紹介しつつ、これに変更を加える形で自らの見解を展開している。まず、同氏はサービス部門を含んだ単純再生産表式として、以下の表式を示している[37]。

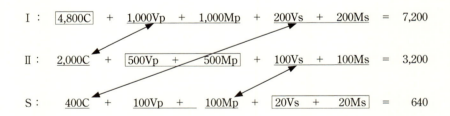

この表式では、V部分とM部分のうち、物的消費手段の購入に向けられる部分をVpおよびMp、サービスの購入に向けられる部分をVsおよびMsとし、労働者と資本家の収入は、5：1の比率で物的消費手段とサービスの購入にあてられることが仮定されている。こうして需要されるサービスを生産する部門としてS部門が導入され、サービスも物的生産物と同様に生産物であるとの前提から、事実上、Ⅱ部門の亜部門として表式に位置づけられている。なお、上の表式では、素材・価値的補塡関係については、部門内で

補填される部分については枠付きで、さらに部門間で相互補填される部分は下線付きと矢印で示したが、補填関係が過不足なく成立している。

さらに、このようなサービス部門を含む拡大再生産表式について、メドヴェジェフの作成した表式が以下のように紹介されている。このメドヴェジェフの表式について飯盛氏は、「サービス部門内での交換を捨象しており、また消費に占める物的消費財とサービスの割合が部門毎に若干異なっているため、一定の補正を加える必要がある」[38]と指摘している。

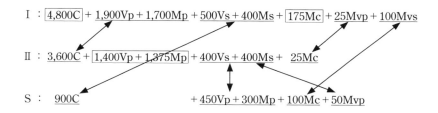

このような飯盛氏の見解について、サービス労働価値生産説という前提自体に関連する問題は後に検討するが、メドヴェジェフの拡大再生産表式については3つの疑問点が指摘できる。第1に、Ⅱ部門の蓄積需要がMcのみで追加的労働力Mvが雇用されない。第2に、部門ごとの蓄積率も、Ⅰ部門12％、Ⅱ部門1％、S部門33％と相違しているが、その根拠は示されていない。第3に、元資本の有機的構成C／Vは全部門2／1と等しい一方、追加資本部分ではⅠ部門が7／5、Ⅱ部門が1／0、S部門が2／1と著しく相違するにもかかわらず、やはりその理由についての叙述は見られない。

（２）長田浩氏の見解

長田浩氏は、飯盛氏と同様にサービス労働価値生産説に立脚しつつ、各部門の蓄積率一定、有機的構成一定、そして収入のうち物的消費手段への支出分とサービスへの支出分との構成比も一定となる、次頁に示した拡大再生産表式を展開している。

長田氏は「消費関連サービス……しか組み入れられていない」飯盛氏の見解を批判し、「コスト・サービスも組み入れ」て「必要コストとしてCsが

計上されるべき」と捉え、生産的に消費されるコスト・サービスを生産するⅢ（Sa）部門と、消費関連サービスを生産するⅣ（Sb）部門とを表式に導入している。Ⅲ（Sa）部門の生産するサービスであるWⅢは、サービス労働価値生産説に立脚しているため、各部門のCs部分によって購入され、生産物に価値移転する不変資本としての役割を果たすことが前提されている。なお、各部門の2段目の式が蓄積分を示しており、この表式の価値・素材補填における部門間均衡条件は、それぞれ3種の縦枠と横枠との数値の一致として示されている[39]。

　このように、長田氏の研究では、蓄積率や有機的構成、収入のうち物的消費手段とサービスへの支出割合などが各部門で共通になるような、首尾一貫した拡大再生産表式が示されている。サービス労働価値生産説に立脚すれば、Ⅲ（Sa）部門はⅠ部門と、またⅣ（Sb）部門はⅡ部門と同様の再生産上の位置を想定すればよく、『資本論』第2巻第3篇の表式のⅠ部門およびⅡ部門をそれぞれ2区分することで下記の表式を導くことができる。しかしながら、問題はサービス労働価値生産説に立脚しての再生産表式の展開そのものに関する点にあると考えられるため、後に改めて考察することとしたい。

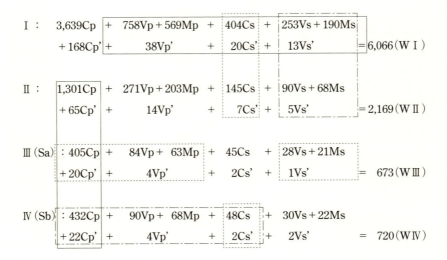

第5章　不生産的部門を含む再生産表式に関する諸説の検討　　*181*

（3）櫛田豊氏の見解

　櫛田豊氏は、「教育、医療、福祉、娯楽などの「対人サービス」部門においては、物質的財貨とは異なる人間の能力という商品生産物が生産される」[40]と捉え、こうした対人サービスを提供する「サービス部門」を、「人間の能力という形態をもち、社会的労働と個人的消費によって共同生産される商品、サービス商品の生産部門」[41]である第Ⅲ部門として再生産表式に導入している。櫛田氏は、各部門の剰余価値率100％、所得のうち消費財の購入に向かう部分とサービスの購入に向かう部分の支出比率4：1を前提に、下記のような表式を作成している。

$$Ⅰ）\quad 4,500C + \quad 600Vp + \quad 600Mp + 150Vs + 150Ms = 6,000$$
$$Ⅱ）\quad 1,200C + \quad 480Vp + \quad 480Mp + 120Vs + 120Ms = 2,400$$
$$Ⅲ）\quad \ \ 300C + \quad 120Vp + \quad 120Mp + \ \ 30Vs + \ \ 30Ms = \ \ 600$$
$$\overline{\qquad 6,000C + 1,200Vp + 1,200Mp + 300Vs + 300Ms = 9,000}$$

　見られるように、上の表式では、Ⅰ（Vp＋Mp）＝ⅡC、Ⅰ（Vs＋Ms）＝ⅢC、Ⅱ（Vs＋Ms）＝Ⅲ（Vp＋Mp）という形で、部門間の交換・補填関係が示されている。

　上記のように、櫛田氏が生産的部門と捉えるのは「対人サービス」に限定されているため、同氏の表式では飯盛氏の表式と同様に、先に検討した長田氏の表式における「コスト・サービス」は組み入れられず、「消費関連サービス」のみが導入されている。故に、櫛田氏の表式におけるⅢ部門は、飯盛氏の表式におけるS部門と同様、その生産物がⅡ部門生産物と同様に消費者によって購入される、という再生産上の位置にある。すなわち、下記に示した単純再生産表式のⅡ部門について、その80％分をⅡ部門、残り20％をⅢ部門に分割し、さらに各部門の賃金および剰余価値についても、それぞれの80％を消費財への購入、残り20％をサービスへの購入に支出するものと区分することで、上記の表式を導くことができる。

Ⅰ）4,500C＋750V＋750M＝6,000

Ⅱ）1,500C＋750V＋750M＝3,000

　このように、櫛田氏の表式の場合にも、生産的部門としてのサービス部門は、『資本論』第2部第3篇での表式に示された生産的部門の一部を区分・独立させることによって具体化されている。なお、櫛田氏の表式では、各部門における資本の有機的構成（C／V）は、Ⅰ部門で6／1であるのに対して、Ⅱ部門およびⅢ部門では2／1と異なっている。櫛田氏は、上記の表式を導くにあたって、『資本論』第2巻第20章で最初に登場する下記の単純再生産表式＊をもとに作成したことを明らかにしている。

　＊　櫛田氏自身は、下記の表式について、「山田喜志夫氏の「再生産と国民所得範疇」（富塚良三・服部文男・本間要一郎編『資本論体系 第7巻 地代・収入』有斐閣、1984年、383ページ）で示された2部門経済モデルの単純再生産表式の数値設定」[42] としているが、この表式の数値例は『資本論』第2巻第20章で示された [43] ものと同一である。

Ⅰ）4,000C＋1,000V＋1,000M＝6,000

Ⅱ）2,000C＋　500V＋　500M＝3,000

　この表式では、資本の有機的構成はⅠ・Ⅱ部門とも4／1となっている。この表式をもとに作成された櫛田氏の表式で、有機的構成が各部門で大きく異なっているのは、数値設定の方法に起因する。櫛田氏は、Ⅲ部門を含む表式における「3部門の生産高を定数」、剰余価値率100％、「財貨：サービスへの所得支出比率をいずれも4：1」、部門間の交換・補填関係が成立することを条件にした上で、「かりにⅡCの数値にⅡ（1200）Cを与える」[44] ことを前提して表式の数値を導いている。「財貨：サービスへの所得支出比率を4：1」と前提したためⅡ（1,200）Cと仮定するとⅢCはⅢ（300）Cとなり、部門間均衡条件を満たすためには1,500（＝Ⅱ（1,200）C＋Ⅲ（300）C）に対応してⅠ（750V＋750M）となる必要がある。さらに、「3部門の生産高を定数」とすることが前提されているから、Ⅰ部門生産物としての生産手段は6,000

であり、部門間均衡条件を満たすためにはⅠ（4,500）Cとならなければならず、Ⅰ部門における資本の有機的構成は6／1と高くなったものと捉えられる。そこで、上記の諸条件に加え、ⅡCの数値を所与とするのでなく、各部門の有機的構成を4／1で揃えることも前提すると、下記のような表式を示すことができる[45]。

$$Ⅰ) \quad 4,000C + \quad 800Vp + \quad 800Mp + 200Vs + 200Ms = 6,000$$
$$Ⅱ) \quad 1,600C + \quad 320Vp + \quad 320Mp + \quad 80Vs + \quad 80Ms = 2,400$$
$$Ⅲ) \quad 400C + \quad 80Vp + \quad 80Mp + \quad 20Vs + \quad 20Ms = \quad 600$$
$$\overline{\quad 6,000C + 1,200Vp + 1,200Mp + 300Vs + 300Ms = 9,000}$$

（4）サービス労働価値生産説による表式展開の問題点

　本書第1、2章での検討を通じて、サービス労働価値形成説は一般に成立しがたいと考えられたが、サービス労働価値生産説が妥当するとしても、飯盛氏、長田氏および櫛田氏の表式に商業資本など流通過程における不生産的部門が導入されていない点は疑問である。商業労働など流通過程での労働も価値を形成すると捉える見解は、伊藤岩氏[46]や刀田和夫氏[47]などサービス労働価値形成説を主張する論者のうちでも少数派であり、本節で検討した3氏とも、価値を生産すると主張するサービス労働に商業労働を含めていない[48]。したがって、3氏の表式では、商業資本など、流通過程における不生産的部門は視野に入っていないものと思われる。

　先に明らかにしたように、マルクスは再生産表式への商業部門の導入を課題と認識していた。さらに『資本論』体系の論理構成を踏まえると、消費過程に介在するサービス資本よりも先に、流通過程で機能する不生産的部門を表式に位置づけることを検討すべきものと思われる。飯盛・長田・櫛田氏の表式ではこのような課題に応えることはできず、この点については、先に検討したサービス労働価値不生産説に立脚する大野氏や姜氏とも共通している。

　確かに、サービス労働価値生産説に立脚してサービス部門を再生産表式に導入することを試みた諸研究については、流通過程や消費過程に資本の活動が拡大している今日の資本主義経済を解明するために理論的検討を深めよう

とする積極的意図は認められる。しかしながら、『資本論』体系の論理構成を踏まえると、まずは『資本論』第2・3巻で不生産的性格が明確にされている流通費ないし流通過程の資本について再生産表式に具体化することが考察されるべきものと思われる。

2　価値形成的な空費を表式に位置づける見解——佐藤拓也氏の見解

　佐藤拓也氏は、「「サービス経済化」という構造変化が経済全体に与える影響を論じる」[49] ことを視野に、サービス部門を含む拡大再生産表式について考察している。サービス労働の価値形成性に関する同氏の見解 [50] では、全てのサービス労働を価値形成的なものとは見做してはいない。ただし、再生産表式へのサービス部門の導入に際して、「価値不形成的な部門を扱うことは、最初から蓄積元本を生産しないという点で資本蓄積・経済成長にとって制限的にはたらく部門を取り扱うことになってしまい、むしろ価値形成性の問題に特化している論争への批判の意味をなさない」と捉え、「価値形成的である」[51] サービス部門のみを表式に導入している。佐藤氏の見解は、流通過程、消費過程および生産過程におけるサービス部門を区別して表式に導入する視角を有しているが、流通過程および消費過程における不生産的部門は表式に具体化されていない。すなわち、「流通費（空費）で補塡される生産物」[52] の生産部門を表式に導入しているが、これら生産物を購入する商業部門自体は具体化されていない。他方、「「対個人サービス」が価値形成的な活動である場合」を「対消費者運輸」[53] に代表させ、運輸部門の表式への導入を行っている。

　このような佐藤氏の見解については、「価値不形成的な部門を扱うことは、最初から蓄積元本を生産しないという点で資本蓄積・経済成長にとって制限的にはたらく部門を取り扱うことになってしま」うと捉える前提に疑問がある。商業資本自体は「価値不形成的な部門」であるが、商業資本が存在しない場合には産業資本が負担しなければならない「流通費（空費）で補塡される生産物」や流通過程における労働支出は、自立した商業資本による集中的代行によって節減することができる。すなわち、第3章で明らかにしたように、商業資本が流通過程を集中的に担うことによって、空費である流通費を

社会的に節減できる「分業の利益」が生じ、流通費に要されていた資本の遊離が可能になり、この分を価値生産的な産業資本の蓄積に振り向けることができる[54]。こうした不生産的部門の拡大、いわゆる「サービス経済化」が資本蓄積・経済成長に与える影響については、価値を形成しない部門をも考慮した再生産表式を展開することによって、その特徴的な性格を明らかにできるものと思われる。

　他方、佐藤氏は「流通用財貨」すなわち「流通過程に用いられる生産物」を生産する部門をⅢ部門として追加した表式（2'）を作成している。そして、表式（2'）の拡大再生産過程を示した上で、剰余価値の一部で補填され、「価値補填の関係では奢侈財の購入と同様の一面を持つ」「流通用財貨の消費」は、「資本蓄積部分（Mc＋Mv）を減らすことによってまかなわれてい」るため、「社会全体の経済成長率は……低下している」[55]と結論付けている。しかしながら、このように示された生産性の低下や経済成長率の低下は、出発表式に対して「流通用財貨」生産部門であるⅢ部門を付け加えたことによって社会的総資本に占めるⅠ部門の構成比が低下し、それに伴い拡大再生産の物質的基礎である余剰生産手段量の全生産物に占める構成比が縮小したことに起因すると考えられる[56]。本書第3章で考察したように、『資本論』第2巻第3篇の再生産表式で物的流通費は具体化されていないが流通費は産業資本自らが負担しているものと理解できるから、表式に流通費を具体化するにあたっては、価値的には剰余価値の一部、素材的にはⅡ部門生産物の一部から自立させることが妥当であると把握された。故に、再生産表式に不生産的部門の導入をはかる場合には、Ⅰ・Ⅱ部門のみからなる再生産表式に新たな部門を追加して社会的総資本全体を増やす方法ではなく、社会的総資本量不変を前提に部門区分を細分する形で具体化・導入をはかる方法が望ましいものと思われる。

3　価値次元と価格次元との相違を踏まえる見解──藤島洋一氏の見解

　藤島洋一氏[57]は、再生産表式へのサービス部門の導入は価格次元において検討する課題であると捉え、『資本論』第2巻第3篇の論理次元との相違に留意しながら、サービス部門の位置づけについて検討している。

（1）価格次元におけるサービス部門の導入

　藤島氏は、「収入と直接交換される労働という意味でのサービス労働……
の場合、……商品を生産しないので、価値を生産しえない」とともに、「そ
の発現自体が非物質的使用価値として消費される労働という意味でのサービ
ス労働は、……それを享受する個人の消費過程における労働でもある」[58]と、
サービス労働を消費過程における不生産的労働と捉えている。そして、「サー
ビス商品は、資本主義的に提供されたものであっても、価値はもたない。
サービス労働は新たな価値を生産しないし、又、サービス労働とともに消費
されるサービス用資財の価値を、サービス商品の中に移転することもしな
い」ため、「サービス部門を……『資本論』第二巻第三篇における再生産表
式に、直接位置づけることはできない」と把握する。したがって、「第二巻
第三篇における〔価値次元の一引用者〕再生産表式は……サービス部門、金
融・商業部門、国家活動等を捨象したところに成立したものである」と理解
されている。

　一方、藤島氏は、「サービス用資財の価値 SC とサービス労働力の価値 SV、
およびそれら費用価格に対する平均利潤 P から構成される価格をも」つ
「サービス商品をも含めた補填関係を解明するには、価格論レベルでの表式
を考えなければならない」と指摘する。そして、価格論次元での再生産表式
では、「サービス部門をも含んだより広い部門として、消費用商品生産部門
が第Ⅱ部門として設定されなければなら」ず、「サービス用資財生産部門を
も合併した、資本財生産部門が第Ⅰ部門として設定されなければならな
い」[59]として、下記の表式を展開している。下記の表式は価格論次元の諸概
念で構成され、C は物的費用、W は賃金（労働報酬）、P は利潤、S はサービ
スを示し、右下に付された p の記号は物的商品に対する需要を、同じく s は
サービスに対する需要を意味する。

Ⅰ'　Ⅰ'a： Cp+ 　　Wp+ 　　Pp+ 　　Ws+ 　　Ps

　　　Ⅰ'b： Cp+ 　　Wp+ 　　Pp+ 　　Ws+ 　　Ps

Ⅱ'　Ⅱ'a： Cp+ 　　Wp+ 　　Pp+ 　　Ws+ 　　Ps

　　　Ⅱ'b： SCp 　+　 SWp+ 　SPp 　+　 SWs 　+　 SPs

第5章　不生産的部門を含む再生産表式に関する諸説の検討　　*187*

　このように、藤島氏によるサービス部門を導入した価格次元での再生産表式は、事実上、先に検討したサービス労働価値形成説に立脚する諸研究で展開された表式と同様のものとなっている。この点は、再生産表式における部門区分についての藤島氏の把握方法に起因している。

　サービス部門用資本財の生産部門の位置づけに関して藤島氏は、「マルクス再生産表式における第Ⅰ部門の規定内容は二つあり、その第一は、物質的商品を生産するための生産手段を生産する部門であるという規定、第二は、資本の蓄積と補塡需要の対象になる商品の生産部門であるという規定であ」り、「第二巻第三篇の抽象レベルにおける再生産表式では……この二つの規定は一体のものでありえた」と捉える。そして「擬制的商品であるサービスが資本主義的に生産されているサービス部門が視野にはいってくるや、この二規定は分裂する」のであり、「再生産表式の具体化にあたっては、この分裂した二規定のうちどの規定を優先させて部門の位置づけをはかるべきか、という新たな問題」が「提起」される。そして、この問題について藤島氏は、「後者の規定……こそ優先されるべきだと考え」、「第Ⅰ部門であるか否かの区別も、その部門で生産された商品が、価値を生産する部門の（本源的意味で生産的な部門の）生産手段となるか否かではなく、利潤を獲得する資本主義的経営部門（歴史的意味での生産的な部門）の生産的消費、いわば歴史的規定における生産的消費にはいるか否か、を基準とすべき」[60]であると判断している。すなわち、価格論次元の表式での部門区分の理論的基準は「歴史的規定」に従うべきとされ、「本源的規定」[61]は事実上考慮されなくなり、「サービス部門を内包した価格論レベルでの部門分割」について、下記のように整理されている。

「第Ⅰ'部門・資本財生産部門 $\begin{cases} 第Ⅰ'a部門（第Ⅰ部門）・生産手段財生産部門 \\ 第Ⅰ'b部門・サービス用資財生産部門 \end{cases}$

第Ⅱ'部門・消費用商品生産部門 $\begin{cases} 第Ⅱ'a部門（第Ⅱ部門）・消費手段財生産部門 \\ 第Ⅱ'b部門・サービス商品生産部門 \end{cases}$」[62]

　このように、藤島氏の想定する価格次元での再生産表式では、サービス部

門は消費手段生産部門とともにII部門に含められ、サービス部門用資本財の生産部門は生産手段生産部門とともにI部門に含められている。

（2）論理次元の相違と不生産的部門の位置づけ

　こうした藤島氏の見解は、『資本論』第2巻第3篇における価値論次元での論理段階と、サービス部門が具体化される価格論次元の論理段階との論理次元の相違が認識されている点で意義深いが、サービス資本、サービス資財、サービス部門の労働者など価格次元における諸概念と、価値次元の表式を構成する諸概念との関係が明らかにされていない点は疑問である。前章で考察したように、両者の関係を論理次元の相違を踏まえて考察することで、不生産的部門であるサービス部門の再生産過程における役割や位置づけが明らかになり、価格次元においてサービス資本が自立化し、収入からの支払いによってサービス資本に利潤がもたらされる根拠を理解することができる。

　まず、価値論次元の諸概念で構成される『資本論』第2巻第3篇での再生産表式では、消費過程にサービス資本は介在せず、「消費費用」は消費者自身によって担われているものと把握できる。第1、2章でも検討したように、「消費費用」として具体的には食品の調理や消費財の修理、家族の病気の手当てや介助、子どもの養育などが想定できるが、今日ではこうした活動の一部は、サービス労働者や、サービス労働者を雇用するサービス資本によって代行され、それに対する対価が消費者の収入から支払われているものと考えられる。このように消費者の収入から支払いを受けるサービス資本と、サービス資本に雇用され、消費者からの支払いの一部を賃金として取得するサービス労働者は、価格次元において表式に導入されるべきと考えられる。こうしたサービス労働者およびサービス資本は、前章で明らかにしたように、多数の消費者の「消費費用」を集中的・専門的に代行するため、消費活動の質的向上とともに「消費費用」を節減し得る。とりわけ、サービス資本が資本財として用意する資材・設備は、多くの消費者の消費過程で利用することができるため、独自に消費活動を行う個々の消費者が別々に用意する消費財、とりわけ耐久消費財の量を社会的に節減できる。このように、サービス労働者およびサービス資本が消費過程に介在した結果、消費活動の質的向上とと

第5章　不生産的部門を含む再生産表式に関する諸説の検討　　189

もに「消費費用」および消費手段量の社会的な節減が可能となることが、サービス資本が自立化し、収入からの分与によって利潤を獲得できることの理論的根拠であると考えられる。

　さらに、藤島氏の価格次元の表式で「歴史的規定」が優先され、「物質的商品を生産するための生産手段を生産する部門であるという規定」としての「本源的規定」が軽視されている点について検討しよう。藤島氏のように「歴史的規定」を優先した表式を基準にすると、再生産（表式）論に基づく現状分析においても、「本源的規定」が無視され、利潤を得る資本のすべてを生産的部門と位置づけることにつながる*。第1、2章で検討したように、使用価値に対象化することを生産的労働の要件とする「本源的規定」を踏まえると、生産的労働の場合には労働自体とは区別される対象化された使用価値が売買対象となるのに対して、使用価値に対象化しない不生産的労働の場合には労働自体が売買対象とならざるを得ない。前者の場合には、売買対象である使用価値量1単位あたりの投下労働量の節減、いわゆる労働生産性の向上を実現することができるのに対して、後者の場合にはこうした労働生産性の向上は著しく制約される**。故に、「本源的規定」を軽視し、生産的部門と不生産的部門を同一視してしまうと、本来的に労働生産性の向上が困難な教育や医療・福祉分野についても、生産性向上を求めるような所説につながりかねない。こうした問題を踏まえると、価格次元における再生産表式についても、現状分析の際にも、「本源的規定」を堅持する意義があると思われる。

　*　藤島氏は後の著書では「サービス労働力が直接には資本と交換され、資本のもとでサービスの生産に従事し、サービス労働力ではなく資本のもとで生産されたサービスが収入と交換されるようになれば、サービス労働も社会的労働としての規定をうけ、価値を生み出すことになる」[63]との見解を示し、サービス労働価値形成説に接近している。そして事実上、サービス部門を生産的部門として再生産表式に位置づける主張に変更している。このように、同氏がサービス労働価値不生産説からサービス労働価値生産説へと転じた背景として、価格次元の表式における「本源的規定」の軽視が有力な誘因になったものと考えられる。

　**　森川正之氏は、サービス業の生産性向上をはかるべきと主張しているが、

その方策としては、技術革新を通じた労働成果に対する労働投入量の節減よりも、IT の活用などを通じた待機時間の節減、すなわちサービス労働の稼働率を高めることに主眼がおかれている[64]。すなわち、こうした方策による生産性向上は、機械化や工程見直しによって労働投入量あたりの労働成果を高める製造業における生産性向上とは性格が異なるものと考えられる。

第3節　不生産的部門の再生産表式における位置づけ

さいごに、本章での先行研究の検討を通じて明らかになった諸課題を確認した上で、再生産表式に不生産的部門の導入をはかる際の理論的留意点について考察しよう。

1　不生産的部門の再生産上の位置づけをめぐって

第1章で検討したように、『経済学批判要綱』では、生産過程、流通過程、消費過程のうち生産過程における労働が生産的労働であり、価値を形成するものと把握されている。ゆえに、流通過程および消費過程で充用される労働は価値を形成しない不生産的労働であり、『資本論』第2巻第3篇における再生産表式ではこれら労働は具体化されていない。先述のようにマルクスは再生産表式に商業資本を導入することを示唆していたが、再生産表式に不生産的部門を位置づけ、不生産的部門における資本蓄積が社会的再生産に及ぼす影響を理論的に考察することは、資本の活動が流通・消費過程に拡大している今日の資本主義経済を再生産（表式）論的視角から分析する際の理論的基準となる。

前節で検討した、サービス部門を生産的部門として表式に導入する諸研究、とくにサービス労働価値生産説に立脚する諸研究には、資本の活動領域が流通・消費過程に拡大している現代資本主義の分析を志向する積極的意図を認めることができる。しかしながら、使用価値に対象化しない流通過程および消費過程における不生産的労働を、使用価値に対象化する生産的労働と混同することで、生産的労働の理論的意義が不明確になり、現状分析に際しても問題が生じるものと捉えられた。さらに、こうした諸研究では、いわゆる

サービス労働を生産的と捉えて表式への導入が検討されるが、不生産的労働と見做される流通過程の労働が検討対象から外されてしまっている。流通過程および消費過程で機能する不生産的労働は価値を形成しないが、流通費および消費費用の節減を通じて再生産過程において独自の役割を果たすものと考えられる。これら不生産的労働ないし不生産的部門が経済活動全般、すなわち再生産過程において果たす機能を考察し、再生産表式に具体化することは、現代資本主義分析の理論的基準になると思われる。

　第1節で検討した、サービス部門を不生産的部門として表式に導入する諸研究のうち、大野氏と姜氏の表式では、不生産的部門として位置づけられたサービス部門に商業部門は含まれず、流通過程において機能する不生産的労働および資本は検討されていない。他方、山田氏、川上則道氏および井村氏の見解では、商業部門も含めた「広義のサービス」と捉えられているが、流通過程における不生産的資本と、消費過程に介在するサービス資本との再生産上における機能の相違については検討されていない。

　なお、上述のように『資本論』第3巻には流通過程で機能する商業資本を再生産表式に導入することを示唆する覚書的記述が残されており、『資本論』体系の論理構成を踏まえても、消費過程に介在するサービス資本よりも先に流通過程で機能する不生産的部門を再生産表式に具体化することが課題とされるべきであると考えられる。したがって、不生産的部門を再生産表式に導入する場合には、いずれも不生産的部門である流通過程での労働および資本と、消費過程に介在する労働および資本とを、それぞれの再生産上の機能を明らかにした上で、別々に表式に具体化していく、という方法が採られるべきであると考える。

2　不生産的部門用資本財生産部門の位置づけをめぐって

　第1節で検討した、サービス部門を不生産的部門として表式に導入する諸見解の中でも、不生産的部門用資本財を生産する部門の位置づけをめぐって見解の相違が見られた。この点については、不生産的部門の中で、流通過程で機能する資本と消費過程で機能する資本とを区分する視点に基づいて考察すべきと考える。

まず、流通過程における不生産的部門には、生産から流通、消費へと至る経済活動において、生産とも消費とも異なる位置づけが与えられ、流通過程で機能する資本によって購買される資本財は生産手段とも消費手段とも異なる性格を有するものと捉えられる。なおこの点に関しては、『1861-63年草稿』ノート17において、商業資本の性格とその再生産過程における位置と機能が論じられる中で、次のような記述が見られる。

「流通のなかで消費される商品は産業的消費からも個人的消費からも除外されており、また、ここで行なわれる労働はつねに生産的労働からの控除である。」[65]

すなわち、流通費として購買される商品は「産業的消費」に充用される生産手段とも「個人的消費」に充用される消費手段とも異なること、そして流通過程における労働は不生産的労働であることが指摘されている。したがって、商業資本など流通過程における不生産的資本によって購買される資本財を生産する部門は、Ⅰ部門にもⅡ部門にも属さない生産部門と考えるべきであろう。

　他方、消費労働ないしサービスを提供するサービス資本は、消費過程に介在し、消費者の「消費費用」を代行することで収入からの支払いを受ける、という再生産上の位置にある。したがって、このような消費過程に介在するサービス資本によって購買される資本財は、広義の消費手段に含まれ、これらの資本財を生産する部門はⅡ部門に属するものと理解すべきである。なお、これらの資本財は、『資本論』第2巻第3篇の再生産表式で想定されている、収入と交換されて個人的に消費される消費手段とは異なり、資本によって購買される性格を有しているため、こうした資本財を生産する部門はⅡ部門内の亜部門として位置づけられるべきと考える。

3　生産価格次元での表式の展開に関して

　また、再生産表式に不生産的部門を導入する課題は、井村氏や藤島氏も指摘するように、『資本論』第2巻第3篇の論理次元とは異なる生産価格次元

において検討されるべきである。すなわち、不生産的部門への剰余価値の分与は、平均利潤率の形成がその理論的根拠とされるべきであり、不生産的部門を導入した再生産表式は、価値次元の諸概念ではなく生産価格次元の諸概念を用いて展開される必要がある。

　ただし、『資本論』第2巻第3篇における再生産表式では、第2巻第6章で考察されている流通費は考慮されていない。したがって、再生産表式を生産価格次元の諸概念で展開するためには、流通費のように価値次元において検討されていながら第2巻第3篇の再生産表式では捨象されている諸概念を想定し、これらが再生産過程において果たす役割について考察しなければならない。流通過程における不生産的部門について考察する場合には、まずは価値次元において流通費を導入した再生産表式を展開し、それを生産価格次元の諸概念で捉えなおした上で、流通費の節減を根拠に自立し、剰余価値の分与を受ける不生産的資本の機能を明らかにしつつ、表式に具体化していくべきものと考える。また、「消費費用」を代行・節減する不生産的労働および資本について考察する際には、『資本論』では展開されていない消費過程についての分析を掘り下げ、そこに介在する消費労働およびサービス資本の再生産上の機能を明らかにすることが不可欠である。

注

（1）論争の主な論点については、渡辺雅男「サービス労働論の諸問題」（久留島陽三・保志恂・山田喜志夫編『資本論体系7 地代・収入』有斐閣、1984年所収）を参照。

（2）川上正道「拡大再生産表式と国民所得・産業連関表との関連」（『土地制度史学』第21号、1963年10月）。

（3）川上正道前掲論文、31頁。

（4）以上の引用は同上、32-33頁。

（5）同上、33頁。

（6）以上の引用は *Kapital.*, II, S. 398（S. 394）；『資本論⑦』、630頁。

（7）Ibid., S. 437（S. 430-431）；同上、691-692頁。

（8）谷野勝明「貨幣材料の再生産をめぐる論争」（富塚良三・井村喜代子編『資本論体系4　資本の流通・再生産』有斐閣、1990年所収）を参照。

（9）「均衡蓄積軌道」については、富塚良三『恐慌論研究』未来社、1962年を参照。

（10）山田喜志夫「再生産とサービス部門（不生産的部門）」（同『再生産と国民所得の理論』評論社、1968年所収）。

（11）大野秀夫「サービス価格の変動と再生産」（『金融経済』134号、1972年6月）。

（12）姜昌周「再生産とサービス部門」（大阪経済法科大学『経済学論集』第3号、1979年）。

（13）以上の引用は山田前掲書、122-123頁。

（14）以上の引用は同上、123-124頁。

（15）同上、124頁。

（16）同上、257頁。

（17）以上の引用は大野前掲論文、39頁。

（18）以上の引用は同上、36頁。

（19）以上の引用は姜前掲論文、72-76頁。

（20）以上の引用は *Kapital.*, Ⅲ, S. 320 (S. 300)；『資本論⑨』、490頁。

（21）Ⅰ部門の蓄積率50％が先行決定されるとする論理への批判については、富塚良三「拡大再生産の構造と動態〔Ⅰ〕〔Ⅱ〕」（富塚良三・井村喜代子編『資本論体系4　資本の流通・再生産』有斐閣、1990年）；八尾信光「蓄積率決定におけるⅠ部門優先論への批判」（同『再生産論・恐慌論研究』新評論、1998年所収）；市原健志『再生産論史研究』八朔社、2000年などを参照。

（22）川上則道「サービス生産をどう理解するか（下）」（『経済』2003年2月号所収）、164-177頁。

（23）以上の引用は同上、167-169頁。

（24）同上、174頁。

（25）同上、170頁。

（26）以上の引用は同上、175頁。

（27）井村喜代子・北原勇「日本資本主義の再生産構造分析試論―昭和35年「産業連関表」を手がかりとして（1）～（4）」（『三田学会雑誌』第57巻12号、第58巻7・9・10号、1964-5年）；井村・北原「日本資本主義の再生産構造分析試論Ⅱ―昭和30年以降の拡大再生産過程（1）～（5）」（『三田学会雑誌』第59巻6・10号、第60巻5・7・8号、1966-7年）；井村・北原「『高度成長』過程における再生産構造（上）（下）」（『経済評論』1967年9・10月号）。

（28）井村喜代子「『資本論』と日本資本主義分析」（『思想』第515号、1967年5月）、191頁。

（29）以上の引用は同上、195-196頁。

（30）以上の引用は同上、196頁。

第5章　不生産的部門を含む再生産表式に関する諸説の検討　　*195*

- (31) MEGA., Ⅱ/1.2, S. 21；『草稿①』25頁。
- (32) Ibid., S. 28；同上、34頁。
- (33) Ibid., S. 34；同上、47頁。
- (34) 飯盛信男「再生産とサービス部門」（同『生産的労働の理論』青木書店、1977年、第8章）。
- (35) 長田浩「サービス部門を含む再生産表式に関する覚え書」（関東学院大学『経済系』第123集、1980年3月）。
- (36) 櫛田豊『サービス商品論』桜井書店、2016年、第5章。
- (37) 飯盛前掲書、200頁。
- (38) 同上、208頁。
- (39) 長田前掲論文、129-131頁。
- (40) 櫛田前掲書、143頁。
- (41) 同上、156頁。
- (42) 同上、168頁。
- (43) *Kapital.*, Ⅱ, S, 400（S. 396）；『資本論⑦』、633頁。
- (44) 以上の引用は、櫛田前掲書、168頁。
- (45) 櫛田氏は、拡大再生産表式については前掲書第5章の注17）で、各部門が同一の資本構成と蓄積率で均等発展する数値例を展開している。
- (46) 伊藤岩「商品分析と唯物論」（新潟大学『経済論集』第19号、1975年）。
- (47) 刀田和夫『サービス論争批判』九州大学出版会、1993年。
- (48) 飯盛前掲書；飯盛信男『サービス経済論序説』九州大学出版会、1985年；長田浩『サービス論体系』新評論、1989年；櫛田前掲書を参照。
- (49) 佐藤拓也「サービス経済化と経済成長の基礎視覚」（斎藤重雄編『現代サービス経済論』創風社、2001年所収）、228頁。
- (50) 佐藤拓也「サービス労働の価値形成性」（大石雄爾編『労働価値論の挑戦』大月書店、2000年所収）を参照。
- (51) 以上の引用は、佐藤前掲「サービス経済化と経済成長の基礎視覚」、228頁。
- (52) 同上、230頁。
- (53) 以上の引用は同上、234頁。
- (54) この点については本書第3章を参照。
- (55) 以上の引用は、佐藤前掲「サービス経済化と経済成長の基礎視角」、230-232頁。
- (56) 社会的総資本の蓄積率・経済成長率に対する余剰生産手段量の規定的意義については、富塚前掲『恐慌論研究』；井村喜代子『恐慌・産業循環の理論』有斐閣、1973年を参照。
- (57) 藤島洋一「マルクス再生産表式とサービス部門」（鹿児島大学『経済学論集』第12号、1975年3月）。

(58) 藤島前掲論文、97-98 頁。

(59) 以上の引用は、同上、110-111 頁。

(60) 以上の引用は、同上、103-104 頁。

(61) 以上の引用は、同上、105 頁。

(62) 以上の引用は、同上、112 頁。

(63) 藤島洋一『マルクス経済学の基礎理論』青木書店、1980 年、114-115 頁。

(64) 森川正之『サービス立国論』日本経済新聞社、2016 年。

(65) MEGA., II/3.5, S. 1696；『草稿⑧』238 頁。

第6章

現代日本における不生産的部門の拡張と
蓄積様式の変容

はじめに

　現代資本主義経済では、資本の活動領域は生産過程のみならず流通・消費過程を含む不生産的領域へと拡大し、また経済活動の中での国家事業の役割も高まっている。第3、4章では、こうした不生産的部門および国家事業について、再生産過程において果たす機能と役割を明らかにした上で、これら部門を含む再生産表式を展開した。本章では、こうした理論的基準を踏まえて、現代日本の経済活動を生産・流通・消費の各過程および国家事業に区分し、流通・消費過程を含む不生産的部門への経済活動の拡張の実態を明らかにする。さらに、生産・流通・消費の各部門の動向とともに、流通・消費過程を含む不生産的部門さらには国家活動の拡がりが蓄積の態様に及ぼす影響について考察する。

　生産的部門と流通・消費過程における不生産的部門、国家事業とを区分するにあたり本章では、国内経済活動の総体を産業部門ごとに明らかにした産業連関表、とりわけ複数年の産業連関表について産業部門区分を揃えて時系列的対比を可能にした接続産業連関表*を利用して分析する。なお、接続産業連関表には付帯表として雇用表も作成されていることから、生産的部門および不生産的部門への経済活動の区分にあたっては、取引基本表から推計できる付加価値額の構成とともに、労働投入量を示す雇用量と賃金額の構成も検討する。さらに、こうして明らかになった生産的部門と不生産的部門との量的構成の時系列的変化を、再生産（表式）論に基づく生産的部門内の部門構成 (1) の動向と対比することを通じて、不生産的部門の拡大が資本蓄積様

式の変容に及ぼす影響について考察する。

  ＊ 産業連関表における「部門分類は、原則として財・サービスを生産する「生
    産活動単位」によって分類される。したがって、同一事業所内で二つ以上の
    活動が行われている場合には、原則としてそれぞれの生産活動ごとに分類す
    る。いわゆるアクティビティ・ベースの分類であり、商品分類に近い概念で
    ある」[2]と定義されている。このように、アクティビティ・ベースに基づい
    た産業連関表の部門分類は、経済センサスなど企業ベースの産業分類で集計
    された統計資料に比較して、生産的部門と不生産的部門とを理論的基準に基
    づいて区分する上で好都合である。具体例をあげれば、企業ベースの産業分
    類で卸売業に分類される企業は、不生産的活動である売買取引業務のみなら
    ず、生産的活動と捉えられる保管や物流業務も担当している場合もある。企
    業ベースの統計でこれら業務が一括して卸売業の活動とされるのに対して、
    産業連関表ではそれぞれの業務ごとに別々の産業部門に分類される。

第1節　生産的部門と不生産的部門の区分

　本節では、産業連関表を含む現代日本の統計資料に示された経済活動を、
生産的部門と流通・消費過程における不生産的部門とに区分する際の理論的
基準を明らかにした上で、生産的部門、流通・サービス部門を含む不生産的
部門および国家事業に分類する。

1　先行研究の検討

　各種統計に示された経済活動を、生産的労働論の視角から生産的部門と不
生産的部門に区分することを試みた先行研究として、産業連関表の部門区分
から分類した蔦川正義氏[3]および川上則道氏[4]の研究、さらには日本標
準産業分類をもとに区分した渡辺雅男氏[5]の研究があげられる。これら先
行諸研究での区分方法について、筆者が第1～4章で明らかにした理論的基
準を踏まえつつ検討しよう。

第6章　現代日本における不生産的部門の拡張と蓄積様式の変容　*199*

（1）蔦川正義氏による分類

1970年産業連関表の統合中分類（60部門）を生産的部門と不生産的部門とに区分推計した蔦川正義氏は、「生産部門としては、「01一般作物」から「47水道」まで。運輸・保管部門としては、「51運輸」「52通信」「67梱包」の3分野とする。なお、運輸・保管部門を含めて「広義の生産部門」として扱」い、「サービス部門としては、「48商業」「49金融・保険」「50不動産業」「60不動産賃貸料」「53公務」「54公共サービス」「55その他のサービス」「56政府学術研究機関」「66事務用品」を一括する」[6]との基準を設けている。

このように蔦川氏の分類では、「生産部門」以外を一括して「サービス部門」と捉えており、「商業」をはじめとする流通過程における不生産的部門と、「公共サービス」をはじめとする消費過程に介在する不生産的部門との再生産上の機能の相違が考慮されていない。なお、蔦川氏が推計に利用した70年の産業連関表は、75年以降の各年表とは部門分割基準などが大きく異なっている。これは「昭和50年（1975年）表において、68SNAに対応した変更が行われている」[7]ためであるが、70年表に基づいた同氏の推計方法を75年以降の各年表の推計においてそのまま適用することはできない。

（2）川上則道氏による分類

川上則道氏は、産業連関表の数値を組み替えて1985年までの再生産構造とその変容について推計している。川上氏は、85年産業連関表の統合中分類（84部門）を表1のように、農林水産業、鉱業、軽工業、重化学工業、建設業、運輸・通信・電力・ガス、商業・金融・保険・不動産、教育・医療・公務・サービスに8区分し、後2者を不生産的部門としている[8]。

川上氏の分類については、前6区分を生産的部門とする捉え方に異論はない。また、商業・金融・保険・不動産に分類された産業諸部門の多くは再生産上の機能としては流通過程における不生産的部門*、教育・医療・公務・サービスに分類された産業諸部門の多くは消費過程に介在するサービス部門に属するものと捉えられる。ただし、前者に分類された「住宅賃貸料」部門は家庭の消費過程に介在して収入からの支払いを受けるサービス部門に属するものと考えられる。また、後者に分類された「対事業所サービス」部門に

表1　川上則道氏の産業区分（1985年表の統合中分類部門より）

農林水産業：耕種農業、畜産・養蚕、農業サービス、林業、漁業
鉱業：金属鉱物、非金属鉱物、石炭・亜炭、原油・天然ガス
軽工業：食料品、飲料、資料・有機質肥料、たばこ、繊維工業製品、衣服・その他の繊維製品、製材・木製品、家具・装備品、パルプ・紙、紙加工品、出版・印刷、なめし皮・毛皮・同製品、その他の製造工業製品、事務用品
重化学工業：化学肥料、無機化学基礎製品、有機化学基礎・中間製品、合成樹脂、化学繊維、化学最終製品、石油製品、石炭製品、プラスチック製品、ゴム製品、ガラス・ガラス製品、セメント・セメント製品、陶磁器、その他の窯業・土石製品、銑鉄・粗鋼、鋼材、鍛鋳造品・その他の鉄鋼製品、非鉄金属精錬・精製、非鉄金属加工製品、建設・建築用金属製品、その他の金属製品、一般産業機械、特殊産業機械、その他の一般機器・一般機械修理、事務用・サービス用機器、民生用電気機器、電子・通信機器、重電機器、その他の電気機器・電気機械修理、自動車・同修理、船舶・同修理、その他の輸送機械・同修理、精密機械
建設業：建築、建設補修、土木
運輸・通信・電力・ガス：電力、ガス・熱供給、水道、廃棄物処理、鉄道、道路輸送（除自家輸送）、自家用自動車輸送、水運、航空輸送、倉庫、運輸付帯サービス、通信、放送
商業・金融・保険・不動産：商業、金融・保険、不動産仲介及び賃貸、住宅賃貸料
教育・医療・公務・サービス：公務、教育、研究、医療・保健・社会保障、その他の公共サービス、対事業所サービス、対個人サービス

（出典）川上則道『計量分析　現代日本の再生産構造』大月書店、1991年、214頁。

関しては、この中分類部門に含まれる統合小分類部門と基本分類部門の大半は、流通費の社会的節減を果たす産業であると考えられる**。また、教育・医療・公務・サービスに分類された産業部門のうち「研究」部門については、産業連関表の同部門の販路として内生部門の占める比率が大きく、とりわけ産業資本における企業内研究活動は、第2章第1節で検討したように、「総労働過程の現実の機能者とな」る「社会的に結合された労働能力〔social combinirtes Arbeitsvermögen〕」を構成する「技師や技術学者」[9]の労働を含んでいるものと考えられる。

* 　商業資本と利子生み資本との関係については、前者を産業資本とともに機能資本とした範疇区分に対して、後者を位置づける場合もある。しかしながら第3章で明らかにしたように、再生産（表式）論的視角からは、両者はともに価値を形成しない不生産的活動であるが、産業資本自身が担う場合に要する物的流通費や不生産的労働、準備貨幣資本の社会的必要額を節減することを通じて資本蓄積を促進する、という再生産上の機能を果たす流通過程における資本として把握できる。

＊＊　前章で検討したように川上氏は、サービス部門を含む再生産表式を展開し
た別稿の中で、「教育や医療や商業などのサービス部門」[10] との認識を示し、
流通過程および消費過程における不生産的部門を一括して「サービス部門」
として表式に具体化している。

（3）渡辺雅男氏による分類

　次に、労働の「機能的観点から消費労働という範疇を設定し」[11]、これを
基準に「日本標準産業分類」（第8回改訂、1976年）で第3次産業に属する諸
産業について範疇区分を行った渡辺雅男氏の見解を検討しよう。渡辺氏は、
「大分類L─サービス業」に含まれる業種を、以下のように分類・整理して
いる。

Ⅰ　消費手段の現物貸付を中心とした事業
　　：「物品賃貸業」（消費手段の賃貸）、「旅館その他の宿泊所」、「娯楽業」、
　　「建物サービス業」（個人住宅を対象とする場合）
Ⅰ’消費労働が社会的分業によって自立化した事業
　　：「家事サービス業」、「洗たく・理容・浴場業」、「その他のサービス業」
Ⅱ　生産過程の生産的細目機能が社会的分業によって自立化した事業
　　：「土木建築サービス業」、「情報サービス業」、「修理業」（生産手段を
　　対象とする場合）、「建物サービス業」（事務所・工場等の建物を対象と
　　する場合）
Ⅱ’生産に付随する不生産的細目機能が社会的分業によって自立化した事業
　　：「法律事務所、特許事務所」「公証人役場、司法書士事務所」「公認
　　会計士事務所、税理士事務所」のうち企業の不生産的支出によって
　　支えられているもの、「広告業」、「経営コンサルタント業」、「協同
　　組合」
Ⅲ　非物質的生産部門に属す事業
　　：「著述業、芸術家業」、「個人教授所」、「医療業」、「宗教」、「教育」、「学
　　術研究機関」
Ⅲ’社会的・政治的・法律的活動に属す事業

：「政治・経済・文化団体」、「保健および廃棄物処分業」、「社会保険、
　　社会福祉」、「法律事務所、特許事務所」、「公証人役場、司法書士事
　　務所」

　なお、「映画業」や「放送業」、「飲食業」などは、いくつかの部類にまたが
る性格の事業と捉えられている。
　上記の分類を、筆者の考える生産、流通、消費過程へ整理すると、ⅠおよびⅠ'が消費過程、Ⅱが生産過程、Ⅱ'が流通過程に該当する。さらにⅢとⅢ'は、基本的に収入により購われる消費過程と同様の再生産上の位置を占めるものと考えられる。しかし、Ⅲのうち「学術研究機関」に関しては、川上氏の見解に際して検討したように、産業連関表の販路に占める内生投入、具体的には企業内研究を中心に「社会的に結合された労働能力」の一部をなすものが含まれるものと思われる。なお、渡辺氏の分類は「日本標準産業分類」に基づいているが、産業連関表の統合中分類部門よりも詳細な産業区分が用いられており、産業連関表の産業部門を区分する場合にも多くの示唆が得られる。

2　生産的部門と流通・消費過程における不生産的部門との区分

　第2章では、生産的労働と流通・消費過程における不生産的労働とを区分する理論的基準を、価値の担い手となり得る生産物の要件を意味する生産的労働の「本源的規定」に基づいて明らかにした。すなわち生産物の要件とは、使用価値が量的規定性を有し、何らかの尺度で度量可能であり、客観的尺度で度量された使用価値が売買対象とされることと捉えられ、こうした使用価値に結実する労働が生産的労働であると理解できる。他方、労働のもたらす成果が量的規定性を有しない場合を含めて、労働成果が売買対象たり得ない不生産的労働については、一定時間の労働能力自体である「対象化されていない労働」(12) が売買対象とされるものと考えられる。
　このような「対象化されていない労働」については、「生産的な消費過程を意味する労働過程」(13) において充用される場合には、最終的に生産物に結実する生産的労働に含まれ、価値を形成するものと理解できる。他方で、「対

第 6 章 現代日本における不生産的部門の拡張と蓄積様式の変容 203

象化されていない労働」が流通過程における「純粋な流通費」[14] として充用
される場合には、不生産的労働のうちの流通労働として、自らは価値を形成
しないが、生産的労働者の生産した剰余価値から分与を受けるものと考えら
れる。なお第 3 章で明らかにしたように、流通過程における不生産的部門は、
産業資本自らが負担していた流通費を集中的に代行することによってそれを
節減することを根拠として、剰余価値の分与を得るものと捉えられる。さら
に第 4 章では、「対象化されていない労働」が個人的消費過程で消費労働と
して提供される場合には、消費過程において「消費費用」[15] を代行し、やは
り自らは価値を形成せず、収入としての労賃や利潤からの分与によって支払
いを受けることを明確にした。
　こうした理論的基準にしたがって、産業連関表の産業諸部門を生産的部門、
流通過程における不生産的部門である流通部門、消費過程に介在する不生産
的部門であるサービス部門に分類することを試みる。産業連関表の産業部門
は作成年によって追加・変更されるが、ここでは「2000-05-11 年接続産業
連関表」[16] の統合中分類部門に基づいて検討、分類を試みることとしたい。

（1）生産的部門

　表 1 に示したように川上則道氏は、1985 年産業連関表の統合中分類部門
のうち「農林水産業」「鉱業」「軽工業」「重化学工業」「建設業」に区分した
諸部門を生産的部門に属すると捉えているが、この点について異論はない。
これら諸部門に含まれる諸産業は「2000-05-11 年接続産業連関表」の統合
中分類（104）部門では、表 2 で「農林水産業」「鉱業」「食品」「繊維」「木・
紙製品・印刷」「化学・窯業・土石」「金属」「一般・精密機械」「電気機械」「輸
送機械」「その他の製造業」「建設」に分類した諸産業部門に該当する。また
統合中分類「自動車整備・機械修理」部門も、生産活動の延長と捉えられる
ため、生産的部門の中に分類する。
　表 2 で「電力・ガス・水道」に含まれる統合中分類部門のうち「電力」「ガ
ス・熱供給」「水道」は生産物を供給する事業である。「廃棄物処理」は、輸
送業的性格も有し、またリサイクルによる原材料供給の性格も持つことから
生産的部門に含められる。

表2 生産的部門に分類される産業諸部門とその分類

農林水産業：耕種農業、畜産、農業サービス、林業、漁業
鉱業：金属鉱物、石炭・原油・天然ガス、非金属鉱物
食品：食料品、飲料、飼料・有機質肥料、たばこ
繊維：繊維工業製品、衣服・その他の繊維既製品
木・紙製品・印刷：木材・木製品、家具・装備品、パルプ・紙・板紙・加工紙、紙加工品、印刷・製版・製本
化学・窯業・土石：化学肥料、無機化学工業製品、石油化学基礎製品、有機化学工業製品（石油化学基礎製品を除く）、合成樹脂、化学繊維、医薬品、化学最終製品（医薬品を除く）、石油製品、石炭製品、プラスチック製品、ゴム製品、ガラス・ガラス製品、セメント・セメント製品、陶磁器、その他の窯業・土石製品
金属：銑鉄・粗鋼、鋼材、鋳鍛造品、その他の鉄鋼製品、非鉄金属精錬・精製、非鉄金属加工製品、建設・建築用金属製品、その他の金属製品
一般・精密機械：はん用機械、生産用機械、業務用機械
電気機械：電子デバイス、その他の電子部品、産業用電気機器、民生用電気機器、電子応用装置・電気計測器、その他の電気機械、通信機械・同付属装置、電子計算機・同付属装置
輸送機械：乗用車、その他の自動車、自動車部品・同付属品、船舶・同修理、その他の輸送機械・同修理
その他の製造業：なめし革・毛皮・同製品、その他の製造工業製品
建設：建築、建設補修、公共事業、その他の土木建設
電力・ガス・水道：電力、ガス・熱供給、水道、廃棄物処理
運輸・通信・研究・修理：鉄道輸送、道路輸送（自家輸送を除く）、水運、航空輸送、貨物利用運送、倉庫、運輸付帯サービス、郵便・信書便、通信、放送、映像・音声・文字情報制作、研究（生産）、自動車整備・機械修理

(出典)「2000-05-11年接続産業連関表」の統合中分類（104部門）から筆者が分類。

　また「運輸・通信・研究・修理」に含まれる統合中分類部門について、「鉄道輸送」「道路輸送（自家輸送を除く）」「水運」「航空輸送」「貨物利用運送」「倉庫」「運輸付帯サービス」「郵便・信書便」「通信」および「放送」は、広義の交通業に属するものと考えられる。例えば、電話や電子メールなど「通信」のもたらす効果は文字や音声、画像情報の送信であり、手紙や葉書などの運輸や郵便の活動を代位するものと理解できる*。統合中分類「映像・音声・文字情報制作」部門は、産業連関表では2011年表、接続産業連関表では「2000-05-11年接続産業連関表」から新設された産業部門であり、映画やテレビ・ラジオ番組制作、新聞・出版業などが含まれている。これら産業は、上記の通信業に類似する性格のものと捉えられるため、生産的部門に分類した。

　さらに、統合中分類「研究」部門については、先に指摘したように「社会

第 6 章　現代日本における不生産的部門の拡張と蓄積様式の変容　*205*

的に結合された労働能力」を担う生産的部門が含まれるものと考えられる。2011 年の産業連関表では、研究部門からの販路の 87.0％が「内生部門」であり、このうち 90.0％は生産的部門に投入されている。したがって、研究部門の活動のうち 77.8％は「社会的に結合された労働能力」として生産過程に属するものと捉えられる。そこで、各年の生産活動に属する研究の比率を各年の研究部門全体の取引額に乗じて生産的研究部門を推計し、「研究（生産）」部門として生産的部門に含める。2011 年産業連関表によると、研究部門からの販路の残り約 22％の大半は「一般政府消費支出」に投入されており、政府支出による学術研究と理解できる。こうした学術研究活動は、収入から徴収された税収によって購われるのであるから、社会的規模での消費過程に属するものと考えられるため、「研究（サービス）」部門と捉える。

　*　『資本論』でも、「生産過程の生産物が新たな対象的生産物でなく、商品でないような自立的な産業諸部門」として「交通業——商品と人間を運ぶ本来の輸送業であれ、単に報道、手紙、電信などの移送であれ」[17] と指摘され、通信や放送についても交通業に含められている。

（2）流通過程における不生産的部門（流通部門）

　「2000-05-11 年接続産業連関表」の統合中分類部門のうち、流通過程における不生産的な部門と分類されるのは、表 3（1）に示した産業諸部門である。このうち「商業」部門は、販路に拠らず流通部門と捉えられるが、それ以外の産業諸部門の再生産上の機能については、販路によって異なるものと考えられる。

　統合中分類「金融・保険」部門に属する金融資本および保険業について、事業所からの支払いを意味する産業連関表での内生投入額は理論的には剰余価値からの分与を意味するものと捉えられるが、「民間最終消費支出」への販売額は個人の収入からの支払いを示している。したがって、産業連関表に示された「金融・保険」部門の取引額については、同産業への国内需要合計に占める民間最終消費支出と内生部門のうち「住宅賃貸料（帰属家賃）」への販売額合計の構成比を乗じた分を「金融・保険（サービス）」、その残額を「金融・保険（流通）」として区分した*。さらに、地代取得者を中心とする「不

表3　流通・消費過程における不生産的部門に分類される諸産業

（1）流通過程における不生産的部門（流通部門）
・商業、金融・保険（流通）、不動産仲介および賃貸（流通）、広告（流通）、情報サービス（流通）、物品賃貸サービス（流通）、その他の対事業所サービス
（2）消費過程に介在する不生産的部門（サービス部門）
・金融・保険（サービス）、不動産仲介および賃貸（サービス）、広告（サービス）、情報サービス（サービス）、住宅賃貸料（帰属家賃を除く）、教育、研究（サービス）、医療、保健衛生、社会保険・社会福祉、介護、その他の非営利団体サービス、物品賃貸サービス（サービス）、宿泊業、飲食サービス、洗濯・理容・美容・浴場業、娯楽サービス、その他の対個人サービス
※サービス部門に属する諸産業部門の一部を、下記の公共サービス・対個人サービスに区分する。
・公共サービス：教育、研究（サービス）、医療、保健衛生、社会保険・社会保障、介護、その他の公共サービス
・対個人サービス：宿泊業、飲食サービス、洗濯・理容・美容・浴場業、娯楽サービス、その他の対個人サービス

（出典）表2に同じ。

動産仲介および賃貸」部門、現物貸付資本を示す「物品賃貸サービス」部門、「純粋な流通費」が中心をなす「広告」、「情報サービス」**および「その他の対事業所サービス」***部門の取引額についても、国内需要合計に占める「民間最終消費支出」への販売額の構成比を乗じた分をサービス部門、その残余を流通部門に分類する。

　*　　統合中分類「金融・保険」部門の取引額には手数料、保険料支払い額とともに帰属利子も含まれるが、帰属利子を含む取引額に示された販路構成をもとに区分を行った。なお、帰属利子は「金融業の受取利子及び支払利子の差額」であり、「産業連関表では、この帰属利子を各産業への貸出残高に応じて配分（産出）することにより、各産業が帰属利子を中間投入するものとして取り扱っている」[18]。「ただし、住宅ローンは、家計が所有する住宅はすべて帰属家賃による帰属計算が行われるため、住宅の所有者は、内生部門の「住宅賃貸料」部門として扱われる」[19] ことから、「金融・保険（サービス）」の付加価値額は、統合中分類「金融・保険」部門からの販路構成に応じて、すなわち国内需要合計に占める民間最終消費支出および内生投入のうち「住宅賃貸料（帰属家賃）」部門への投入の合計額の構成比を、統合中分類「金融・保険」部門の付加価値合計に乗じることで推計した。したがって、「金融・保険」部門から「住宅賃貸料（帰属家賃）」部門以外の内生部門への販路分全体を「金融・保険（流通）」の取引とみなしているため、国債購入など政府債務への貸

し付けを意味する「公務」部門への内生投入も「金融・保険（流通）」の活動に含められている。

＊＊　統合中分類「情報サービス」部門には基本表分類の「ソフトウェア業」「情報処理・提供サービス」が含まれる。「2000‐05‐11 年接続産業連関表」に示された 11 年の取引額から推計すると、「情報サービス」全体の取引額のうち 95.8％が、内生投入および国内総固定資本形成への投入額であり「情報サービス（流通）」に分類される。広告収入に依存した各種情報提供サービス業や、電子商取引の拡大を反映するものと考えられる。なお、「1985‐90‐95 年接続産業連関表」では「情報サービス」は独立の産業部門ではなく、広告業などとともに「広告・調査・情報サービス」部門に含まれているが、同様の方法によって「広告・調査・情報サービス（流通）」と「広告・調査・情報サービス（サービス）」とを区分・推計した。

＊＊＊　統合中分類「その他の対事業所サービス」部門に属する基本表分類部門は、「法務・財務・会計サービス」「土木建築サービス」「労働者派遣サービス」「建物サービス」「警備業」「その他の対事業所サービス」である。このうち、「土木建築サービス」「建物サービス」部門は生産活動の延長と捉えられる。また、「労働者派遣サービス」および「その他の対事業所サービス」に含まれる業務請負業など事実上労働力の供給を行う産業については、販路となる産業部門の性格、すなわちこれら産業の労働者が実際に就労する部面に応じて、生産的部門と流通・消費過程における不生産的部門、さらに国家事業に区分されるべきものと考える。ただし、これら労働力を供給する産業が得る利潤については、賃金・労働条件の引き下げによる面も否定できず、生産的部門における利潤と同等に扱い難い。そこで、次節で分析する付加価値の分類においては、表 3 で示したように統合中分類「その他の対事業所サービス」部門を一括して流通部門として扱い、第 3 節での労働力構成についての分析では、統合中分類「その他の対事業所サービス」に含まれる基本表部門ごとに再生産上の機能の相違を踏まえて分類する。

（3）消費過程における不生産的部門（サービス部門）

「2000‐05‐11 年接続産業連関表」の統合中分類部門のうち、消費過程に介在する不生産的部門であるサービス部門に分類できるのは、表 3（2）に

示した諸産業部門であると考えられる*。先に検討した販路によって流通部門とサービス部門とに区分推計される諸部門以外では、「教育」「医療」「保健衛生」「社会保険・社会保障」「介護」「その他の非営利団体サービス」が含まれる公共サービスと、「宿泊業」「飲食サービス」「洗濯・理容・美容・浴場業」「娯楽サービス」「その他の対個人サービス」が含まれる対個人サービスとに大別できる。産業連関表では、公共サービスに属す諸部門の販路構成では「民間最終消費支出」とともに「一般政府最終消費支出」の比重が大きく、個人の支払いとともに社会保険料や政府支出から支払いを得ていることを示している。

　統合中分類「住宅賃貸料（帰属家賃を除く）」部門は、住宅提供と引き換えに収入からの支払いを受ける部門と捉えられる。住宅賃貸に関して産業連関表では、持ち家所持者も自らの持ち家の提供により賃貸料が発生したものとするみなし計算が行われ、このみなし分が「住宅賃貸料（帰属家賃）」部門と位置づけられている[20]。この「住宅賃貸料（帰属家賃）」部門でも、持ち家の所有者が獲得する利得という意味で営業余剰が計上されているが、経済活動を通じて付加価値が発生したものとは捉え難いのでこの部門は捨象し、「住宅賃貸料（帰属家賃を除く）」部門のみをサービス部門と位置づけて分析を進める**。

* 　これら部門には、マルクスが「非物質的生産」[21]と捉えた芸術、学術、統治など非経済的活動が含まれる。これら非経済的活動およびその成果は広義の消費活動の中で享受され、それらへの支出も収入部分、あるいは収入より徴収された国家財政が中心になると捉えられため、消費過程に介在する不生産的部門であるサービス部門に含めることとした。

** 　「住宅賃貸料（帰属家賃を除く）」と「住宅賃貸料（帰属家賃）」とが別々の部門とされるようになったのは接続産業連関表では「2000-05-11年接続産業連関表」からであり、それ以前の接続表では一括して「住宅賃貸料」部門となっている。上記の接続産業連関表で「住宅賃貸料（帰属家賃を除く）」部門と「住宅賃貸料（帰属家賃）」部門の付加価値額合計に占める「住宅賃貸料（帰属家賃）」部門の付加価値額の構成比を計算すると、2000年81.1％、05年81.0％、11年81.5％と大きな変動は見られない。そこで、1995年以前の「住

宅賃貸料」部門についても、取引額の81％を帰属家賃分と捉えて控除し、19％分を「住宅賃貸料（帰属家賃を除く）」部門としてサービス部門に含めることとする。

　なお、持ち家の帰属家賃を除く住宅賃貸料については国民経済計算でも帰属家賃部分が推計されており、産業連関表の「住宅賃貸料」部門の粗付加価値額からこの推計値を差し引くことによって算出することができる。しかしながら、2000年の産業連関表に示された帰属家賃総額は約44.0兆円で、同年の国民経済計算で推計された帰属家賃総額は約49.9兆円と約6兆円の違いがある。また、帰属家賃の推計にあたっては、住宅の質の評価や推計方法の変更による影響も無視できない[22]。したがって本章では、上記のように、1995年以前の産業連関表の「住宅賃貸料」部門の取引額の19％分をサービス部門に含める形で分析を進める。

（4）国家事業

　産業連関表の統合中分類「公務」部門については、「無償又は著しくコストに見合わない価格でサービスを提供する政府機関、あるいは、特殊法人等」、および「無償又は著しくコストに見合わない価格でサービスを提供している非営利団体のうち、政府による監督が行われ、かつ、政府から主たる資金供給が行われているもの」[23]と定義され、粗付加価値部門としては、公務員給与を意味する雇用者報酬と交際費等を示す家計外消費支出が計上されている。そこで、「公務」部門における付加価値額および雇用については国家事業と捉えて分析を進める。

第2節　付加価値構成とその変容

　前節では、現代日本経済における生産的部門、流通・消費過程における不生産的部門および国家の活動について、産業連関表の産業部門区分や販路構成をもとに推計・分析する方法を明らかにした。そこで本節では、産業連関表に示された付加価値額について、生産的部門と流通・消費過程における不生産的部門、国家事業とに区分し、それぞれの推移を検討する。なお、各産

業部門の付加価値額としては、産業連関表の粗付加価値部門のうち、価値生産物に近似的な家計外消費支出、雇用者報酬および営業余剰の合計額を基準に推計・分析する。

1 付加価値構成の長期推移

図1に示したのは、1955年から2011年までの産業連関表から推計された、生産的部門、流通過程における不生産的部門（流通部門）、消費過程に介在する不生産的部門（サービス部門）および国家事業における付加価値額の推移を示している。また、図2は、付加価値額の部門別構成比の推移を示している*。

図1で生産的部門の付加価値額は、高度成長期から1980年代まで増加を続けている。名目ベースの推移のため、高度成長終焉後の70年代にも物価上昇の影響により大きく増加している。また、80年代後半の高い伸びにも注目される。一方、90年代以降は減少に転じ、とくに2000年以降は大幅に減退し、11年には85年の水準を下回っている。不生産的部門のうち流通部門の付加価値額は、高度成長期以降、1995年のピークに至るまで増加を続けた後、00年にかけて減少、その後05年にかけて増加に転じたものの、11年にかけて大きく減退している。他方、サービス部門の付加価値額は、高度成長期以来2000年にかけて大きく増大した後、伸び率は大きく減退したものの微増を続けている。国家事業の付加価値額は、95年まで増加を続けた後、減少に転じている。

図2の付加価値構成比で生産的部門の構成比は、1960年に63.8％と最大になるなど高度成長期は60％代で推移していたが、高度成長終焉後は75年52.9％から90年50.3％まで50％前後で推移している。さらに95年は45.5％であるが、00年代には上述の付加価値額自体の減退を反映して構成比も00年43.3％、05年38.9％、11年36.4％へと大きく低下している。不生産的部門のうち流通部門の構成比は、高度成長期には20％前後であったが、その後は持続的に上昇し、95年には29.3％に高まった。その後、00年に27.8％と低下したが、05年には31.4％と高まり、11年も31.0％となっている。サービス部門の構成比は55年16.0％から、その後の高度成長期は14％前後に低

第 6 章　現代日本における不生産的部門の拡張と蓄積様式の変容　　211

図1　部門別付加価値額の推移

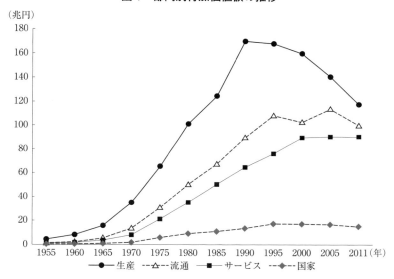

（出典）『昭和26～60年産業連関表（46部門）』「1985-90-95年接続産業連関表」「2000-05-11年接続産業連関表」より作成。

図2　部門別付加価値構成比の推移

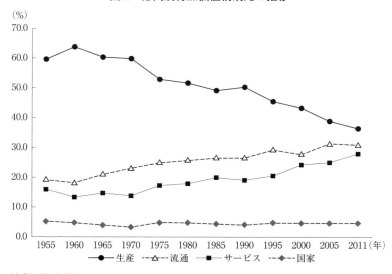

（出典）図1と同じ。

下するものの 70 年代以降に上昇し、85 年に 20.2％となった。その後は 95
年まで 20％前後で推移した後、00 年 24.3％、05 年 25.1％、11 年 28.0％へと
大きく増加している。さらに国家事業の付加価値構成比は、高度成長期の
65 年 4.0％・70 年 3.3％、バブル景気下の 90 年に 4.0％へと低下しているが、
95 年 4.7％、00 ～ 11 年はいずれも 4.6％と安定的に推移している。

　以上の検討から、とりわけ 2000 年代以降には、生産的部門の縮小とサー
ビス部門の拡大とが対照的推移を示す一方で、流通部門が激しく増減を繰り
返している。

　＊　付加価値額の長期推移については、前節で検討対象とした「2000 - 05 - 11 年
　　接続産業連関表」とともに、「1985 - 90 - 95 年接続産業連関表」[24]、『昭和 26
　　～ 60 年産業連関表』[25] に掲載されている 1955（昭和 30）年から 80（昭
　　和 55）年の統計データを用いて推計・分析を行った。したがって、図 1 およ
　　び 2 の推計結果については、80 年と 85 年の間、95 年と 00 年の間には連続性
　　はない。

　　　なお、『昭和 26 ～ 60 年産業連関表』を利用した 1955 ～ 80 年表では、85 年
　　表以後の「不動産仲介および賃貸」部門と「住宅賃貸料」部門が一括して「不
　　動産」部門とされている。85 年表では「不動産仲介および賃貸」「住宅賃貸料」
　　両部門から民間最終消費支出への投入総額のうち「住宅賃貸料」部門からの
　　投入額が 95.3％を占めている。前節では、85 ～ 95 年表の「住宅賃貸料」部門
　　から民間最終消費支出への投入額の 81％を帰属家賃部分として控除するもの
　　としたが、上記の事情を鑑み、55 ～ 80 年表についても「不動産」部門から民
　　間最終消費支出への投入額の 80％を帰属家賃部分にあたるものとみなして控
　　除し、推計を行った。

　　　さらに前節でも指摘したように、「2000 - 05 - 11 年接続産業連関表」の「金
　　融・保険」部門からの販路について、民間最終消費支出への販売額と内生部
　　門のうち「住宅賃貸料（帰属家賃）」部門への投入額との合計が占める構成比
　　を乗じることで「金融・保険（サービス）」を推計する方法を明らかにしたが、
　　「1985 - 90 - 95 年接続産業連関表」の数値を利用した 85 ～ 95 年については、「住
　　宅賃貸料」部門の取引額の 81％を「住宅賃貸料（帰属家賃）」部門とみなして
　　同様の推計をおこなった。しかしながら、80 年以前の各年表には「住宅賃貸料」
　　部門自体が存在しないため、「金融・保険」部門から民間最終消費支出への販

売額分のみを「金融・保険（サービス）」とみなして推計を行った。

2. 高度成長期から 1980 年代における付加価値額の増大

　次に、付加価値額の産業別動向について、時期ごとに分析しよう。図 1 で示したように、1955 年から 80 年代にかけて、生産的部門および流通・サービス部門とも付加価値額は急拡大しているが、ここでは、高度成長期の 55 年から 70 年までの時期と、高度成長終焉後から 80 年代にかけての時期とに区分して検討しよう。

（1）高度成長期の付加価値構成とその変容

　高度成長期における産業別付加価値額の推移を示した表 4 をみると、付加価値総額は 1950 年代後半に 70.2％増、60 年代前半に 102.6％増、同後半に 123.6％増と、加速度的に急増している。55 年から 70 年にかけて、生産的部門の付加価値額は約 7.7 倍に増加しているが、これは付加価値総額の増加率とほぼ等しい。生産的部門について、55 年から 70 年にかけての付加価値総額の増加に占める産業別寄与率をみると、建設 9.6％、運輸・通信・研究・修理 8.6％とともに金属 6.6％、化学・窯業・土石 6.3％といった素材産業、さらには一般・精密機械 4.8％、電気機械 4.2％、輸送機械 3.1％を含む機械産業合計で 12.1％と高くなっている。一方、農林水産業の寄与率は 4.9％であるが、この間の付加価値額の増加は約 2.7 倍と比較的小さく、付加価値総額に占める同産業の付加価値額の構成比は 55 年 19.7％から 70 年 6.8％へと急速に低下している [26]。

　これに対して不生産的部門については、サービス部門の付加価値額が 1955 年から 70 年にかけて約 6.6 倍、国家事業の付加価値額が約 4.9 倍に増加したのに対して、流通部門は約 9.3 倍と全体を上回る伸びを示している。この結果、付加価値総額に占める流通部門の付加価値額の構成比は、55 年 19.2％から 70 年 23.7％へと拡大しているが、産業別寄与率をみると商業 15.6％、金融・保険（流通）5.1％が高く、資本蓄積に伴う販売・投資活動の活発化を背景とするものと考えられる。また上記のように、サービス部門全体の付加価値額の伸びは付加価値総額の増加率を若干下回っているが、産業

214

表4 1955〜70年の産業別付加価値額の推移

	1955年 付加価値	1960年 付加価値	1960年 増加率	1965年 付加価値	1965年 増加率
農林水産業	14,952	18,335	22.6%	27,035	47.4%
鉱業	1,727	2,118	22.7%	2,878	35.8%
食料品	2,703	4,125	52.6%	8,006	94.1%
繊維製品	2,588	4,492	73.6%	7,499	66.9%
木・紙製品・印刷	2,913	4,555	56.3%	9,648	111.8%
化学・窯業・土石	3,236	7,469	130.8%	14,851	98.8%
金属	2,717	7,648	181.5%	13,263	73.4%
一般・精密機械	1,409	4,634	229.0%	9,686	109.0%
電気機械	853	3,128	266.5%	6,343	102.8%
輸送機械	1,009	3,087	206.0%	6,666	115.9%
建設	4,415	9,474	114.6%	22,510	137.6%
電力・ガス・水道	1,422	2,079	46.3%	4,620	122.2%
運輸・通信・研究・修理	4,846	10,708	121.0%	23,352	118.1%
生産的部門計	45,340	82,559	82.1%	158,144	91.6%
商業	11,621	17,281	48.7%	37,654	117.9%
金融・保険（流通）	696	3,758	440.1%	10,868	189.2%
不動産（流通）	811	1,362	67.9%	3,086	126.6%
対事業所サービス（流通）	1,466	1,130	-22.9%	3,417	202.3%
流通部門計	14,594	23,532	61.2%	55,026	133.8%
金融・保険（サービス）	2,480	2,193	-11.6%	3,317	51.3%
不動産（サービス）	191	1,007	428.1%	2,262	124.5%
教育・研究	2,659	4,537	70.6%	9,676	113.2%
医療・保健・社会保障	1,425	2,713	90.4%	7,863	189.8%
民間非営利団体	347	926	166.9%	3,420	269.4%
対個人サービス	5,052	5,873	16.3%	11,988	104.1%
サービス部門計	12,154	17,249	41.9%	38,537	123.4%
国家事業	3,959	6,085	53.7%	10,448	71.7%
	76,047	129,425	70.2%	262,155	102.6%

(注) 研究（生産）は「運輸・通信・研究・修理」に、「研究（サービス）」は「教育・研究」に含めた。
(出典)『昭和26〜60年産業連関表（46部門）』より作成。

別には教育・研究と医療・保健・社会保障分野での増加率が高くなっている。
　産業別付加価値額の動向を時期別にみると、1950年代後半は流通・サービス部門よりも生産的部門の伸びが大きく、とりわけ金属、機械産業を中心とする重化学工業の増加率が大きい。また「いざなぎ景気」の時期にあたる60年代後半についても同様に金属、機械産業の伸びが著しく、高度成長期の急速な資本蓄積を経て、これら産業分野で巨大な生産力が形成されたことを示している[27]。これに対して、昭和37年版『経済白書』で「転型期」と言われた60年代前半は金属、機械産業の付加価値額の伸びが鈍化しており、「37年〔1962年—引用者〕危機……の場合、鉄鋼業における過剰蓄積＝「過

第6章 現代日本における不生産的部門の拡張と蓄積様式の変容 *215*

単位：億円

1970 年		55 → 70	
付加価値	増加率	増加率	寄与率
39,851	47.4%	166.5%	4.9%
5,036	75.0%	191.6%	0.6%
15,949	99.2%	490.1%	2.6%
14,265	90.2%	451.2%	2.3%
22,617	134.4%	676.3%	3.9%
35,211	137.1%	988.2%	6.3%
36,173	172.7%	1231.3%	6.6%
25,841	166.8%	1734.7%	4.8%
22,140	249.1%	2494.1%	4.2%
16,878	153.2%	1572.9%	3.1%
53,496	137.7%	1111.8%	9.6%
10,792	133.6%	659.1%	1.8%
48,892	109.4%	908.9%	8.6%
350,748	121.8%	673.6%	59.9%
91,077	141.9%	683.7%	15.6%
26,907	147.6%	3767.3%	5.1%
8,030	160.2%	889.5%	1.4%
9,385	174.6%	540.0%	1.6%
135,398	146.1%	827.7%	23.7%
8,348	151.7%	236.6%	1.2%
5,538	144.9%	2803.3%	1.0%
17,284	78.6%	550.1%	2.9%
15,903	102.3%	1015.9%	2.8%
2,873	-16.0%	728.2%	0.5%
30,651	155.7%	506.7%	5.0%
80,696	109.4%	564.0%	13.4%
19,319	84.9%	388.0%	3.0%
586,161	123.6%	670.8%	100.0%

剰滞貨」を軸としての過剰生産」、さらに「40 年〔1965 年―引用者〕危機
……の場合、機械部門における生産能力過剰＝「企業間信用」を軸とする過
剰生産恐慌」[28] と捉えられた当時の景気動向を反映している。

　一方、建設業の付加価値額は、こうした景気変動にかかわらず、一貫して
高い伸びを示している。また、不生産的部門である流通部門およびサービス
部門の付加価値額については、上述のように 1950 年代の伸び率は小さかっ
たのに対して、60 年代には増加率が高まっている点に注目される。とりわけ、
教育、医療、対個人サービス*などが含まれるサービス部門の拡大は、高度
成長を通じて向上した国民所得や進学率、さらに 61 年を画期とする国民皆

表5 1975〜90年の産業別付加価値額の推移

	1975年 付加価値	1980年 付加価値	増加率	1985年 付加価値	増加率
農林水産業	68,956	70,741	2.6%	77,955	10.2%
鉱業	6,485	10,622	63.8%	7,268	-31.6%
食料品	38,024	58,584	54.1%	66,403	13.3%
繊維製品	22,431	30,204	34.7%	34,757	15.1%
木・紙製品・印刷	40,706	63,232	55.3%	74,612	18.0%
化学・窯業・土石	56,969	90,078	58.1%	112,118	24.5%
金属	57,917	93,398	61.3%	93,805	0.4%
一般・精密機械	40,952	62,466	52.5%	86,997	39.3%
電気機械	32,259	59,533	84.5%	96,479	62.1%
輸送機械	38,892	56,194	44.5%	64,261	14.4%
建設	125,664	198,082	57.6%	208,370	5.2%
電力・ガス・水道	21,709	46,271	113.1%	62,972	36.1%
運輸・通信・研究・修理	91,911	160,576	74.7%	215,660	34.3%
生産的部門計	651,379	1,011,995	55.4%	1,218,236	20.4%
商業	198,825	323,222	62.6%	369,673	14.4%
金融・保険（流通）	63,254	85,829	35.7%	128,178	49.3%
不動産（流通）	17,438	32,014	83.6%	60,063	87.6%
対事業所サービス（流通）	27,832	62,876	125.9%	114,914	82.8%
流通部門計	307,348	503,943	64.0%	672,827	33.5%
金融・保険（サービス）	15,558	24,240	55.8%	45,738	88.7%
不動産（サービス）	12,847	23,205	80.6%	29,608	27.6%
教育・研究	56,562	91,788	62.3%	142,650	55.4%
医療・保健・社会保障	47,877	80,197	67.5%	109,774	36.9%
民間非営利団体	10,330	19,722	90.9%	32,946	67.1%
対個人サービス	69,559	111,366	60.1%	169,075	51.8%
サービス部門計	213,103	351,598	65.0%	532,876	51.6%
国家事業	59,622	92,123	54.5%	110,089	19.5%
	1,231,452	1,959,659	59.1%	2,534,029	29.3%

（注）表4に同じ。
（出典）『昭和26〜60年産業連関表（46部門）』「1985-90-95年接続産業連関表」より作成。

保険の実現を背景とするものと捉えられる。

＊ 『昭和26〜60年産業連関表（46部門）』では、宿泊業、飲食サービス、洗濯・理容・美容・浴場業、娯楽サービスなど多くの対人サービス分野が「対個人サービス」部門に一括されている。

（2）1970〜80年代の付加価値構成とその変容

日本経済は、高度成長終焉後の1970年代後半から80年代にかけて、自動車・電機産業を主軸とする輸出依存的成長を持続することで「経済大国」化を達成した[29]。先に検討した図1では、この時期の付加価値額は、生産的

第 6 章　現代日本における不生産的部門の拡張と蓄積様式の変容　　*217*

単位：億円

1990 年		75 → 90	
付加価値	増加率	増加率	寄与率
79,179	1.6%	14.8%	0.5%
8,352	14.9%	28.8%	0.1%
80,964	21.9%	112.9%	2.0%
44,375	27.7%	97.8%	1.0%
102,249	37.0%	151.2%	2.9%
143,282	27.8%	151.5%	4.0%
129,110	37.6%	122.9%	3.3%
122,770	41.1%	199.8%	3.8%
136,720	41.7%	323.8%	4.9%
83,956	30.6%	115.9%	2.1%
363,525	74.5%	189.3%	11.1%
74,394	18.1%	242.7%	2.4%
268,500	24.5%	192.1%	8.2%
1,659,028	36.2%	154.7%	46.8%
505,400	36.7%	154.2%	14.3%
140,006	9.2%	121.3%	3.6%
68,707	14.4%	294.0%	2.4%
184,605	60.6%	563.3%	7.3%
898,719	33.6%	192.4%	27.5%
67,805	48.2%	335.8%	2.4%
38,153	28.9%	197.0%	1.2%
190,441	33.5%	236.7%	6.2%
132,850	21.0%	177.5%	4.0%
23,529	-28.6%	127.8%	0.6%
232,259	37.4%	233.9%	7.6%
688,919	29.3%	223.3%	22.1%
135,670	23.2%	127.5%	3.5%
3,382,336	33.5%	174.7%	100.0%

部門・不生産的部門とも 90 年に至るまで増大を続けている。そこで、75 年から 90 年までの産業別付加価値額の推移を示した表 5 を検討し、この時期の産業別付加価値の特質を明らかにしよう。

　表 5 で 1975 年から 90 年にかけての付加価値総額の伸びに対する部門別寄与率をみると、生産的部門が 46.8％と高度成長期に比して低下した一方で、流通部門が 27.5％、サービス部門が 22.1％とともに上昇している。この間に付加価値総額が約 2.8 倍に増加した中で、生産的部門の付加価値額は約 2.6 倍への増加で、付加価値総額に占める生産的部門の構成比は 75 年 52.9％から 90 年 49.0％へ低下している。他方、同時期に流通部門の付加価値額は約 2.9

倍に増加して付加価値総額に占める構成比は 25.0％から 26.6％へと増加、サービス部門の付加価値額は約 3.2 倍に増加して構成比は 17.3％から 20.4％へ拡大している。このように、生産的部門の付加価値の比重が低下する中で、とりわけサービス部門を中心に不生産的部門での付加価値額が増加している。

1975 年から 90 年の付加価値総額の伸びに対する寄与率について、生産的部門に属する産業別に検討すると、建設 11.1％および電気機械 4.9％が高度成長期を上回っている一方、繊維など軽工業、金属など素材産業、一般・精密機械では寄与率は減退している。また、農林水産業の付加価値額はこの間に 14.8％増に過ぎず、付加価値総額に占める構成比は 75 年 5.6％から 90 年 2.3％に低下している。先述のように、この時期の日本経済は電気機械・自動車産業を中心に輸出依存的成長を遂げていたが、こうした事情を背景に表 5 では電気機械産業での付加価値額が約 4.2 倍と、急速な成長を遂げたものと理解できる [30]。なお、建設業の付加価値額は高度成長期に引き続き着実な伸びが見られるが、産業連関表を利用して分析すると、販路として公共事業に依存する性格が強まっている点に注目される [31]。上述のように、この時期には不生産的部門のうちサービス部門の付加価値額が約 3.2 倍と大きく増加したが、産業別寄与率では対個人サービスと教育・研究分野で高くなっており、「経済大国」化に伴う個人消費拡大や進学率上昇を反映しているものと捉えられる。

時期別にみると、1970 年代後半から 80 年代前半は電気機械の付加価値額の増大が特に顕著であるが、同時期に「集中豪雨的」とも言われた各種電機製品の輸出拡大によって同産業が急成長しており、こうした事情を反映しているものと思われる。一方、いわゆるバブル景気下の 80 年代後半には、生産的部門の付加価値額増加率が流通・サービス部門を上回っており、これは高度成長期初めの 50 年代後半以来の傾向である。この時期の生産的部門の産業別付加価値額については、金属・機械諸産業とともに、建設業の付加価値額が 74.5％増ととりわけ大きな増加率となっているが、産業連関表を利用した販路構成の分析からは、公共事業とともに、不動産業を中心とする流通部門、さらには対個人サービスを中心とするサービス部門など、不生産的部門向けの建設投資の拡大にも起因していたことが明らかになった [32]。

以上の検討から、高度成長期以降の付加価値額増大に関して、生産的部門および不生産的部門を含めた各産業の態様が明らかになった。高度成長期には、化学・金属など素材産業、機械産業を中心とする重化学工業を主軸に生産的部門の付加価値額増大が先行し、その後、流通部門、さらには国民生活向上・福祉制度の拡充とともに消費過程に介在するサービス部門での付加価値額が増大した。高度成長終焉後、日本経済は1970年代から80年代にかけて輸出依存的成長を通じて「経済大国」化を実現したが、この時期に「集中豪雨的」な輸出拡大を遂げた電機産業の付加価値額が急増する一方、国際競争に直面した農林水産業や軽工業、過剰生産に直面した素材産業などの付加価値額の伸びが停滞した。公共事業にも依存した建設業の付加価値額は大きく拡大を続けたが、上記のような製造業内の分岐に加え、農林水産業の付加価値額の伸びの停滞に伴い、生産的部門全体の付加価値額の構成比は低下することとなった。他方、「経済大国」化は、資本蓄積の進展に伴う販売・投資活動の活発化による流通過程での資本の活動の拡大とともに、個人所得の増大に伴う消費活動の広がりが消費過程における不生産的部門であるサービス部門の拡大につながったものと理解できる。とりわけ80年代後半のバブル景気下では、娯楽サービスや宿泊、飲食など営利事業を中心とする対個人サービス業での付加価値額の増加が顕著であったが、個人所得および消費活動の拡大に応じて、消費過程に介在して収入からの支払いを受けるサービス資本の浸透を示すものと捉えられる。こうして高度成長期以降、80年代にかけて国内の付加価値総額が増大を続ける中で、流通・消費過程における不生産的部門の付加価値額の拡大が実現したものと考えられる。

3 付加価値総額の減退と生産的部門および不生産的部門

図1では1990年代以降、生産的部門の付加価値額は顕著な減少を示し、流通・消費過程における不生産的部門の付加価値額も停滞傾向、国家事業における付加価値額も2000年代以降は減少に転じている。そこで、90年から11年までの産業別付加価値額の推移を示した表6*を用いて、90年代以降の生産的部門および不生産的部門の動向について検討しよう。

*　表6は、「1985-90-95年接続産業連関表」と「2000-05-11年接続産業連関

表6 部門別付加価値額の推移

	1990 年 付加価値額	1995 年 付加価値額	増加率	2000 年 付加価値額	増加率
農林水産業	79,179	68,162	-13.9%	56,175	-17.6%
食品	80,964	87,878	8.5%	97,065	10.5%
繊維	44,375	34,592	-22.0%	20,351	-41.2%
木・紙製品・印刷	102,249	103,503	1.2%	109,251	5.6%
化学・窯業・土石	147,193	143,681	-2.4%	123,793	-13.8%
金属	129,110	108,845	-15.7%	99,010	-9.0%
一般・精密機械	122,770	101,233	-17.5%	100,794	-0.4%
電気機械	136,720	134,775	-1.4%	129,288	-4.1%
輸送機械	83,956	76,313	-9.1%	67,059	-12.1%
建設	363,525	340,486	-6.3%	311,861	-8.4%
電力・ガス・水道	74,394	86,791	16.7%	78,077	-10.0%
運輸・通信・研究・修理	310,618	372,459	19.9%	372,855	0.1%
生産的部門計	1,701,146	1,681,334	-1.2%	1,521,049	-9.5%
商業	505,400	639,466	26.5%	595,573	-6.9%
金融・保険（流通）	140,006	153,697	9.8%	106,156	-30.9%
不動産仲介および賃貸（流通）	68,707	62,250	-9.4%	34,758	-44.2%
広告・調査・情報サービス（流通）	57,443	55,454	-3.5%	92,054	66.0%
物品賃貸サービス（流通）	19,236	24,177	25.7%	33,257	37.6%
その他の対事業所サービス	107,926	147,777	36.9%	164,843	11.5%
流通部門計	898,719	1,082,821	20.5%	1,026,640	-5.2%
金融・保険（サービス）	67,805	58,564	-13.6%	108,910	86.0%
不動産仲介および賃貸（サービス）	4,485	3,764	-16.1%	2,102	-44.2%
住宅賃料料（帰属家賃を除く）	33,668	46,727	38.8%	57,255	22.5%
教育	144,360	170,703	18.2%	174,456	2.2%
研究（サービス）	3,963	6,231	57.2%	9,380	50.6%
医療・保健	105,827	157,215	48.6%	181,171	15.2%
社会保障	27,023	36,608	35.5%	59,937	63.7%
その他の公共サービス	23,529	27,940	18.7%	25,481	-8.8%
娯楽サービス	77,034	63,315	-17.8%	54,648	-13.7%
飲食店	77,672	92,277	18.8%	96,590	4.7%
旅館・その他の宿泊所	22,472	26,607	18.4%	34,224	28.6%
その他の対個人サービス	55,080	65,948	19.7%	80,522	22.1%
サービス部門計	646,801	760,398	17.6%	898,559	18.2%
公共サービス	304,703	398,696	30.8%	450,425	13.0%
対個人サービス	232,259	248,146	6.8%	265,983	7.2%
総計	3,246,665	3,524,553	8.6%	3,446,248	-2.2%

（注）「2000-05-11 年接続産業連関表」の下記の部門は、「1985-90-95 年接続産業連関表」の部門区分に合わせて以下のように変更した。

1. 「医療」と「保健衛生」は「医療・保健」に、「社会保険・社会福祉」と「介護」は「社会保障」にそれぞれ統合した。
2. 「その他の非営利団体サービス」は「その他の公共サービス」に、「飲食サービス」は「飲食店」に、「宿泊業」は「旅館・その他の宿泊所」に、それぞれ名称変更した。
3. 「広告」と「情報サービス」の民間最終消費支出以外の販売分は「広告・調査・情報サービス」に統合した。
4. 「洗濯・理容・美容・浴場業」は「その他の対個人サービス」に、「映像・音声・文字情報制作」は「印刷」にそれぞれ含めた。
5. 付加価値額の小さい部門は省略したため合計は一致しない。

（出典）「1985-90-95 年接続産業連関表」「2000-05-11 年接続産業連関表」より作成。

単位：億円

2005 年		2011 年		90 → 11 年	
付加価値額	増加率	付加価値額	増加率	増加率	寄与率
46,525	−17.2%	42,858	−7.9%	−45.9%	17.2%
91,197	−6.0%	82,804	−9.2%	2.3%	−0.9%
10,232	−49.7%	6,879	−32.8%	−84.5%	17.7%
96,959	−11.3%	66,629	−31.3%	−34.8%	16.9%
111,463	−10.0%	91,308	−18.1%	−38.0%	26.4%
101,202	2.2%	85,542	−15.5%	−33.7%	20.6%
99,138	−1.6%	92,977	−6.2%	−24.3%	14.1%
77,806	−39.8%	62,586	−19.6%	−54.2%	35.1%
75,730	12.9%	66,095	−12.7%	−21.3%	8.4%
252,050	−19.2%	204,104	−19.0%	−43.9%	75.4%
62,256	−20.3%	25,203	−59.5%	−66.1%	23.3%
356,535	−4.4%	330,188	−7.4%	6.3%	−9.3%
1,346,568	−11.5%	1,128,332	−16.2%	−33.7%	271.0%
663,731	11.4%	544,980	−17.9%	7.8%	−18.7%
111,058	4.6%	72,496	−34.7%	−48.2%	31.9%
28,367	−18.4%	41,671	46.9%	−39.4%	12.8%
108,512	17.9%	96,322	−11.2%	67.7%	−18.4%
31,259	−6.0%	21,581	−31.0%	12.2%	−1.1%
194,308	17.9%	224,390	15.5%	107.9%	−55.1%
1,137,235	10.8%	1,001,439	−11.9%	11.4%	−48.6%
114,417	5.1%	106,767	−6.7%	57.5%	−18.4%
1,215	−42.2%	1,304	7.4%	−70.9%	1.5%
59,343	3.6%	58,849	−0.8%	74.8%	−11.9%
165,223	−5.3%	164,051	−0.7%	13.6%	−9.3%
11,167	19.0%	13,302	19.1%	235.7%	−4.4%
185,045	2.1%	207,085	11.9%	95.7%	−47.9%
85,366	42.4%	103,885	21.7%	284.4%	−36.4%
29,484	15.7%	27,246	−7.6%	15.8%	−1.8%
50,130	−8.3%	42,496	−15.2%	−44.8%	16.3%
91,547	−5.2%	86,915	−5.1%	11.9%	−4.4%
24,821	−27.5%	15,054	−39.3%	−33.0%	3.5%
77,061	−4.3%	69,815	−9.4%	26.8%	−7.0%
907,443	1.0%	905,512	−0.2%	40.0%	−122.4%
476,286	5.7%	515,569	8.2%	69.2%	−99.8%
243,559	−8.4%	214,280	−12.0%	−7.7%	8.5%
3,391,246	−1.6%	3,035,283	−10.5%	−6.5%	100.0%

表」の統合中分類部門を利用して推計したもので、表4・5に比較して産業区分が細かくなっている。ただし、「1985-90-95年接続産業連関表」と「2000-05-11年接続産業連関表」とでは部門分割基準が異なっており、表6の作成にあたっては、後者年表の統合中分類部門を前者年表の基準に組み替えた上で産業部門の接続を試みた。具体的に後者年表の統合中分類「医療」および「保健衛生」部門を前者年表の統合中分類「医療・保健」に、同様に「社会保険・社会保障」および「介護」を「社会保障」に、「洗濯・理容・美容・浴場業」および「その他の対個人サービス」を「その他の対個人サービス」にそれぞれ統合した。また、部門名称の変更に対応して、後者年表の「その他の非営利団体サービス」を「その他の公共サービス」に、同様に「飲食サービス」を「飲食店」に、さらに「宿泊業」を「旅館・その他の宿泊所」に改めた。さらに後者年表では、前者年表にない「情報サービス」、「映像・音声・文字情報制作」および「郵便・信書便」部門が新たに分離されたが、「情報サービス」は「広告」とともに「広告・調査・情報サービス」へ統合し、「映像・音声・文字情報制作」は「印刷」に含めて推計し、「郵便・信書便」については表6から除外した。なお、産業連関表の部門の分離・新設にあたっては、各統合中分類に含まれる産業区分の変更も行われたことから、以上の整理を行っても両者の年表の各産業部門の範囲が異なっている点もあり、表6に示した95年と00年の数値は厳密には連続していない。

（1）生産的部門の付加価値額の動向

図1でも検討したように、1990年代以降は生産的部門の付加価値額は減退を続けており、表6では90年から11年にかけて33.7％減少している。この間に付加価値総額は6.5％減少しているが、これに対する産業別寄与率を生産的部門についてみると、建設の75.4％が最大で、電気機械35.1％、化学・窯業・土石26.4％、金属20.6％などが高い。建設業の付加価値額は90年代前半以降、一貫して減少を続けているが、公共事業が大幅に削減された00年代には大きく減退している[33]。また、製造業の中で付加価値額が最も減少している電気機械については、グローバル化の下で日本経済が輸出依存的成長を遂げた00年代前半も39.8％減少しており、国際競争力の低下も反映

している[34]。なお表6では、電力・ガス・水道も90年から11年にかけて66.1％減少しているが、05年から11年にかけての急減が主因であり、産業連関表の統合小分類部門を検討すると、東日本大震災と原発事故に起因する東京電力の大幅な最終赤字に起因することが分かる[35]。

（2） 流通部門の付加価値額の動向

　図1で、不生産的部門のうち流通部門の付加価値額は、1995年まで増加を続けているが、90年代後半の不況期に減退、好況下の05年にかけて増大に転じた後、00年代後半に再び減少している。表6で産業別付加価値額の動向をみると、90年代後半および00年代後半の不況期に商業と金融・保険（流通）で付加価値額が大きく減少している。なお前述のように、金融・保険（流通）の付加価値額は企業向け貸し出しや企業の保険料支払いを反映するが、この間は減退傾向にあり、企業向け金融の停滞を示している。一方、広告・調査・情報サービス（流通）と「その他の対事業所サービス」の付加価値額は増加傾向にあり、企業の流通費・管理費等の増大とそれらのアウトソーシングの進展を反映しているものと思われる。

（3） サービス部門の付加価値額の動向

　図1でサービス部門全体の付加価値額は、高度成長期以来2000年まで増加を続けた後、00年代にも微増が続いている。表6で90年から11年にかけての産業部門別の付加価値額の増加率および寄与率をみると、社会保障、医療・保健、金融・保険（サービス）、住宅賃貸料の各部門の付加価値額の増加による寄与が大きい[36]。なお表6では、教育、研究（サービス）、医療・保健、「その他の公共サービス」の各部門の合計を公共サービス、娯楽サービス、飲食店、「旅館・その他の宿泊所」、「その他の対個人サービス」の各部門の合計を対個人サービスと包括した上で、両者の付加価値額の推移も示している。それによると、公共サービスにおける付加価値額は90年代から11年まで一貫して増加しているのに対して、対個人サービスにおける付加価値額は90年代に増加していたが00年代には減退するようになっている。

　次に、1990年代以降、一貫して増加を続けている公共サービスに関して、

産業部門別動向を検討しよう。教育での付加価値額は、90 年代に増加した後に 00 年代には減少に転じている。他方、医療・保健と、介護分野を含む社会保障における付加価値額はこの間、大きく拡大を続けている。これらの動向は、少子化に伴う児童・生徒・学生数の減少と、高齢者の増加を反映しているものと捉えられる。なお、産業連関表を利用してこれら公共サービスに分類した諸部門の販路構成を検討すると、公費ないし社会保険からの支出を意味する「政府最終消費支出」の比重が大きく、公的資金を通じた再分配に依存していることが明瞭である[37]。

　一方、2000 年代に付加価値額が減退に転じた対個人サービスに関して、表 6 で時期別・産業部門別の動向をみると、娯楽サービスではバブル崩壊後の 90 年代前半以来、大幅な減少が続いている。さらに、飲食店、「旅館・その他の宿泊所」、「その他の対個人サービス」でも 00 年代には大きく減少するようになっており、90 年代後半をピークに減退傾向となった平均賃金や家計所得の動向に伴う内需、とりわけ個人消費の縮小に起因するものと考えられる[38]。

　表 6 では、個人向け貸し出しや個人による保険料支払い等を反映する金融・保険（サービス）における付加価値額が増大傾向にあるが、上述したような企業向け金融が停滞した下での個人向け金融の広がりを示すものと思われる。一方、住宅賃貸料（帰属家賃を除く）部門の付加価値額も 2005 年まで増加を続け、11 年にかけて減少しているが、世帯数と民間賃貸住宅の増大を反映しているものと考えられる*。このように、近年の金融業や不動産業については、資本との取引を通じて剰余価値の分与を得るものと理論的に把握できる対企業取引の比重が低下する一方、対個人取引の拡大、すなわち理論的には個人的消費活動に介在して収入からの分与を得るサービス部門としての性格を強めている[39]ことに注目される。

　　*　総務省「住宅・土地統計調査」によると、総世帯数は 1988 年 3,781.2 万
　　　→ 93 年 4,115.9 万 → 98 年 4,436.0 万 → 2003 年 4,725.5 万 → 08 年 4,997.3 万
　　　→ 13 年 5,245.3 万、民営借家戸数も同期間に 966.6 万 → 1,076.2 万 → 1,205.0 万
　　　→ 1,256.1 万 → 1,336.6 万 → 1,458.3 万といずれも増大を続けている。ただし近年、
　　　人口減少も背景に空き家の急速な増加が指摘されており、同調査で 13 年の空

き家数は 820 万戸・空き家率 13.5%、うち賃貸用住宅の空き家数は 249 万戸となっている。表 6 で住宅賃貸料部門の付加価値額が 05 年から 11 年に減少に転じている背景としてこうした事情を指摘できる。

以上の検討から、国内の付加価値総額が減少に転じた 1990 年代以降、生産的部門の付加価値額が縮小を続け、流通部門についても不況期に付加価値額の著しい減退がみられた一方、消費過程に介在するサービス部門の付加価値額の増加傾向がみられた。こうした動向は資本の活動領域の消費部面への広がりを意味している。ただしその内実は、個人所得の停滞・減退を背景に、主に営利企業が活動する対個人サービス分野は近年縮小している一方、公的支出による支援が不可欠で非営利領域を含む医療・福祉分野を中心に公共サービスの著しい増大によるものと評価できる。なお、理論的には利子生み資本である金融・保険業、地代取得者である不動産業については、企業向け貸付を通じて剰余価値の分与を得る面とともに、近年では個人的消費活動に介在して収入からの分与を得る性格を強めていることも明らかになった。

第 3 節　労働力構成とその動向

前節では、部門別付加価値額の推移についての検討を通じて、経済活動が生産的部門から流通・消費過程を含む不生産的部門へと拡大している実態が明らかになった。本節では、産業別従業者数の動向から、生産的部門および不生産的部門を含めた労働力構成とその変容について考察していきたい。

1　概観

本節では、産業連関表の付帯表である「雇用表」に示された産業別従業者数の動向を利用して、労働力構成について考察する＊。「1985-90-95 年接続産業連関表」と 2000 年産業連関表、「2000-05-11 年接続産業連関表」の雇用表に示された各産業部門の従業者総数について、第 1 節で明らかにした生産的部門、流通過程における不生産的部門である流通部門、消費過程に介在する不生産的部門であるサービス部門および国家事業に分類し＊＊、それぞれの従業者数の推移を示したのが図 3、従業者総数に占める構成比の推移を

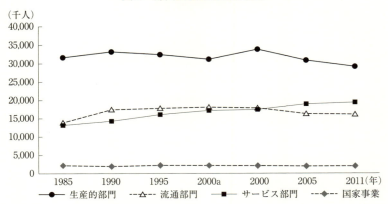

図3 部門別従業者数の推移

(注)「2000年a」の数値は2000年産業連関表からの推計値。
(出典)「1985-90-95年接続産業連関表」、「2000-05-11年接続産業連関表」、2000年産業連関表より作成。

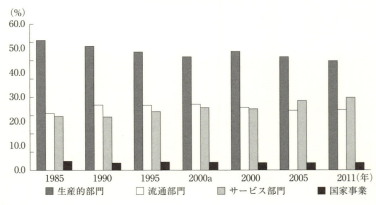

図4 労働力構成の推移

(注)(出典)図3と同じ。

示したのが図4である***。さらに、生産的部門、流通部門、サービス部門および国家事業に属する産業別従業者数および1人あたり常用雇用者賃金年額の推移について、「1985-90-95年接続産業連関表」および2000年産業連関表から推計した表7、「2000-05-11年接続産業連関表」から推計した表8

第6章　現代日本における不生産的部門の拡張と蓄積様式の変容　*227*

に示した。

*　産業連関表の付帯表として作成されている雇用表については、「従業者数を
アクティビティ・ベースで表示するということは機械的にできない側面もあ
り、現実の人数・単価と対応するとは限ら」ず、「そのため雇用表は、労働投
入量を表す参考指標の1つとして捉えるべきものであり、絶対的な指標とな
るものではない」[40] と断られている通り、労働力構成の実態を正確に反映す
るものではない。雇用表を用いて推計した表7に示した全産業の従業者総数
は2000年7,120万人→05年6,795万人→11年6,657万人と推移しており、全
数調査である「国勢調査」での就業者数合計の00年6,298万人→05年6,153
万人→10年5,961万人、および標本抽出調査である「労働力調査」に示され
た各年12月の従業者総数の00年6,440万人→05年6,317万人→11年6,273
万人と比較して過大となっている。これは、就業者を対象に集計された「国
勢調査」・「労働力調査」に対して、産業連関表の場合には、副業等を通じて
複数の産業部門に重複計算される就業者も含まれる等の事情によるものと考
えられる。しかしながら、前節で明らかにした付加価値構成と対比するため、
また第1節で検討したように、生産・流通・サービス・国家事業の複数にま
たがる産業部門の従業者数については販路に応じて区分を行う必要から、本
節では産業連関表の雇用表に示された従業者数をもとに労働力構成の推計・
考察を行う。ただし、雇用表の数値が現実の雇用動向を正確に反映していな
いと考えられる場合には、「国勢調査」や「経済センサス」、「労働力調査」な
どの統計資料を用いて検証を加えつつ分析をすすめる。

**　第1節で検討したように、生産的部門、流通部門、サービス部門および国
家事業のうち複数の部面において機能しているものと捉えられる産業部門に
ついては、前節での付加価値構成についての推計と同様、労働力構成につい
ても販路に応じて従業者数を案分する。なお、第1節で指摘したように、前
節での付加価値構成では、統合中分類「その他の対事業所サービス」部門全
体を流通部門に分類したが、労働力構成については「2000-05-11年接続産業
連関表」の統合中分類「その他の対事業所サービス」に含まれる基本表分類
部門ごとに再生産上の機能の相違を踏まえて分類する。基本表分類「土木建
築サービス」「建物サービス」部門は「総労働過程の現実の機能者とな」る「社
会的に結合された労働能力」[41] を構成するものと捉えられるため、従業者数

全てを生産的部門の中の「運輸・通信・研究・修理」に含める。また、基本
表分類「法務・財務・会計サービス」部門の従業者数については、基本表分
類の産出表で同部門から民間最終消費支出への販売額とそれ以外の販売額と
の構成比を算出し、前者の販売額の構成比を乗じた分をサービス部門、後者
の販売額の構成比を乗じた分を流通部門の従業者数として推計した。さらに、
基本表分類「その他の対事業所サービス」には業務請負業などアウトソーシ
ング事業が含まれ、基本表分類の産出表で販路構成を検討すると、家計外消
費支出および民間最終消費支出への販売額合計は1.4%に過ぎず、大半が内生
部門への投入である。そこで、基本表分類「労働者派遣サービス」および「そ
の他の対事業所サービス」部門の従業者数については、両部門からの内生投
入の販路のうち生産的部門・流通部門・サービス部門・国家事業への各販路
の構成比を乗じて、「労働者派遣・その他対事業所サービス（生産）」・「労働
者派遣・その他対事業所サービス（流通)」・「労働者派遣・その他対事業所サー
ビス（サービス）」・「労働者派遣・その他対事業所サービス（国家）」の従業
者数を推計した。なお、「1985-90-95年接続産業連関表」および2000年産業
連関表では、基本表分類ごとの雇用表は作成されていないため、統合中分類
「その他の対事業所サービス」の従業者数全体について、同部門からの内生投
入の販路構成を乗じて、「その他の対事業所サービス（生産）」「その他の対事
業所サービス（流通）」「その他の対事業所サービス（サービス）」の従業者数
を区分推計した。

*** 第1、2節でも検討したように、「1985-90-95年接続産業連関表」と
「2000-05-11年接続産業連関表」とは部門分割基準も異なり、また上記**で
指摘した資料的制約にも起因して、両接続産業連関表からの推計値を連続し
たものとは捉えられない。具体的には、図3および図4の生産的部門の従業
者数が、95年に比較して00年が増加するという、前後の時期と異なる傾向が
示されている。そこで図3および図4では、「1985-90-95年接続産業連関表」
と部門分割基準が類似する2000年産業連関表およびその雇用表から、1985・
90・95年と同様の方法で推計した部門別従業者数を「2000年a」として掲載
した。それをみると、1995年から「2000年a」にかけて、生産的部門の従業
者数・構成比とも低下する、という1990年以後の他の期間と同様の傾向を看
取することができる。

第 6 章　現代日本における不生産的部門の拡張と蓄積様式の変容　　*229*

　まずは、図 3 および図 4 から、生産的部門、流通部門、サービス部門および国家事業の従業者数と構成比を概観しよう。図 3 では、1985 年から 90 年にかけて生産的部門で 3,168 万人から 3,318 万人、流通部門で 1,386 万人から 1,742 万人、サービス部門で 1,317 万人から 1,428 万人といずれも従業者数が拡大しているが、とりわけ流通部門での伸びが顕著である。生産的部門の従業者数は 90 年の 3,318 万人をピークに 95 年 3,242 万人、2000 年 a で 3,113 万人と減少し、また 2000 年 3,381 万人から 05 年 3,081 万人、11 年には 2,911 万人まで減退している。流通部門の従業者数は 85 年 1,386 万人から 90 年 1,742 万人まで増加した後、95 年 1,780 万人、2000 年 a1,810 万人と増加を続けているが、2000 年代以降は 2000 年 1,784 万人、05 年 1,625 万人、11 年 1,608 万人と減少している。サービス部門については、85 年 1,317 万人から 90 年 1,428 万人、95 年 1,607 万人、2000 年 1,724 万人、05 年 1,893 万人、11 年 1,937 万人と増加を続けている。

　図 4 の労働力構成では、生産的部門が 1985 年には過半を占めていたが、その後一貫して低下し、2011 年には 43.7％まで低下している。流通部門の構成比は 90 年代後半に 22.8％から 26.1％に上昇した後は微減傾向となり、11 年には 24.2％となっている。これに対してサービス部門の構成比は 85 年 21.6％、90 年 21.4％から、以後増加を続け、05 年には流通部門を上回り、11 年には 29.1％と 3 割に迫っている。なお、国家事業の構成比は 80 年代後半に 3.6％から 2.9％に低下した後は、3％程度で推移している。

2　産業別の検討（1）——1985 〜 2000 年

　次に、生産的部門、流通部門、サービス部門に含まれる産業ごとの就業者数と常用雇用者賃金の 1985 年から 2000 年までの動向を示した表 7 を検討しよう。表 7 で従業者総数は 1985 年 6,091 万人→ 90 年 6,681 万人→ 95 年 6,850 万人→ 2000 年 a6,855 万人と増加を続けている。85 年から 2000 年 a にかけて、生産的部門は 55 万人の減少となっている一方、流通部門は 424 万人、サービス部門は 400 万人の増加となっている。

表7 部門別従業者数・賃金の推移

			従業者数（千人）		
	1985年	1990年	85→90 増加数	1995年	90→95 増加数
農林水産業	6,496	5,732	-764	4,703	-1,029
鉱業	117	100	-17	63	-37
食品	1,593	1,706	113	1,727	21
繊維	1,799	1,511	-288	1,089	-422
木・紙製品・印刷	1,649	1,837	188	1,616	-221
化学・窯業・土石	1,664	1,756	92	1,735	-21
金属	1,599	1,780	182	1,584	-196
一般・精密機械	1,429	1,605	176	1,361	-244
電気機械	1,715	1,965	250	2,034	69
輸送機械	946	1,090	144	1,070	-20
その他の製造業	526	553	27	495	-58
製造業計	12,919	13,804	885	12,712	-1,092
建設	5,741	6,509	768	7,046	537
電力・ガス・水道	623	572	-51	603	31
運輸・通信・研究・修理	4,808	5,115	307	5,556	441
その他の対事業所サービス（生産）	972	1,344	372	1,732	388
生産的部門計	31,676	33,177	1,500	32,416	-761
商業	10,703	13,521	2,818	13,949	429
金融・保険（流通）	1,420	1,470	50	1,518	48
不動産仲介及び賃貸（流通）	456	503	46	395	-107
広告・調査・情報サービス（流通）	493	783	290	832	49
物品賃貸サービス（流通）	111	162	51	212	51
その他の対事業所サービス（流通）	677	979	302	889	-89
流通部門計	13,859	17,416	3,557	17,796	380
金融・保険（サービス）	507	711	204	579	-132
不動産（サービス）	123	177	54	288	111
広告・調査・情報サービス（サービス）	1	2	1	4	2
教育	1,887	2,046	159	2,442	395
研究（サービス）	79	50	-29	71	21
医療・保健・社会保障	2,428	2,727	300	3,390	663
医療・保健	1,995	2,103	107	2,627	524
社会保障	433	625	192	763	138
その他の公共サービス	676	577	-99	523	-54
物品賃貸サービス（サービス）	17	14	-2	16	1
その他の対事業所サービス（サービス）	219	292	73	290	-2
対個人サービス	7,230	7,679	449	8,467	788
サービス部門計	13,166	14,277	1,110	16,070	1,793
公務	2,095	1,861	-234	2,128	267
その他の対事業所サービス（国家）	112	75	-37	86	11
国家事業	2,207	1,936	-271	2,214	279
総数／平均	60,908	66,805	5,897	68,495	1,690

(注)「娯楽サービス」「飲食店」「旅館・その他の宿泊所」「その他の対個人サービス」の各部門をまとめて「対個人サービス」と表示した。

(出典)「1985-90-95年接続産業連関表」および2000年産業連関表の「雇用表」より作成。

2000 年 a	95 → 00 増加数	85 → 00 増加数	1 人当り常用雇用者賃金 （千円）			
			1985 年	1990 年	1995 年	2000 年
5,570	867	-926	2,939	3,563	3,604	3,103
47	-16	-70	3,471	3,824	4,325	4,487
1,472	-256	-121	2,421	2,787	2,991	3,092
680	-409	-1,119	1,973	2,275	2,551	2,603
1,390	-226	-259	3,256	3,851	4,266	4,558
1,473	-262	-191	4,274	4,557	4,866	4,170
1,366	-218	-233	3,595	4,362	4,543	4,627
1,390	29	-39	3,593	4,290	4,618	4,786
1,802	-232	88	3,120	3,513	4,047	4,542
978	-92	32	4,047	4,607	5,020	5,454
484	-11	-43	2,714	3,315	3,416	3,689
11,034	-1,678	-1,885	3,272	3,786	4,133	4,305
6,572	-474	831	3,253	4,317	4,477	4,415
632	28	9	4,670	6,034	6,101	6,090
5,526	-30	718	3,894	4,606	4,925	4,885
1,749	17	776	3,169	3,686	4,137	3,449
31,130	-1,286	-546	3,422	4,087	4,395	4,432
13,988	39	3,285	3,122	3,344	3,705	3,230
926	-592	-494	4,268	5,252	5,724	5,715
359	-37	-98	3,600	4,614	4,709	4,630
1,138	306	645	3,753	4,714	4,391	5,207
307	94	196	3,678	4,951	4,657	3,810
1,378	489	702	3,169	3,686	4,137	3,449
18,095	300	4,237	3,374	3,851	4,096	3,602
948	370	442	4,268	5,252	5,724	5,715
340	52	217	3,632	4,614	4,715	4,639
117	113	116	3,753	4,714	4,391	5,207
2,133	-309	246	4,767	5,717	6,118	6,652
94	23	15	4,602	5,505	6,587	7,347
3,836	445	1,408	3,614	4,204	4,691	4,721
3,049	422	1,053	3,733	4,377	4,876	4,869
787	24	355	3,146	3,721	4,111	4,198
514	-9	-162	3,306	4,162	4,334	3,954
26	10	10	3,678	4,951	4,657	3,810
416	126	197	3,169	3,686	4,137	3,449
8,742	275	1,513	2,337	3,079	3,230	2,686
17,167	1,098	4,001	3,577	4,515	4,922	4,596
2,011	-118	-84	4,059	5,569	6,205	6,392
151	65	39	3,169	3,686	4,137	3,449
2,161	-53	-45	4,159	5,646	6,303	6,571
68,554	59	7,646	3,408	4,081	4,408	4,217

（1）生産的部門の従業者数の推移

　表7で生産的部門の従業者数は1985年3,168万人から90年3,318万人に150万人増加している。産業別には農林水産業が76万人の減少となっている一方、電気機械25万人増、木・紙製品・印刷19万人増、金属18万人増などを含む製造業で89万人の増加、建設業での77万人の増加が中心となり、「その他の対事業所サービス（生産）」で37万人、運輸・通信・研究・修理でも31万人増加している。80年代後半の好況下、繊維を除く製造業や建設業の従業者数が顕著に増加した一方、運輸業や通信業、関連サービス分野にも雇用が広がったものと捉えられる。

　生産的部門の従業者数は1990年代には一転して、95年3,242万人、2000年a3,113万人へと減退が続いている。生産的部門の従業者数が76万人減少した90年代前半、産業別には農林水産業が103万人減少したほか、繊維42万人減、一般・精密機械24万人減、木・紙製品・印刷22万人減などを中心に製造業が109万人減少した。一方、建設業が54万人、運輸・通信・研究・修理が44万人増加している。とりわけ建設業に関しては、90年代前半から半ば、日米構造協議および日米包括経済協議での対米公約も背景に、当初予算に加えて連年組まれた補正予算で不況対策として公共事業が積み増されたが、こうした公共事業が建設業従業者の伸びにつながったものと考えられる。

　表7では1990年代後半、生産的部門の従業者数が129万人減少しているが、繊維で41万人、化学・窯業・土石と食品で26万人、電気機械と木・紙製品・印刷で23万人など製造業全体で168万人の減少、建設業でも47万人の減少となっている。他方、農林水産業で87万人増加しているが、推計に利用した「1985-90-95年接続産業連関表」と2000年産業連関表との部門区分・集計方法の違いに起因するものと捉えられる*。このように、90年代後半には生産的部門の従業者数は建設業も含めて縮小するようになったが、不況の長期化とともに、橋本政権下の「財政構造改革」に伴う公共事業の削減にも起因するものと考えられる。

　　* 　国勢調査における農業、林業、漁業の従業者数の合計額は1995年385万人から2000年には321万人に、「1995-2000-05年接続産業連関表」の雇用表に示された農林水産業従業者数は95年594万人から00年543万人に減少して

いる。

（２）流通部門の従業者数の推移

表 7 で流通部門の従業者数は、1985 年 1,386 万人から 90 年 1,742 万人に 356 万人増大している。産業別には商業で 282 万人増加し*、その他の対事業所サービス（流通）が 30 万人増、広告・調査・情報サービス（流通）が 29 万人増となっており、80 年代後半の好況期に流通部門での雇用拡大が顕著であった。なお、商業の「1 人当り常用雇用者賃金」は 85 年 312 万円 → 90 年 334 万円→ 95 年 371 万円→ 2000 年 a323 万円と低く、流通部門全体の賃金水準も低水準で推移している。

長期不況下の 1990 年代、流通部門の従業者数は 90 年 1,742 万人から 95 年 1,780 万人、2000 年 a1,810 万人と増加を続けている。産業別には 90 年代前半、商業の従業者数が 43 万人増加しているが、雇用表で就業形態別に検討すると、自営業主および家族従業者が 27 万人および 24 万人減少している一方で雇用者が 96 万人増加しており、大型店による零細店舗の淘汰を伴うものであったと考えられる。90 年代後半には、商業の従業者数は 4 万人増加している一方、金融・保険（流通）の従業者数が 59 万人減少し、97－8 年金融危機に伴う金融機関の破綻および再編を反映している。同時期には「その他の対事業所サービス（流通）」で 49 万人、広告・調査・情報サービス（流通）で 31 万人従業者数が増加しており、アウトソーシングの進展を示しているものと考えられる。

＊ 「国勢調査」での卸売・小売業・飲食店の従業者数は 1985 年 1,338 万人から 90 年 1,380 万人に 42 万人増であり、事業所を対象にした「事業所・企業統計」での卸売・小売業従業者数は 86 年 1,231 万人から 91 年 1,305 万人へ 74 万人増、「商業統計調査」での従業者総数は 85 年 1,033 万人から 1,118 万人へ 85 万人増となっており、「1985－90－95 年接続産業連関表」の雇用表の方が従業者数・増加数ともに大きくなっている。その要因としては前述のように、アクティビティ・ベースの部門分類による産業連関表では、製造業に雇用される販売・営業担当者などが商業部門の従業者に含まれる等の事情によるものと考えられる。

（3）サービス部門の従業者数の推移

　表7でサービス部門従業者数は、1985年1,317万人から90年1,428万人に111万人増、95年1,607万人に179万人増、さらに2000年a1,717万人に110万人増と拡大を続けている。85年から2000年aにかけてサービス部門従業者数は400万人増加しているが、産業別には対個人サービスの151万人増、医療・保健・社会保障の141万人増が中心である。

　対個人サービスの従業者数は1985年723万人から90年768万人に45万人増、さらに95年847万人に79万人増加している。この間、全産業の「1人当り常用雇用者賃金」平均年額は85年341万円→90年408万円→95年441万円と増加しており、こうした所得増に起因する消費支出拡大に伴い、飲食店や宿泊業、娯楽サービスを含む対個人サービス業で雇用が増加したものと考えられる。教育分野の従業者数も85年189万人から90年205万人に16万人増、さらに95年244万人に40万人増となっているが、いわゆる団塊ジュニア世代の進学に伴う生徒・学生数の増大に対応しているものと捉えられる。

　一方、1990年代には、医療・保健・社会保障分野の従業者数が90年273万人から95年339万人に66万人増、さらに2000年a384万人に45万人増となっており、サービス部門の雇用増の中心になっている。ただし、後に検討する2000年代には介護分野の雇用増[42]が中心になっていたのと異なり、90年代には医療分野での増加が中心である。他方、90年代後半には対個人サービスの従業者数は28万人の増加に減速し、教育分野は31万人減少している。

3　産業別の検討（2）──2000〜11年

　次に、表8に示した、2000年以降の産業別従業者数および賃金の推移を検討しよう。表8の従業者総数は、2000年7,120万人→05年6,796万人→11年6,657万人と減少を続けている。このように2000年から11年にかけて従業者総数は463万人減少し、部門別には生産的部門で470万人、流通部門で176万人、国家事業で10万人減少しているのに対して、サービス部門では195万人増加している。

第6章　現代日本における不生産的部門の拡張と蓄積様式の変容　　*235*

表8　部門別従業者数・賃金の推移

	従業者数（千人）						1人当り常用雇用者賃金 （千円）		
	2000年	2005年	00→05 増加数	2011年	05→11 増加数	00→11 増加数			
農林水産業	7,758	6,206	-1,552	4,816	-1,390	-2,942	2,536	2,786	2,668
鉱業	47	34	-13	32	-2	-15	4,488	4,529	3,744
食品	1,437	1,553	116	1,516	-38	78	3,022	2,739	2,766
繊維	680	441	-239	398	-44	-282	2,603	2,600	3,151
木・紙製品・印刷	1,234	1,078	-156	996	-82	-238	4,038	3,863	3,392
化学・窯業・土石	1,472	1,418	-54	1,334	-84	-138	4,656	4,562	4,335
金属	1,366	1,325	-41	1,190	-134	-175	4,627	4,593	4,094
一般機械	1,364	1,317	-47	1,270	-47	-93	4,808	4,881	4,706
電気機械	1,794	1,337	-457	1,250	-86	-544	4,542	4,730	4,665
輸送機械	978	1,001	24	988	-13	11	5,454	5,520	5,539
その他の製造業	463	360	-103	320	-40	-143	3,642	3,673	3,276
製造業計	10,789	9,832	-957	9,263	-569	-1,525	4,263	4,244	4,083
建設	6,588	5,629	-959	6,160	531	-429	4,417	4,315	2,646
電力・ガス・水道	632	630	-2	648	18	16	6,090	6,196	5,543
運輸・通信・研究・修理	7,020	7,022	3	6,640	-383	-380	4,701	4,353	4,118
労働者派遣・その他対事業所サービス（生産）	973	1,451	477	1,547	96	573	3,457	3,027	3,578
生産的の部門計	33,807	30,805	-3,003	29,105	-1,699	-4,702	4,440	4,281	3,798
商業	13,711	11,741	-1,970	11,498	-243	-2,213	3,263	3,279	3,071
金融・保健（流通）	1,068	999	-69	841	-157	-226	5,715	5,828	4,514
不動産仲介及び賃貸（流通）	359	324	-35	381	57	22	4,630	4,544	4,972
情報サービス（流通）	886	939	53	1,035	96	149	5,136	5,498	5,211
物品賃貸サービス（流通）	307	298	-9	267	-31	-40	3,810	3,779	3,722
広告	246	224	-21	138	-86	-107	5,370	5,498	5,883
法務・財務・会計サービス	352	328	-24	619	291	268	4,315	4,249	4,737
労働者派遣・その他の対事業所サービス（流通）	912	1,392	480	1,298	-94	387	3,339	3,171	3,702
流通部門	17,839	16,245	-1,594	16,079	-167	-1,760	3,673	3,709	3,413
金融・保険（サービス）	806	692	-114	788	96	-18	5,715	5,828	4,514
不動産仲介及び賃貸（サービス）	340	263	-77	476	213	136	4,668	4,451	5,457
情報サービス（サービス）	91	72	-20	45	-26	-46	5,136	5,498	5,211
教育	2,133	2,223	90	2,206	-16	73	6,652	6,147	6,050
研究（サービス）	104	128	24	159	31	55	7,347	6,901	7,057
医療・保健・社会福祉・介護	4,525	5,819	1,294	6,296	477	1,771	4,621	3,902	4,169
医療	2,953	3,427	475	3,401	-26	448	5,132	4,388	4,981
介護	663	1,238	575	1,643	405	980	3,130	2,650	2,689
その他の非営利団体サービス	514	535	21	510	-26	-4	3,954	4,729	4,819
物品賃貸サービス（サービス）	26	17	-9	18	1	-8	3,810	3,779	3,722
労働者派遣・その他の対事業所サービス（サービス）	249	346	97	362	16	113	3,691	3,286	3,693
対個人サービス	8,635	8,832	197	8,509	-324	-127	2,333	1,990	2,045
サービス部門	17,424	18,928	1,503	19,369	442	1,945	3,968	3,550	3,678
公務	2,011	1,875	-136	1,868	-7	-143	6,392	6,659	5,964
労働者派遣・その他の対事業所サービス（国家）	66	82	16	113	31	47	3,685	3,360	3,982
国家事業	2,076	1,956	-120	1,981	25	-95	6,333	6,562	5,874
総数／平均	71,195	67,956	-3,239	66,569	-1,387	-4,626	4,167	3,991	3,759

（注）「宿泊業」「飲食サービス」「洗濯・理容・美容・浴場業」「娯楽サービス」「その他の個人サービス」の
　　　各部門をまとめて「対個人サービス」と表示した。
（出典）「2000-05-11年接続産業連関表」の「雇用表」より作成。

（1）生産的部門の従業者数の推移

　表 8 で生産的部門の従業者数は、2000 年 3,381 万人→ 05 年 3,081 万人
→ 11 年 2,911 万人と減少を続けている。産業別には、農林水産業で 776 万
人→ 621 万人→ 482 万人と 294 万人減少し、製造業合計では 1,079 万人
→ 983 万人→ 926 万人と 153 万人減少している。電力・ガス・水道の従業者
数はほぼ横ばいであるが、運輸・通信・研究・修理では 00 年代前半の微増
の後に 11 年にかけて 38 万人減少している。建設業では、00 年 659 万人か
ら 05 年 563 万人に 96 万人減少した後、11 年は 616 万人と 53 万人の増加に
転じている*。

　2000 年から 11 年にかけての製造業の産業別従業者数の増減を検討すると、
電気機械では 00 年代前半を中心に 54 万人、繊維で 28 万人、木・紙製品・
印刷で 24 万人、金属で 18 万人と大きく減少している。一方、生産的部門に
派遣された派遣労働者や生産的部門の業務請負に従事した労働者を意味する
「労働者派遣・その他対事業所サービス（生産）」の従業者数は、この間に 97
万人→ 145 万人→ 155 万人と、製造現場への労働者派遣が解禁された 00 年
代前半を中心に増加している。表 8 の「1 人当り常用雇用者賃金」を対比す
ると、これら派遣・請負労働者の賃金額は低く、生産的部門は低賃金の非正
規雇用の利用を拡大することで競争力の維持・強化をはかったものと理解で
きる**。

* 「国勢調査」での建設業従業者数は 2000 年 634 万人→ 05 年 544 万人→ 10 年
　 448 万人→ 15 年 434 万人、世帯を対象とした抽出調査である総務省「労働力
　 調査」の年平均・産業別従業者数でも建設業就業者数は 2000 年 653 万人→ 05
　 年 568 万人→ 12 年 503 万人 [43] と減少を続けている。また、事業所を対象と
　 した「経済センサス」で民営事業所における建設業従業者数も 09 年 432 万人
　 → 12 年 388 万人→ 16 年 369 万人と減少が続いている。したがって、05 年か
　 ら 11 年の産業連関表の雇用表に示された数値は、建設業従業者数の実態を反
　 映していないものと思われる。

** 　なお、表 8 の「1 人当り常用雇用者賃金」をみると、産業計で 2000 年 417
　 万円→ 05 年 399 万円→ 11 年 376 万円と減少を続けている。とりわけ 05 年か
　 ら 11 年にかけては、金融・保険や重化学工業など比較的賃金水準が高い産業

で顕著に減少しているが、その要因として、正規雇用の非正規雇用への置き換えとともに、年金支給開始年齢引き上げに伴い、嘱託・契約社員などの形態での定年退職者の継続雇用が増加したことも指摘できる。

（2）流通部門の従業者数の推移

　流通部門の従業者数は、増加を続けた1990年代以前から一転し、2000年1,784万人→05年1,625万人→11年1,608万人と176万人減少しているが、産業別には商業での221万人減、金融・保険（流通）での23万人減、広告での11万人減が中心である。一方、情報サービス（流通）は00年代前半・後半とも増加を続け、この間に15万人増加している。また、不動産仲介及び賃貸（流通）と法務・財務・会計サービスの従業者数は00年代前半に減少した後、11年にかけて増加に転じている*。なお、労働者派遣・その他対事業所サービス（流通）の従業者数はこの間に39万人増と流通部門で最大の増加を示しているが、流通部門での派遣・業務請負など間接雇用の増大を反映している。

　産業連関表の雇用表をもとに作成した表8では、商業の従業者数は2000年1,371万人から11年1,150万人に221万人減少しているが、上述のように産業連関表の雇用表には副業等に伴う重複など過大評価が含まれることから、3年おきに実施される全数調査である経済産業省「商業統計調査」を利用して商業の従業者数・事業所数について検討しよう。それによると、商業従業者数は99年1,253万人をピークに減少に転じ、12年には1,123万人に130万人減少している。同期間に事業所数は183万→141万に減少しているが、法人組織の事業所数が95万→90万と減少した一方、個人経営の事業所数は89万→50万と大きく減少している。なお、同調査で小売業の年間商品販売額は99年144兆円から12年には115兆円に約20％も減少しており、少子高齢化や収入減に伴う内需低迷を背景に、零細経営の個人商店を中心に商業事業所・従業者数の減退を招いたことが明瞭である[44]。さらに表8で商業の「1人当り常用雇用者賃金」をみると、00年326万円から11年には307万円に減少し、流通部門の中でも著しく低位にあり、売上が停滞する中で、上記のような間接雇用の拡大を伴いつつ労働条件が悪化していること[45]を

示している。

* 2005年から11年にかけて、弁護士数は約2.1万人→3.1万人、弁理士数は約0.6万人→約0.9万人、税理士数は約6.9万人→約7.2万人、公認会計士数は約1.6万人→約2.1万人、司法書士数は約1.8万人→約2.0万人、行政書士数は約3.9万人→約4.2万人、社会保険労務士数は約2.9万人→約3.6万人にそれぞれ増加している。このようないわゆる士業の増加については、米国の要求も背景とする司法制度改革など、政策的な要因も指摘できる[46]。

（3）サービス部門の従業者数の推移

　サービス部門の従業者数は2000年1,742万人→05年1,893万人→11年1,937万人とこの間に195万人増加しているが、産業別には医療・保健・社会福祉・介護分野が177万人増と大半を占めている。表8では同分野のうち医療と介護についても示しているが、医療従業者数が295万人→343万人→340万人と45万人増加している一方、介護従業者数は66万人→124万人→164万人と98万人・約2.5倍に増加している。両分野の1人当り常用雇用者賃金は、医療が513万円→439万円→498万円と比較的高水準を維持しているが、介護は313万円→265万円→269万円と低水準でしかも低下傾向を示している。このように、近年顕著に従業者数が増大している医療・福祉分野については、賃金水準の低い介護職が雇用増の中心となっており、格差の定着・拡大を伴っているものと捉えられる。

　サービス部門に属する産業部門の中では、不動産仲介及び賃貸（サービス）が2005年から11年にかけて21万人増加しているが、基本表分類の雇用表を検討すると住宅賃貸料部門の有給役員が3.4万人から11.9万人へ8.5万人増、同部門の常用雇用者が5.8万人から15.8万人へ10万人増となっていることが主因である＊。金融・保険（サービス）は05年69万人→11年79万人と10万人増加しているが、金融・保険（流通）は同時期に100万人→84万人に14万人減少しており、個人向け貸付や保険販売等の比重が高まったことを示している。また、教育の従業者数は00年213万人から05年222万人に増加した後、11年221万人と微減となっており、近年の少子化に伴う動向と捉えられる。一方、対個人サービスの従業者数は05年883万人から

第 6 章　現代日本における不生産的部門の拡張と蓄積様式の変容　　*239*

11 年 851 万人に 32 万人減少しているが、00 年代後半以降の人口減少と、前述のような非正規雇用の増加などに伴う所得の停滞・縮小に起因するものと考えられる。

　＊　不動産賃貸料部門のこの間の従業者数の急増の要因としては、産業連関表の付帯表である雇用表の作成方法に起因するものと考えられる。雇用表の産業別就業者数の推計については、「経済センサス」の数値が用いられている[47]。「経済センサス」は 2009 年より実施されている事業所を対象とした全数調査であるが、それ以前はより補足範囲が狭い「事業所・企業統計調査」の数値が用いられていた。商業・法人登記等の行政記録も活用するようになった「経済センサス」は「事業所・企業統計調査」に比較して調査対象の事業所数が拡大したが、全産業の従業者総数は 06 年の「事業所・企業統計調査」で 5,863 万人から 09 年の「経済センサス」では 6,286 万人に 423 万人・7.2% 増加したのに対して、不動産業の従業者数は 94 万人から 124 万人に 30 万人・32.1% 増加している。こうした統計作成上の変更が、表 7 に示された不動産業従業者数の増加の主な要因であると考えられる。

（4）国家事業の従業者数の推移

　国家事業における従業者数は 2000 年 208 万人 → 05 年 196 万人 → 11 年 198 万人と減少傾向にあり、この間に 10 万人減少している。そのうち直接雇用の公務員を意味する公務部門の従業者数は 00 年 201 万人 → 05 年 188 万人 → 11 年 187 万人と減少しているが＊、官公庁等への派遣・業務請負を示す労働者派遣・その他対事業所サービス（国家）の従業者数はこの間に 7 万人 → 8 万人 → 11 万人と増加しており、非正規雇用の拡大を示している。

　＊　公務員数は 2007 年 10 月の郵政民営化に伴い約 25 万人減少したが、「2000-05-11 年接続産業連関表」の雇用表では郵政事業の従業者数は公務部門でなく「郵便・信書便」部門に含まれているため、表 8 の公務部門の従業者数への影響はない。00 年から 05 年にかけての公務部門の従業者数の減少は、05-6 年をピークとした市町村合併に伴う公務員定数削減等に起因するものと考えられる。

表9　部門構成・付加価値構成・雇用構成の推移

	1985 年	1990 年	増加率	1995 年	増加率
（1）部門別国内生産額（億円）					
生産的部門計	4,916,840	6,089,912	23.9%	6,201,453	1.8%
生産手段　　　　Ⅰ	2,508,710	3,010,684	20.0%	2,854,549	-5.2%
流通資本財　　　Ⅱz	344,571	588,351	70.7%	567,906	-3.5%
サービス資本財　Ⅱa'	331,158	428,945	29.5%	483,773	12.8%
公共財　　　　　ⅡG	129,364	160,088	23.8%	206,505	29.0%
消費手段　　　　Ⅱa	1,143,665	1,452,529	27.0%	1,644,904	13.2%
輸出	459,372	449,314	-2.2%	443,816	-1.2%
流通部門　　　　　Z	821,182	1,347,150	64.1%	1,641,342	21.8%
サービス部門　　　S	944,703	1,188,892	25.8%	1,337,430	12.5%
国家事業　　　　　G	165,402	198,793	20.2%	262,170	31.9%
（2）部門別付加価値額（億円）					
生産的部門	1,245,393	1,701,146	36.6%	1,681,334	-1.2%
流通部門	672,827	898,719	33.6%	1,082,821	20.5%
サービス部門	505,719	646,801	27.9%	760,398	17.6%
公共サービス	254,048	300,740	18.4%	392,465	30.5%
対個人サービス	169,075	232,259	37.4%	248,146	6.8%
国家事業	110,089	135,670	23.2%	173,156	27.6%
合計	2,534,029	3,382,336	33.5%	3,697,709	9.3%
（3）部門別労働力構成（千人）					
生産的部門	31,676	33,177	4.7%	32,416	-2.3%
流通部門	13,859	17,416	25.7%	17,796	2.2%
サービス部門	13,166	14,277	8.4%	16,070	12.6%
公共サービス	5,070	5,401	6.5%	6,426	19.0%
対個人サービス	7,230	7,679	6.2%	8,467	10.3%
国家事業	2,207	1,936	-12.3%	2,214	14.4%
合計	60,908	66,805	9.7%	68,495	2.5%

（出典）表4～7および各年の産業連関表より作成。

第4節　不生産的部門の拡大と蓄積の態様

　以上、第2、3節での検討を通じて、現代日本経済では流通・消費過程を含む不生産的部門での付加価値額および雇用の比重が増大していることが明確になった。本節では、こうした不生産的部門の拡大が、生産的部門を含めた資本蓄積の態様にいかなる影響をもたらしているのか、再生産（表式）論的視角から分析を加えよう。

　表9は、1985年以降日本の（1）部門別国内生産額、（2）部門別付加価

2000 年	増加率	2005 年	増加率	2011 年	増加率
6,021,042	−2.9%	6,111,221	1.5%	5,689,201	−6.9%
2,677,967	−6.2%	2,643,542	−1.3%	2,440,695	−7.7%
540,814	−4.8%	585,661	8.3%	523,730	−10.6%
496,328	2.6%	497,109	0.2%	487,754	−1.9%
206,323	−0.1%	206,995	0.3%	172,505	−16.7%
1,560,227	−5.1%	1,491,974	−4.4%	1,388,425	−6.9%
539,384	21.5%	685,938	27.2%	676,090	−1.4%
1,862,628	13.5%	1,735,082	−6.8%	1,712,140	−1.3%
1,714,779	28.2%	1,710,470	−0.3%	1,826,043	6.8%
373,166	42.3%	419,636	12.5%	394,052	−6.1%
1,600,129	−4.8%	1,408,611	−12.0%	1,178,438	−16.3%
1,043,018	−3.7%	1,159,326	11.2%	1,021,490	−11.9%
882,181	16.0%	885,352	0.4%	885,462	0.0%
441,045	12.4%	465,119	5.5%	502,266	8.0%
265,983	7.2%	243,559	−8.4%	214,280	−12.0%
171,550	−0.9%	167,262	−2.5%	148,984	−10.9%
3,696,879	0.0%	3,620,552	−2.1%	3,234,374	−10.7%
33,807	4.3%	29,565	−12.5%	29,105	−1.6%
17,839	0.2%	16,245	−8.9%	16,079	−1.0%
17,424	8.4%	18,928	8.6%	19,369	2.3%
7,276	13.2%	8,705	19.6%	9,171	5.4%
8,635	2.0%	8,832	2.3%	8,509	−3.7%
2,076	−6.2%	1,956	−5.8%	1,981	1.3%
71,147	3.9%	66,694	−6.3%	66,534	−0.2%

値額、（3）部門別労働力構成の推移を示している。（1）の部門別国内生産
額は、産業連関表に示された内生需要と最終需要の合計である国内生産額に
ついて、第1節で示した基準に従って、産業連関表の産業部門を生産的部門
と不生産的部門である流通・サービス部門、さらに国家事業に区分したうえ
で、生産的部門の国内生産額については販路構成にしたがって部門分類を
行ったものである。なお、最終需要のうち固定資本形成への販売額について
は、固定資本として販売された資本財別に販路先産業部門が示された付帯表
である固定資本マトリックスを利用して、生産的部門および不生産的部門で
ある流通部門とサービス部門、さらには国家事業への販路構成を推計した。

242

こうした推計の結果、生産的部門からの販路のうち生産的部門への内生投入と生産的部門での固定資本形成に販売された分を生産手段生産（Ⅰ）部門、流通部門への内生投入と流通部門での固定資本形成に販売された分を流通資本財生産（Ⅰz）部門、サービス部門への内生投入とサービス部門での固定資本形成に販売された分をサービス資本財生産（Ⅰa'）部門、公務部門への内生投入と固定資本マトリックスに示された公共事業に販売された分を公共財生産（ⅡG）部門、最終需要のうち家計外消費支出および最終消費支出に販売された分を消費手段生産（Ⅱa）部門として推計し、輸出額とともに表9の（1）に示した[48]。なお、（2）の部門別付加価値額は表4～6、（3）の部門別労働力構成は表7・8の数値を用いた。これら部門別の国内生産・付加価値・労働力構成の動向の比較検討を通じて、不生産的部門の拡大と資本蓄積の関連について考察していこう。

1 バブル景気と 1990 年代不況の性格

バブル景気下の 1980 年代後半、表9の（1）の国内生産額および（2）の付加価値額は各部門とも大きく拡大している。ただし、この時期の部門別国内生産額をみると、生産的部門計が 23.9％増加している中で生産手段生産（Ⅰ）部門の増加率は 20.0％に過ぎず、拡大再生産過程における「Ⅰ部門の優先的発展」は貫徹していない[49]。むしろ、この時期には消費手段生産（Ⅱa）部門の国内生産額が 27.0％拡大しており、所得増大に伴う消費需要の拡大が拡大再生産を推進する重要な要因となっていたことを示している[50]。一方、この間に流通資本財生産（Ⅰz）部門が 70.7％、サービス資本財生産（Ⅰa'）部門が 29.5％と大きく拡大しており、不生産的部門の投資活動を反映するこうした不生産的部門用の資本財の生産拡大がこの時期の資本蓄積において一定の役割を果たしていたことが明らかである。なお、この時期の国内生産額では流通部門が 64.1％と生産的部門を上回る拡張を示し、サービス部門も 25.8％増加しており、流通・消費過程での不生産的部門の成長がこれら不生産的部門での投資拡大につながり、こうした投資需要に応えて、不生産的部門用の資本財を生産するⅠzおよびⅠa'部門が生産拡大を遂げたものと把握できる。

第 6 章　現代日本における不生産的部門の拡張と蓄積様式の変容　*243*

　さらに、表 9（3）の部門別労働力構成では、生産的部門が 1985 年 3,168 万人から 90 年 3,318 万人に 150 万人・4.7％増加している一方、流通部門が 1,386 万人から 1,742 万人に 356 万人・25.7％増、サービス部門が 1,317 万人から 1,428 万人に 111 万人・8.4％増と生産的部門を上回る伸びを示している。上記のような生産および投資の拡大を通じて、生産的部門、流通過程および消費過程における不生産的部門を含めた雇用拡大が進んだものと捉えられる。他方、表 9（2）の部門別付加価値額の推移をみると、上記のように蓄積を主導した流通部門が 67.3 兆円から 89.9 兆円へ 33.6％、サービス部門が 50.6 兆円から 64.7 兆円へ 27.9％増加しているのに対して、生産的部門では 124.5 兆円から 170.1 兆円へ 36.6％増とより大きく増加しており、不生産的部門の拡大を起点とする蓄積が、部門間波及を通じて生産的部門の付加価値の増大につながったことが明らかである。このように 1980 年代後半には、不生産的部門の拡大をも一つの重要な起点として、「投資が投資をよぶ」拡大再生産が展開したものと捉えられる*。

　*　この点に関して、産業連関表を利用して 1955 年から 85 年の再生産構造を推計した川上則道氏は「消費手段の生産の拡大のほうが大きいという……統計的な事実」[51] を明らかにした上で、「消費手段への需要は再分配部門〔不生産的部門—引用者〕の拡大とともに拡大した」[52] 点を示唆している。なお、前章でも検討したように、川上則道氏は不生産的部門用の資本財も消費手段に含めている。本章では、不生産的部門とともに不生産的部門用の資本財を生産する部門を独自の範疇として推計することを通じて、80 年代後半における日本の経済成長において、不生産的部門の投資需要が拡大再生産を牽引する資本蓄積が進展したことが明確になった。

　日本経済がバブル崩壊を経て不況に陥った 1990 年代前半、表 9（1）の生産的部門の国内生産額の増加率は 1.8％、付加価値総額の伸びも 9.3％に縮減している。部門別国内生産額では、輸出とともに生産手段生産（Ⅰ）部門、さらに 80 年代後半に拡大が顕著であった流通資本財生産（Ⅱz）部門の国内生産額が縮小している。一方、サービス資本財生産（Ⅱa'）部門と消費手段生産（Ⅱa）部門の生産額は増大を続けている。前者については（2）に示されたサービス部門での付加価値の増大に関連しているが、サービス部門の

内訳では、80年代後半に37.4%だった対個人サービスでの伸びは90年代前半には6.8%に低下し、公共サービスでの伸びが30.5%と大きい。他方、（1）の部門別国内生産額では公共財生産（ⅡG）部門の伸びが29.0%増と大きく、先にも指摘したように、不況対策および米国の対日要求によって積み増された公共事業の拡大を反映しているものと捉えられる。

表9（3）の労働力構成で1990年代前半の不況下の雇用動向をみると、生産的部門の従業者数が2.3%減少しているが、表8で検討したように、産業別には繊維、金属、一般・精密機械など製造業の減少が中心で、建設業従業者数は増加を続けていた。一方、先述のようにこの時期、平均賃金の上昇も背景に、商業を中心とする流通部門、対個人サービスを含むサービス部門の従業者数も増加し、これら不生産的部門の雇用拡大が続いた。

以上、1980年代のバブル景気から90年代前半の不況期の分析を通じて、現代日本経済における蓄積様式の性格が明らかになった。資本の活動領域が流通・消費過程を含む不生産的領域に拡大する中で、拡大再生産過程は生産的部門の投資需要に応えた生産手段生産（Ⅰ）部門の拡大を主軸としたⅠ部門主導の蓄積様式[53]に加え、不生産的部門の投資拡大が不生産的部門用の資本財の需要拡大を伴い、こうした投資需要に応えて不生産的部門用の資本財を生産する部門（Ⅰz、Ⅰa'部門）の生産増が拡大再生産を牽引する蓄積が進展したものと考えられる。さらに、90年代前半の不況期には、生産的部門で付加価値・雇用とも減退したが、公共事業に支えられた建設業とともに、賃金上昇も背景に流通・消費過程における不生産的部門が国内生産・雇用を下支えしていたことが明らかになった。

2 1990年代後半以降の蓄積の態様

表9で1990年代後半の動向をみると、（1）の部門別国内生産額では生産的部門計が −2.9%と縮小し、（2）の部門別付加価値額でも生産的部門が −4.8%、流通部門が −3.7%と減少している。（1）に示した生産的部門の内訳では、生産手段生産（Ⅰ）部門の −6.2%とともに、流通資本財生産（Ⅱz）部門が −4.8%と減退しているが、（2）の部門別付加価値額における生産的部門および流通部門での減退と対応し、生産的部門とともに不生産的部門で

ある流通部門での投資の縮減が生産的部門の生産縮小の要因となったものと捉えられる。一方、サービス資本財生産（Ⅰa'）部門は 2.6％増と増加を維持しているが、サービス部門の付加価値額の 16.0％の増加に対応し、サービス部門での投資拡大に伴うものと捉えられる。

　表 9 の（1）で示した輸出額は 1990 年代後半 21.5％増、2000 年代前半 27.2％増と大幅に増大し、この時期の日本経済が輸出依存的性格を強めたことを示している。他方、表 9（1）に示した消費手段生産（Ⅱa）部門の生産額は 90 年代後半 −5.1％、00 年代前半 −4.4％、05 年から 11 年にかけて −6.9％と減退を続け、（2）の対個人サービスの付加価値額も、00 年代前半 −8.4％、05 年から 11 年にかけて −12.0％と大きく減少している。

　なお、表 9 の（3）で労働力構成をみると、生産的部門の従業者数は 2000 年代前半に −12.5％、さらに 11 年にかけて −1.6％と減退を続けている。表 8 で検討したようにこの間、生産的部門における非正規雇用の利用拡大が明らかになったが、こうした非正規雇用の増大は 90 年代後半からの平均賃金や家計所得の減退に伴う個人消費の縮小につながったものと考えられる。非正規雇用の増大は労働者派遣法等の規制緩和に起因するが、95 年の日経連「新時代の「日本的経営」」[54] 以来、雇用のアウトソーシング・非正規化を通じたコストダウンによって国際競争力の維持・強化をはかった輸出産業・企業の対応の帰結と捉えられる。すなわち、90 年代後半から 00 年代にかけての輸出増大と国内消費減退は表裏一体の関係にあり、日本経済の外需依存的性格の両面を構成しているものと考えられる [55]。

　第 2 節で検討したように、2000 年代以降の部門別付加価値額は生産的部門で減退を続け、流通部門でも激しく増減しつつ減少傾向にあるのに対して、サービス部門では微増となっている。サービス部門の中では対個人サービスで減少している一方、医療・福祉分野を中心に公共サービス分野で増大している。なお、（3）に示した部門別労働力構成についても、生産的部門、流通部門および国家事業の従業者数が減少しているのに対して、サービス部門は拡大している。とりわけ、08–9 年世界不況に伴って輸出依存的成長が破たんした 00 年代後半には、表 9 の（1）の部門別国内生産額でサービス部門のみが、（2）の部門別付加価値額でも公共サービスのみが拡大している。

このように近年では、医療・福祉分野を中心とする公共サービス領域での経済活動の拡大が、国内付加価値と雇用を下支えしていることが明瞭である。ただし（1）の部門別国内生産額では、05年から11年にかけてサービス資本財生産（Ⅰa'）部門は -1.9％と減少しており、公共サービス領域を中心とするサービス部門の拡大が生産的部門の拡大再生産には直結していない*。しかも産業連関表で医療・福祉関連部門の販路構成を分析すると、公的保険や財政支出を意味する「政府最終消費支出」への販売額が大きな比重を占めていることから、公共サービス分野の活動を営利企業が担うためには公的支出による支援が不可欠である[56]。なお、公共サービスのこうした性格については、対象的な生産物に結実することがなく、労働自体が売買対象とならざるを得ない不生産的労働の理論的性格にも関連しているものと考えられる**。

* 「2000-15-11年接続産業連関表」を利用して、05年から11年にかけてのサービス資本財生産（Ⅰa'）部門の生産動向を詳しく検討すると、サービス部門が購入する医薬品は生産拡大しているが、サービス部門での設備投資は減退している。後者については娯楽サービスや宿泊業など対個人サービス業で投資縮小が主因であるが、公共サービス領域の経済活動は設備投資を通じた拡大再生産に波及しにくい性格のものと捉えられる。

** 第2、4章では、労働の成果が客観的に度量可能な対象的形態をとるか否かという点で生産的労働の「本源的規定」を把握し、こうした「本源的規定」からは生産的労働とは捉えられない「対象化されていない労働」が消費過程で充用されている場合を消費労働と規定し、消費労働を雇用する資本をサービス資本と定義した。したがって消費労働の取引については、享受対象となる消費労働の労働成果を客観的に度量できないため、労働自体が取引対象とならざるを得ない。なお、「本源的規定」から生産的労働とみなせる労働の場合は、労働自体から自立した生産物を生産するための労働投入量の節減をはかることによって労働生産性を向上させることができるが、労働自体が取引対象となる消費労働の場合には生産的労働と同じような意味での労働生産性の向上は著しく困難を伴うものと考えられる。

補節　不生産的部門の拡大と資本蓄積に関する
欧米マルクス派の諸研究について

　欧米マルクス経済学派の中では近年、不生産的部門の拡大と資本蓄積の動向に関して、本章と類似した視角から考察を試みた諸研究が発表されている。これら諸研究は、主に米国経済を対象にしたもので、いずれも不生産的部門の拡大が資本蓄積の態様におよぼした影響について理論的・実証的に検討されている。本補節では、これら諸研究の中でも近年の代表的な3つの所説を検討し、本章での筆者の分析と対比させながら、現代資本主義経済における不生産的部門の拡大の意義について考察する。

1　オルセンの所説

　米国ミズーリ大学カンザスシティ校のE. K. オルセンは、拡大再生産表式に基づく蓄積過程分析に不生産的部門を導入することを通じて、不生産的部門の拡大が資本蓄積に及ぼす影響について分析している[57]。オルセンは、E. ウルフ[58]、F. モズリー[59]、A. M. シャイクとE. A. トナク[60]、D. ゴードン[61]、S. モハン[62] などの先行研究によって明らかにされた、米国における不生産的労働者の拡大、とりわけ生産的部門における不生産的労働者の拡大に注目し、これら不生産的労働者の拡大が資本蓄積に及ぼす影響について理論的に考察している。

　オルセンは拡大再生産表式の展開を通じて、蓄積過程の分析を試みている。まず、下記に示した『資本論』第2巻第3篇の拡大再生産表式を前提に、I部門の蓄積率50%が先に決定され、部門間均衡条件を満たすようにII部門の蓄積率が決定される拡大再生産過程を第5年次まで展開し、I・II部門とも10%の成長率が継続することが明らかにされている*。

I ：4,000C + 1,000V + 1,000M = 6,000

II ：1,500C + 750V + 750M = 3,000

このような基本モデルの展開に続いてオルセンは、不生産的労働者の賃金など不生産的活動への支出を「利潤圧縮〔profit squeeze〕」[63] として拡大再生産過程の中に具体化する。すなわち、剰余価値からの不生産的活動への支出によって、蓄積に充てることのできる利潤量が縮小し、蓄積率および成長率が低下することが明らかにされる。一方、オルセンは、労務管理および研究開発を行う不生産的労働者を念頭に、これら不生産的活動が生産的労働者の労働強度引き上げを通じた剰余価値率上昇、および生産方法の改良による生産性向上につながる要因をモデルに導入する。こうした「技術変化〔technological change〕」[64] は、剰余価値率上昇、および生産に必要な不変資本価値の低下をもたらすことで、蓄積に充てることのできる利潤量の増大と、蓄積率・成長率の上昇につながることが明らかにされている。このように、不生産的部門の拡大は「利潤圧縮」を通じて資本蓄積の制限となる側面と、「技術変化」を通じて資本蓄積の促進につながる側面との両面が、拡大再生産表式の展開を通じて明らかにされている。

こうしたオルセンの所説について筆者の分析視角から2点、指摘しておきたい。第1に、生産的部門と不生産的部門との区分、ないし不生産的部門の性格についてである。オルセンが不生産的部門の拡大の論拠としているモハンの推計では、生産的部門と不生産的部門とは下記のように区分されている [65]。

生産的部門：農林漁業、鉱業、建設業、製造業、運輸業、宿泊業、個人サービス、自動車修理・駐車、映画製作、娯楽サービス、医療、教育、社会サービス、政府企業

不生産的部門：卸売業、小売業、金融・保険業、不動産業、企業サービス、法務サービス、専門サービス、家事代行、公務

みられるように、宿泊業、個人サービス、娯楽サービス、医療、教育など、本章で筆者が消費過程に介在する不生産的部門と捉えた諸産業が生産的部門と捉えられている。なお先述のように、オルセンが「技術変化」をもたらす不生産的活動として念頭に置いていたのは、管理労働や研究開発労働など生産過程に関わる活動であり、とくに後者の研究開発労働については第1節で検討したように「総労働過程の現実の機能者とな」る「社会的に結合された

労働能力」[66]の一部と捉えられるから、生産的部門に含めるべきものと思われる。他方、オルセンの所説では、流通過程における不生産的活動、とりわけ流通費用を商業資本が集中的に代行することによって産業資本の獲得する利潤量が増加する点に言及されているが、表式展開および蓄積過程分析においてこうした要因は考慮されていない。このようにオルセンの分析では、本書で考察したような、資本の活動領域が生産過程のみならず流通過程および消費過程にも広がっている点は視野に入っていないものと思われる。

　第2に、オルセンが表式に導入した不生産的部門は、剰余価値からの不生産的支出のみが考慮され、不生産的部門が購入する資本財や、不生産的労働者については具体化されていない。本章で明らかにしたように、これら不生産的部門による資本財の購入や、不生産的労働者の消費需要は、生産的部門への有効需要を成し、生産的部門の蓄積を促進する要因に成り得る。オルセンの分析は、こうした蓄積過程における需要側の要因が考慮されておらず、蓄積元本である利潤量の多寡により蓄積率・成長率が規定されるという供給サイドの要因を中心としたものになっている。

＊　オルセンは明示していないが、Ⅰ・Ⅱ部門とも10％の成長率が継続する要因は、Ⅰ部門蓄積率50％が続くために、資本蓄積のための物質的条件である余剰生産手段が毎年10％ずつ増加していくことに他ならない。以下、この点について、拡大再生産表式の展開を踏まえて、明らかにしていこう。

【出発年次（第0年次）】

　　Ⅰ：4,000C＋1,000V＋1,000M＝6,000

　　Ⅱ：1,500C＋　750V＋　750M＝3,000

　　上記の表式で、Ⅰ部門の蓄積率が50％であることが前提されているから、Ⅰ部門は500M＝400MC＋100MVが蓄積に充てられて、Ⅰ部門の成長率は10％（＝（MC＋MV）／（C＋V））となり、翌年（第1年次）のⅠ部門生産物は6,600（＝4,400C＋1,100V＋1,100M）となる。上の表式の余剰生産手段は500であるため、部門間均衡条件を満たすため、すなわち余剰生産手段がⅡ部門の蓄積需要によって過不足なく購入されるためには、Ⅱ部門は剰余価値750Mのうち150M＝100MC＋50MVを蓄積に充てることになり第1年次のⅡ部門生産物は3,200（＝1,600C＋800V＋800M）となる。したがって、第1年

次の再生産表式は下記のように示せる。

【第1年次】

I：$4,400C + 1,100V + 1,100M = 6,600$ ··成長率10％

II：$1,600C + 800V + 800M = 3,200$ ··成長率6.7％

第1年次もI部門の蓄積率50％であることが前提されているから、1,100M
のうち550M＝440MC＋110MVが蓄積に充てられて、I部門の成長率は10％
となり、第2年次のI部門生産物は7,260（＝4,840C＋1,210V＋1,210M）と
なる。第1年次の余剰生産手段は600であるから、部門間均衡条件を満たす
ためには、第1年次のII部門は240M＝160MC＋80MVを蓄積に充てることに
なり第2年次のII部門生産物は3,620（＝1,760C＋880V＋880M）となり、II
部門の成長率も10％となる。したがって、第2年次の再生産表式は下記のよ
うに示せる。

【第2年次】

I：$4,840C + 1,210V + 1,210M = 7,260$ ··成長率10％

II：$1,760C + 880V + 880M = 3,520$ ··成長率10％

第2年次もI部門の蓄積率50％であることが前提されているから、1,210M
のうち605M＝484MC＋121MVが蓄積に充てられて、I部門の成長率は10％
となり、第3年次のI部門生産物は7,886（＝5,224C＋1,331V＋1,331M）と
なる。第2年次の余剰生産手段は第1年次より10％大きい660であるから、
部門間均衡条件を満たすためには、第1年次のII部門は264M＝176MC＋
88MVを蓄積に充てることになり第2年次のII部門生産物は3,872（＝1,936C
＋968V＋968M）となり、II部門の成長率も10％となる。したがって、第3
年次の再生産表式は下記のように示せる。

【第3年次】

I：$5,224C + 1,331V + 1,331M = 7,886$ ··成長率10％

II：$1,936C + 968V + 968M = 3,872$ ··成長率10％

第3年次の余剰生産手段量は、第2年次より10％大きい726となっている。

以上の拡大再生産表式の展開から明らかなように、I部門の蓄積率50％が
続くことによって毎年のI部門の成長率は10％、第2年次以降は余剰生産手
段量の増加率10％が継続する。また、II部門の蓄積率は、I部門の蓄積率決
定後に部門間均衡条件が満たされるように、すなわち余剰生産手段を過不足

なく購入するだけの投資需要に対応することが前提されるため、Ⅱ部門が購入する余剰生産手段（ⅡMC）は第2年次以降には毎年10％ずつ増加することになる。このように、拡大再生産の物質的条件である余剰生産手段量の増加率が、第2年次以降は毎年10％で一定になるが故に、第2年次以降はⅠ・Ⅱ部門とも10％の成長率で拡大再生産を遂げるものと捉えられる[67]。

　なお、このような成長の態様に関して、吉原泰助氏は「第Ⅰ部門の蓄積率がいかように定められようとも、その蓄積率が次年度も維持されれば、それは、次年度の均等発展蓄積率であって、次年度には両部門は均等に発展し、しかも、この均等発展成長率……は前年度の第Ⅰ部門の成長率に一致する」ことをもって「均等化法則」[68]と把握している。さらに高須賀義博氏も表式の数理的分析を通じて、「第1部門の成長率が2期以上にわたって同一であれば、1期おくれて第2部門の成長率もそれに等しくなり、かくして均等的拡大再生産が成立する」ことを明らかにし、「初期条件がどうであっても、第1部門の蓄積率が不変であるかぎり均等的拡大再生産になることを証明」[69]している。しかしながら、こうした「法則」や「証明」は、不変資本価値の全額が期毎に生産物に価値移転することが前提となっており、各期に価値の一部しか価値移転しない固定資本を具体化すると成立し得ない[70]。したがって、こうした固定資本要因を捨象しているオルセンの基本モデルについても、吉原氏・高須賀氏の見解と同様に、資本蓄積の一般的傾向を反映しているものとは捉えられない。

2　パイタリディスとツォウルフィディスの所説

　ギリシャのマケドニア大学のD.パイタリディスとL.ツォウルフィディスは共著論文で、生産的部門と不生産的部門の性格の相違に留意しつつ、米国経済における利潤率と蓄積の動向について分析している[71]。同論文では、剰余価値〔surplus value〕から不生産的活動〔unproductive activities〕への支出を控除した残額を、生産的部門が得る利潤量である純利潤〔net profit〕と捉え、総剰余価値を総投下資本で除して得られる一般的利潤率〔general rate of profit〕と、純利潤を総投下資本で除して得られる純利潤率〔net rate of profit〕を定義する。

米国経済を対象にこれら諸概念の動向を推計したパイタリディスとツォウルフィディスの分析では、とくに1970年代以降、剰余価値および剰余価値率が上昇している一方で、純利潤および純利潤率が低迷していることが明らかにされている。なお、生産性向上の結果として不変資本価値は低下したため、利潤率低下の要因となる資本の有機的構成は上昇していない。他方、80年代以降には一般的利潤率が上昇しているが純利潤率は低迷を続けており、不生産的支出の増大が純利潤率の低迷の要因となったことが指摘されている。

このパイタリディスとツォウルフィディスの研究では、生産的部門と不生産的部門とは下記のように区分されている[72]。

生産的部門：農林漁業、鉱業、公益事業、建設業、製造業、運輸業、情報産業、コンピュータシステムデザイン及び関連産業、教育、医療・社会保障、芸術・娯楽、宿泊所・飲食店、政府企業

不生産的部門：卸売業、小売業、不動産業、物品賃貸業、金融・保険、法務サービス、科学技術サービス、企業管理、軍、行政

みられるように、先に検討したオルセンと同様、教育、医療・社会保障、芸術・娯楽、宿泊所・飲食店など、消費過程に介在するサービス部門が生産的部門として捉えられている。不生産的部門についても、不生産的活動への支出は純利潤および純利潤率を引き下げるものと把握される一方、不生産的部門の資本財購入や不生産的労働者の消費需要が生産的部門の蓄積を促す要因については考慮されていない。

3　ロッタの所説

次に、英国グリニッジ大学のT.ロッタの見解について検討しよう。先に検討したように、オルセンおよびパイタリディス・ツォウルフィディスは、流通部門の活動や生産過程に関わる管理労働や研究開発労働を不生産的活動と捉え、消費過程に介在する不生産的活動を生産的部門と捉えていた。これに対してロッタは「知識レント〔knowledge-rents〕」という概念を提示し、商品の再生産費を構成しない知的活動を不生産的活動と位置づけ、土地提供者が地代を「土地レント」として剰余価値から分与を得るのと同様に、知識提供者が「知識レント」として剰余価値の分与を得るものと把握する[73]。

第 6 章　現代日本における不生産的部門の拡張と蓄積様式の変容　*253*

　こうした理論的前提に立脚してロッタは、米国経済を対象に、生産的部門と
不生産的部門との収入・所得構成、労働力構成、さらには利潤率や各部門の
資本財の構成などについて推計を行っている[74]。なおロッタは、経済活動
を下記の３つの活動領域（部門）に分類している[75]。

　　生産的活動：農林漁業、鉱業、製造業、運輸業、建設業、建設業、建設補
　　　　　　　修、生産的政府企業

　　取引・賃貸活動：卸・小売業、物品賃貸業

　　不生産的活動：不動産業（土地レント）、金融・保険業、法務サービス、
　　　　　　　NPO、官公庁、知識レント（広告業、医療、ソフトウェア生産、データ
　　　　　　　管理、研究開発、出版、音楽・映画製作）

　米国経済を対象としたロッタの実証分析によると、1980年代以来、雇用・
所得ともに不生産的活動が、とりわけ金融保険業、知識レント分野を中心に、
生産的活動を上回って拡大している。不生産的労働者の賃金も生産的労働者
の賃金を大きく上回っているが、この間に増大が顕著であった経営管理者や
中間管理職の報酬が前者に含まれているためであると捉えられている。また、
先に検討したパイタリディスとツォウルフィディスの分析と同様に80年代
以降、一般的利潤率は増大しているものの純利潤率は低迷しており、その要
因は剰余価値率が上昇しているにもかかわらず不生産的活動が拡大している
ためであると把握されている。さらに、生産的活動に充用される資本ストッ
クと不生産的活動に充用される資本ストックとの量的関係について、80年
代以降、金融保険業と知識レント分野を中心に不生産的な資本ストックの比
重の高まりが明らかにされている。

　このようにロッタは、米国経済における不生産的活動の拡大が労働力構成
や所得分配、利潤率の動向に及ぼした影響を実証した上で、不生産的部門の
拡大が資本蓄積全般に及ぼす影響について考察している。考察を通じて、不
生産的部門の拡大によって剰余価値から不生産的活動のために充当される部
分が増えた反面、蓄積に向けられ得る純利潤は縮小し、資本蓄積全般を制限
する要因となっていることが明らかにされている。経済のグローバル化の下、
途上国を中心に海外で増大した生産的労働者が生産した生産物の流入によっ
て米国内で不生産的活動の拡大が可能になっている点も指摘されている[76]

が、不生産的部門での蓄積の進展は、資本主義的蓄積の長期的な停滞傾向の要因を成すものと理解されている。

　ロッタの見解に関して、まず「知識レント」概念について検討しよう。上記の「知識レント」に含まれる諸産業には、対象化された生産物を形成せず、活動自体に対して支払いがなされるものが多く含まれている。本書第2章では、こうした「対象化されていない労働」については、生産・流通・消費過程のいずれで充用されるかによって、生産的労働と流通・消費過程における不生産的労働に区分すべきものであることを明らかにした。この点で、先に検討したオルセンやパイタリディスとツォウルフィディスの分析では生産的部門に含められていた消費過程における不生産的活動が、ロッタの分類では不生産的活動と捉えられており、本章での筆者の産業分類により近い区分となっている。ただし企業内研究開発の多くについては、オルセンの所説に際して検討したように、生産過程において充用される労働であり、商品の使用価値に変化・影響を及ぼす「社会的に結合した労働能力」として生産的活動に含めるべきであると思われる。さらにロッタの分類では、取引・賃貸活動と不生産的活動とが区分されているが、再生産上の機能という視角からは、前者は流通過程に属するものと捉えられる一方、後者に分類された諸産業の中にも金融・保険業や広告業など流通過程に属するものが含まれている。したがって、ロッタが取引・賃貸活動および不生産的活動に分類した諸産業については、再生産上の機能の相違に応じて整理し直す必要があると思われる。

　さらにロッタの分析でも、不生産的活動の拡大は資本蓄積の制限となるものと捉えられている。ロッタは不生産的部門について、所得や雇用の増加だけでなく、不生産的部門用資本財の拡大についても考察しているが、これら資本財の増大は純利潤率の低下を通じて資本蓄積を制限する要因として把握されている。他方、本章での日本経済を対象にした分析を通じて、不生産的部門の拡大が不生産的部門用資本財への投資需要の増大につながり、こうした需要拡大に伴う生産的部門内の不生産的部門用資本財生産部門の成長を促進させた点が明らかになった。このように現代資本主義経済では、資本の活動領域が生産過程のみならず流通、消費過程にも拡張し、これら不生産的部門での資本の活動の広がりは、不生産的部門での資本の利得および雇用の拡

大を通じた消費需要の拡大とともに、不生産的部門での投資需要の増大も通じて、生産的部門を含む資本蓄積を促進している点は無視できない*。

本補節で検討した諸研究では、生産的部門における資本蓄積、生産的部門の資本が得る純利潤とその生産的部門への再投資の拡大が重視され、不生産的部門での資本の活動の拡大は資本蓄積を制約するものと捉えられている。ただし、近年の資本主義経済では、新自由主義的改革によって政府活動や公企業の民営化、具体的には福祉・教育から軍事に至る市場・収益性原理の導入と民間企業参入がビジネスチャンスとなり、資本蓄積に寄与している面が指摘できる。さらに、家事・育児代行サービスや余暇・娯楽活動における「コト消費」に象徴されるように、消費活動自体が企業によって提供され、個人によるこれら活動への支払いが拡大している。こうした現実については、生産的部門における資本蓄積の停滞というだけでなく、資本の活動が消費過程を含む不生産的活動に浸透し、利得の拡大と再投資を通じた不生産的領域での資本蓄積が進展していると捉えるべきであると考える。

* 本章での検討では2000年代以降の日本で、飲食店や宿泊業など対個人サービス分野での付加価値・雇用の縮小傾向が明らかになったが、人口減少や賃金・所得水準の減退など日本特有の事情に起因するものと考えられる。EU委員会の世界産業連関表データベース（WIOD）プロジェクトによって作成された世界産業連関表〔World Input-Output Tables, 2016 Release〕[77]によると、先進各国における「宿泊・飲食サービス〔Accommodation and food service activities〕」部門の「家計最終消費支出〔Final consumption expenditure by households〕」への販売額（米国ドル建て）は、00年から14年にかけて日本が4.9％増と微減であるのに対して、米国78.5％、英国56.9％、ドイツ87.8％、フランス90.1％増と大きく拡大している。さらに同産業連関表を利用して、宿泊・飲食サービス産業の購入する原材料・資材を示す同部門への国内内生投入総額（米国ドル建て）の同期間の増加率を算定すると、日本が3.2％増であるのに対して、米国76.6％、英国74.0％、ドイツ93.6％、フランス121.5％増といずれも顕著に増大している。このように、資本の活動領域が消費過程に拡張し、サービス資本による雇用と投資の拡大が資本蓄積に無視できない影響を及ぼしている事態は、日本を例外として他の先進各国に共通している

ものと考えられる。

おわりに

　本章では、産業連関表の産業部門分類を利用して、現代日本の経済活動を生産的部門、不生産的部門である流通部門およびサービス部門、さらには国家事業に分割し、経済活動が生産過程のみならず流通・消費過程に拡大している現実を明らかにした。さらに、資本の活動が流通・消費過程を含む不生産的領域に拡大していることによって資本蓄積にいなかる変容が生じているのかについて考察した。

　第2節では、生産的部門と不生産的部門、さらには国家事業での付加価値額の推移を産業部門別に検討した。高度成長期以来、各部門の付加価値額は急増したが、生産的部門では1990年以降は大きく減退するようになり、流通部門でも95年以降は増減しつつ減少傾向となった一方、サービス部門では00年以降も増加が続いていた。こうして近年、国内付加価値総額の中でサービス部門の比重が高まっているが、とりわけ医療・福祉など公的支出に支えられた非営利領域を中心とする公共サービス分野での増加が中心であり、飲食店や娯楽サービスなど対個人サービス分野の付加価値額は減退している。また、利子生み資本を中心とする金融・保険、地代取得者を中心とする不動産業については、販路構成では対企業取引の比重低下と対個人取引の拡大がみられたが、これら利子生み資本・地代取得者が個人的消費過程への介在を広げ、収入からの利得を増やしていることを示すものと捉えられた。

　1985年以降の各部門の労働力構成を検討した第3節では、80年代後半には各部門とも従業者数が増加していたが、90年代以降に分岐が明確になった。生産的部門の従業者数は90年代以降には減少が続くようになり、流通部門の従業者数も2000年代には減退するようになった。一方、サービス部門の従業者数は一貫して増加しているが、00年代後半には対個人サービス分野の従業者数は減少に転じ、介護など医療・福祉分野を中心とする公共サービス分野での増大が中心となったことが明らかになった。

　第4節では、生産的部門・不生産的部門の付加価値・労働力構成と生産的

第6章　現代日本における不生産的部門の拡張と蓄積様式の変容　　*257*

部門内の部門構成とを対比・検討することによって、不生産的部門の拡大に伴って、資本蓄積の態様にいかなる変容が生じているのかを明らかにした。生産手段生産（Ⅰ）部門と消費手段生産（Ⅱ）部門との2部門分割に基づく『資本論』第2巻第3篇次元での再生産表式を理論的基準とすると、生産手段用生産手段の需要と生産の相互促進的拡大を主軸とするⅠ部門主導の資本蓄積が想定でき、現実に高度成長期日本ではこうした経路を中軸に拡大再生産が進展したものと捉えられた。ただし、1980年代後半の好況期には流通部門の拡大が同部門での投資需要に応える流通資本財生産（Ⅰz）部門の生産拡大をもたらしたこと、さらに90年代から00年代にはサービス部門が拡大したために、他の生産部門の生産が減退する中でサービス資本財生産（Ⅰa'）部門の生産が増加ないし微減となっていることが明らかになった。こうした不生産的部門の成長と不生産的部門に資本財を提供する生産部門との関係からは、不生産的部門の成長および投資拡大が不生産的部門用の資本財への需要拡大を招き、不生産的部門用資本財を生産する部門の成長を促して拡大再生産が進展する、という資本蓄積が展開していたものと理解された。ただし、付加価値と雇用が大幅に拡大した公共サービス分野については、投資を通じた生産的部門への需要の波及効果は小さいことも明らかになった。

　以上の検討から明らかなように、経済活動が生産的領域から流通・消費過程を含む不生産的領域に拡大し、流通部門・サービス部門での資本の活動、雇用動向が産業構造や資本蓄積の態様に大きな影響を及ぼしている。したがって、現代日本の経済活動、雇用動向、さらには資本蓄積の性格を考察する上で、不生産的部門の動向を把握することは不可欠である。ただし、経済活動の広がりが付加価値や雇用、投資需要を通じた生産の産業連関的波及につながる経路については、生産的部門と不生産的部門とでは大きく性格が異なっている。こうした不生産的部門の広がりと資本蓄積全般への影響について検討する際には、第1〜4章で明らかにしたような、不生産的労働と生産的労働との性格の相違、不生産的部門と生産的部門との再生産の態様などに関する理論的考察を踏まえることが不可欠であると思われる。

注

（1） 生産的部門内の部門構成、さらに現代日本の再生産構造の変容については、拙著『現代日本再生産構造分析』日本経済評論社、2013 年を参照。

（2） 総務省ほか 9 府省庁編『平成 12 - 17 - 23 年接続産業連関表—総合解説編』経済産業調査会、2016 年、49 頁。産業連関表および部門分類の理論的性格については、Leontief, W. W., *The Structure of American Economy 1919-1939:Ab Empirical Application of Equilibrium Analysis,* Oxford University Press, 1953.；新飯田宏『産業連関分析入門』東洋経済新報社、1978 年；宮沢健一『産業連関分析入門 [新版]』日本経済新聞社、2002 年も参照。

（3） 蔦川正義「日本資本主義の再生産構造（上）（中）」（九州大学『産業労働研究所報』第 67・68 号、1976 年所収）。なお、価値構成の推計が予定された（下）は発表されていないようである。

（4） 川上則道「再生産表式と計量分析」（『経済』1977 年 4 月号）；同「再生産構造の今日的特徴—再生産マトリックス表による分析」（『経済』1981 年 11 月号）；同『計量分析　現代日本の再生産構造』大月書店、1991 年。

（5） 渡辺雅男『サービス労働論』三嶺書房、1985 年。

（6） 蔦川前掲「日本資本主義の再生産構造（中）」、3 頁。

（7） 総務省ほか 9 府省庁編『平成 12 年（2000 年）産業連関表—総合解説編』㈶全国統計協会連合会、2004 年、24 頁。

（8） 川上前掲書、214 頁。

（9） 以上の引用は、MEGA., Ⅱ/4, S. 109；『諸結果』、111 頁。

（10） 川上則道「サービス生産をどう理解するか（下）」（『経済』2003 年 2 月号）、165 頁。

（11） 渡辺前掲書、193 頁。渡辺氏による第 3 次産業の範疇区分については、同書第 9 章、とくに「大分類 L—サービス業」については 226-229 頁を参照。さらに、第 3 次産業についての範疇区分を行った諸研究についてのサーベイとして、羽田昇史「サービス産業の分類」（同『サービス経済と産業組織』同文館、1998 年、第 5 章）も参照。

（12） MEGA., Ⅱ/1.2, S. 216；『草稿①』、353 頁。

（13） MEGA., Ⅱ/4, S. 109；『諸結果』、111 頁。

（14） *Kapital.*, Ⅱ, S. 123（S. 131）；『資本論⑤』、202 頁。

（15） MEGA., Ⅱ/3.5, S. 1572；『草稿⑧』、51 頁。

（16） 総務省ほか 9 省庁編『平成 12-17-23 年接続産業連関表』経済産業調査会、2017 年。

（17） *Kapital.*, Ⅱ、S. 50（S. 60）；『資本論⑤』、87 頁。

（18） 総務省ほか 9 府省庁編『平成 17 年産業連関表—総合解説編』経済産業調査会、2009 年、466 頁。

第6章　現代日本における不生産的部門の拡張と蓄積様式の変容　*259*

(19) 同上、112 頁。

(20) 同上、113 頁を参照。

(21) MEGA., II/3.6, S. 2182；『草稿⑨』、442 頁。

(22) これらの点については、荒井晴仁「国民経済計算における持ち家の帰属家賃推計について」（内閣府経済社会総合研究所『ESRI Discussion Paper Series』第 141 号、2005 年 5 月）を参照。

(23) 前掲『平成 12 年（2000 年）産業連関表─総合解説編』、27 頁。

(24) 総務庁ほか 10 省庁編『昭和 60- 平成 2- 平成 7 年接続産業連関表』総務庁、2000 年。

(25) 通商産業大臣官房調査統計部統計解析課『昭和 26 ～ 60 年産業連関表（46 部門）』1991 年。

(26) 高度成長期における生産的部門の動向については前掲拙著、第 1 章を参照。

(27) 高度成長期日本で形成された機械・金属産業を中心とする重化学工業の性格については、吉田三千雄『戦後日本重化学工業の構造分析』大月書店、2011 年を参照。

(28) 山田盛太郎「戦後再生産構造の基礎課程」（『山田盛太郎著作集第五巻』岩波書店、1984 年所収）、83 頁。なお、伊木誠「四十年不況と「構造不況」論」（有沢広巳監修『昭和経済史』日本経済新聞社、1976 年所収）も参照。

(29) この点については、前掲拙著第 2 章を参照。

(30) 表 5 で自動車産業が含まれる輸送機械産業には、この時期に不況業種に転じた造船業が含まれているため、輸送機械産業全体の付加価値額は電気機械産業ほどの伸びが見られないものと考えられる。

(31) 前掲拙著第 4 章では、産業連関表およびその付帯表である「固定資本マトリックス」を用いて建設業からの販路の動向を分析することを通じて、こうした傾向を検出することができた。なお、後述のように 2000 年代には建設業の付加価値額は顕著に減少するが、販路の分析からは、公共事業の縮小がその主因を成したものと理解できる。

(32) 前掲拙著第 3・4 章を参照。

(33) 1990 年代以降の公共事業および建設業の動向については、市村昌利「建設産業──投資規模半減、疲弊する地域建設産業」（『経済』2015 年 4 月号）を参照。

(34) 1990 年代以降の電機産業の国際競争力低下の実態については、藤田実『日本経済の構造的危機を読み解く』新日本出版社、2014 年；前掲拙著、第 6 章などを参照。なお、表 6 は名目ベースの付加価値額を示したが、電気機械産業の生産額は、価格低下とともに電子部品や製品の性能向上などを反映する実質ベースでは近年、大きく増大している。ただし、企業経営や賃金支給の動向を規定する現実の売上や利益は名目ベースの取引額に由来するのであるから、ここでは名目ベースの付加価値額を検討の対象とする。

(35) この点については、谷江武士『東京電力──原発事故の経営分析』学習の友社、

2017 年も参照。

(36) 表 6 では産業計の付加価値総額がこの間、-6.5％と減少しているため、付加価値額が増えた産業の寄与率はマイナスとなっている。

(37) この点については、拙稿「2010 年代日本産業の停滞と貿易赤字」（中央大学企業研究所『企業研究』第 27 号、2015 年 8 月）で明らかにした。

(38) この点については、拙稿「現代日本産業の停滞と国際的地位の変容」（同上誌、第 31 号、2017 年 9 月）で明らかにした。

(39) とくに金融業に関して、現代資本主義における家計部門への信用供与の広がりを理論的・実証的に検討した研究として、川波洋一『貨幣資本と現実資本』有斐閣、1995 年を参照。

(40) 総務省ほか 9 府省庁編『平成 12 年（2000 年）産業連関表—計数編（2）』㈶全国統計協会連合会、2004 年、618 頁。

(41) 注 9 を参照。

(42) 「1985-90-95 年接続産業連関表」では介護は独立した部門として扱われておらず、「社会保障」部門に含めて集計されている。

(43) 東日本大震災の影響により、「労働力調査」では 2011 年の全国従業者数は公表されていない。

(44) 近年の個人経営・零細小売業の動向については、杉本修「日本小売商業の現況」（『立教経済学研究』第 68 巻 3 号、2015 年）を参照。

(45) 近年の商業労働者の非正規化を伴う労働条件悪化については、佐々木保幸「格差社会と現代の商業労働」（流通経済研究会監修『格差社会と現代の流通』同文館出版、2015 年所収）を参照。

(46) 関岡英之『拒否できない日本』文春新書、2004 年などを参照。

(47) 雇用表の作成方法については、総務省ほか 9 府省編『平成 23 年（2011 年）産業連関表—総合解説編』経済産業調査会、2015 年、137-139 頁を参照。

(48) 生産的部門内の部門構成の推計方法については、前掲拙著序章を参照。

(49) 日本経済の拡大再生産過程における「Ⅰ部門の優先的発展」についての理論的・実証的検討として前掲拙著とりわけ序章を参照。

(50) この点については前掲拙著第 3 章で詳しく検討した。

(51) 川上前掲書、66 頁。

(52) 同上、86 頁。

(53) 前掲拙著第 1 章では、高度成長期日本では、こうした蓄積様式を中心に拡大再生産が遂げられたことを明らかにした。高度成長期におけるⅠ部門主導の蓄積については、井村喜代子・北原勇「日本資本主義の再生産構造分析試論—昭和 35 年「産業連関表」を手がかりとして（1）〜（4）」（『三田学会雑誌』第 57 巻 12 号、第 58 巻 7・9・10 号、1964 〜 65 年）；井村・北原「日本資本主義の再生産構造分析試論Ⅱ

―昭和 30 年以降の拡大再生産過程（1）～（5）」（『三田学会雑誌』第 59 巻 6・10 号、第 60 巻 5・7・8 号、1966 ～ 67 年）；井村・北原「『高度成長』過程における再生産構造（上）（下）」（『経済評論』1967 年 9・10 月号）も参照。

(54) 正式には、日本経営者団体連盟『新時代の「日本的経営」―挑戦すべき方向とその具体策』日本経団連出版、1995 年。

(55) この点については、前掲拙著第 6 章を参照。

(56) このような近年の公共サービス分野の経済活動の性格については、前掲拙稿「2010年代日本産業の停滞と貿易赤字」を参照。

(57) Olsen, E. K. Unproductive activity and endogenous technological change in a Marxian model of economic reproduction and growth, *Review of Radical Political Economics,* vol. 47, no. 1, 2015.

(58) Wolff, E. *Growth, accumulation, and unproductive activity.* Cambridge and New York: Cambridge University Press. 1987.

(59) Mosely, F. The increase of unproductive labor in the postwar U. S. *Review of Radial Political Economics*, vol.20, no.2&3, 1988.

(60) Shaikh, A. M. and Tonak. E. A. *Measuring the wealth of nations: The political economy of national accounts.* Cambridge and New York: Cambridge University Press, 1994.

(61) Gordon, D. *Fat and mean.* New York: Martin Kesslar Books, 1996.

(62) Mohun, S. On measuring the wealth of nations: The US economy, 1964 - 2001. *Cambridge Journal of Economics* no.29, 2005.

(63) Olsen. *op. cit.,* p49.

(64) Ibid., p50.

(65) Mohun. *op. cit.,* p801.

(66) 注 9 を参照。

(67) 拡大再生産過程における余剰生産手段の規定的役割については、富塚良三『恐慌論研究』未来社、1962 年を参照。

(68) 吉原泰助「再生産（表式）論」（杉本俊朗編『マルクス経済学研究入門』有斐閣、1965 年所収）、109 頁。

(69) 高須賀義博『再生産表式分析』新評論、1968 年、112 - 113 頁。

(70) この点については、富塚良三『経済原論』有斐閣、1976 年、274 - 277 頁；井村喜代子『恐慌・産業循環の理論』有斐閣、1972 年、115 - 123 頁を参照。

(71) Paitaridis, D. and Tsoulfidis, L. The growth of unproductive activities, the rate of profit, and the phase - change of the U. S. economy, *Review of Radical Political Economics*, vol. 44, no. 2, 2012.

(72) 生産的部門と不生産的部門の区分については、Tsoulfidis, L. and Paitaridis, D. Capital intensity, unproductive activities and the Great Recession of the US economy,

Munich Personal RePEc Archive Paper no. 81542, 2017.

（73）「知識レント」の理論的定義については、Rotta, T. and Teixeira, R. A. The commodification of knowledge and information, *Greenwich papers in political economy* no60, 2018. を参照。

（74）Rotta, T. Unproductive accumulation in the USA: a new analytical framework, *Cambridge Journal of Economics 2018,* 1 of 26, 2018.

（75）Ibid., p9.

（76）Ibid., p23.

（77）http://www.wiod.org/database/wiots16（2019 年 8 月 2 日閲覧）。

あとがき

　筆者は 6 年前、『現代日本再生産構造分析』（日本経済評論社）を上梓し、高度成長期以降の輸出依存的「経済大国」日本の躍進と 1990 年代以後の不況と格差・貧困の広がりの要因について、産業競争力の特質と再生産構造の偏倚の視角から明らかにした。雇用・賃金抑制などコストダウンを梃子にした一部産業の輸出拡大に依存した「経済大国」日本は、その競争力自体に国内市場抑制要因が包含されていたために、外需依存的再生産構造が必然化していた。さらに同様の成長を志向するようになったアジア諸国との競争が激化する中で、日本国内で従来型成長を続けるためには成長産業の一層と絞り込みとさらなるコストダウンが追求され、2000 年代には非正規雇用の利用が本格化し、経済成長が同時に格差と貧困の拡大を招いたことを明らかにした。なお、2000 年代には成長産業での直接雇用の伸びは抑制され、間接雇用を中心とする非正規雇用、介護を中心とする医療・福祉分野での雇用拡大がみられた。ただし前著では、不生産的部門に関しては、不生産的部門の投資需要が生産的部門の蓄積に及ぼす影響の分析を中心とし、不生産的部門自体の性格と動向についての考察は留保していた。

　前著発刊後、2010 年代の国内生産および貿易に関する統計からは、日本国内の生産基盤において国際競争力をなお維持・強化している産業分野はさらに限定され、国際競争力を急速に喪失した電機産業、日本企業の競争力は維持されつつもサプライチェーンごと海外展開を遂げている自動車産業など量産分野を中心に、国内で輸出依存的成長を遂げ得ないことが明確になってきている。なお上述のように、コストダウンを梃子にした国際競争力強化を至上命題とする輸出依存的「経済大国」自体、内需と国内市場の縮小を必然的に内包しているから、国際競争力の喪失と生産基盤の海外移転に伴う輸出の縮小が資本蓄積の全般的減退に結果したことは、輸出依存的「経済大国」の必然的帰結であったとも理解できる。貿易赤字が続いた 2010 年代、「輸出大国」の終焉とともに内・外需とも縮小し、製造業を中心とする生産的部門

における投資減退と縮小再生産が鮮明となる中で、雇用、さらには資本の活動領域として医療、介護、福祉領域などの比重が一層高まっている。こうした状況の下、サービス産業の「生産性」向上、医療・福祉分野の「成長産業」化を推進する言説も流布されるようになっている。しかしながら、教育や学術研究、医療、福祉を含めた公共サービス分野の「生産性」向上は実現せず、労働条件の改善はみられず、低賃金労働や長時間労働が広がっている。

　このような現代日本経済の状況を踏まえて本書では、生産的労働と不生産的労働との相違と区分、さらには不生産的労働が再生産過程において果たす役割について理論的に考察した。第1、2章では、価値法則が貫徹する生産物の要件から生産的労働の「本源的規定」の意義を明らかにすることを通して、今日、サービス労働ないしサービス産業といわれる活動には、流通過程および消費過程における不生産的労働が含まれることが明らかになった。こうした流通過程および消費過程における不生産的労働の再生産過程における機能について検討した第3〜5章では、これら不生産的労働は直接に価値を形成するものではないが、不生産的労働を集中して代行する不生産的部門の資本は、生産的労働からの控除となる流通費および消費費用の社会的節減を通じて資本蓄積を促進する機能を果たしていることが明らかになった。そして流通過程および消費過程における不生産的資本は、このような再生産過程における積極的機能を果たしているが故に、剰余価値からの分与ないし収入からの支払いを受け、利潤を獲得する理論的根拠が明瞭になった。さらに第6章では、近年の日本で生産的部門での経済活動が停滞している一方、不生産的部門、とりわけ消費過程に介在するサービス部門の拡大、すなわち資本の活動領域の流通・消費過程への広がりが鮮明になった。そして、不生産的部門の成長は、上記の再生産過程における機能に加えて、不生産的部門での雇用や投資を通じて資本蓄積を促進する役割も果たしていることも明らかになった。

　本書で明らかにした流通過程および消費過程における不生産的資本は、再生産過程における積極的役割、さらに資本蓄積を促進する性格も有し、現代日本経済において付加価値・雇用の拡大が顕著であるが、生産過程を前提とする価値法則は適用できない。とりわけ、対象化された労働成果ではなく、

労働そのものが取引対象とされる教育や医療、福祉などを含む公共サービス分野では、競争を通じた「生産性」向上、すなわち一定の労働成果に対する投下労働量の節減をはかることは著しく困難であると捉えられる。したがって、不生産的部門における経済活動については、生産過程とそこでの生産的労働を前提に構築された経済理論が適用できない面に留意しつつ、価値措定労働ないし生産的部門とは異なる評価基準を用いて検討しなければならない。以上が本書の結論である。本書に対する忌憚なきご批判を賜れれば幸いである。

　本書の各章の骨格は、下記の論文から成っている。ただし、初出から 10 年以上経過し、大幅な補筆・修正が必要な論文もあり、原型をとどめないほどに書き換えた部分もある。

〈初出一覧〉

第 1 章「マルクスの「消費労働」概念と生産的労働」関東学院大学大学院『経済学研究科紀要』第 28 号、2006 年 3 月。

第 2 章「生産的労働・価値形成労働の要件と範囲」関東学院大学大学院『経済学研究科紀要』第 29 号、2007 年 3 月。

第 3 章「流通費・商業資本と平均利潤率、再生産」『商学論纂』第 56 巻第 3・4 合併号、2014 年 11 月。

第 4 章「消費過程に介在するサービス資本および国家事業と再生産」『商学論纂』第 59 巻第 1・2 合併号、2017 年 9 月。

第 5 章「不生産的部門を含む再生産表式についての諸説の検討」『中央大学経済研究所年報』第 50 号、2018 年 10 月。

第 6 章「現代日本における不生産的部門の拡張と蓄積様式の変容」『商学論纂』第 60 巻 3・4 合併号、2018 年 11 月。

　本書の内容に関しては、多くの方々のお世話になっている。筆者に研究報告の機会をいただき、多くの有益なご助言をいただいた先生方には心から感謝申し上げたい。とくに、産業研究会の先生方、熊野剛雄先生主催の研究会の先生方、関東学院大学・マルクス理論研究会の先生方、中央大学経済研究

所・現代資本主義分析研究会の先生方には記して謝意を表したい。また、本文中でとり上げさせていただいたすべての諸先学の研究には、多くのことを学ばせていただいた。もちろん、未だ筆者の研究が諸先生方からのご指導・ご指摘に応えられていないことは日々痛感するところであり、本書における至らぬ点・問題点等はひとえに筆者の責任である。

　また、出版事情の厳しい中、出版をお引き受けいただき、本書の完成までご協力いただいた唯学書房の村田浩司さんと伊藤晴美さんに対し、あらためて御礼申し上げたい。私事で恐縮であるが、妻と三人の子どもたちにも感謝している。

　2019 年 9 月

村上　研一

事項索引

英数字

Gemeinwesen　26-27, 32
Gemeinwesen の解体　30, 32, 36
Ⅰ部門主導の資本蓄積　257
Ⅰ部門主導の蓄積様式　244
Ⅰ部門の優先的発展　242

あ行

アクティビティ・ベース　198, 227, 233
生きた現在の労働　28, 69
いざなぎ景気　214
一般的利潤率〔general rate of profit〕
　　251
医療・福祉分野　72, 74, 120, 189, 225,
　　238, 246
運輸費の生産的性格　60
運輸労働　48
運輸労働の価値生産性　8, 49, 50
運輸労働の価値生産的性格　63
欧米マルクス経済学派　247

か行

価格次元での再生産表式　187
拡大再生産表式　166, 170, 180, 249, 250
過去の対象化された労働　28
家事使用人　20, 133, 154
家事奉公人　13, 16, 121, 133
価値形成労働　1-3, 6, 7, 13, 27, 45,
　　47-48, 52, 54, 60, 64, 65
価値形態　52
価値次元と価格次元との相違　185

価値実体（の）抽出　47, 64
価値措定労働　1, 25, 28, 29, 69
価値の生きた源泉　70
価値法則　6, 13, 35, 61-63, 72, 73, 120
価値論の論理　47, 52, 57, 65
貨幣還流　146-147, 149
貨幣材料生産部門　106, 166
企業ベースの産業分類　198
恐慌の可能性　31
均衡蓄積軌道　166
均等化法則　251
均等的拡大再生産　251
均等発展成長率　251
空費　9, 97-99
軍需品　155
経済センサス　227, 239
経済表　88
交換価値の素材的担い手　50, 62, 65-66,
　　80
交換可能性　53, 55
広義のサービス（業）　175-176, 191
広義の消費手段　144
公共サービス　74, 208, 223, 225, 244-
　　246
公共財生産（ⅡG）部門　242
公共事業　218, 219, 222, 232, 244
公的サービス　155-156
高度成長期　213, 219, 257
国勢調査　227, 232, 233, 236
国民皆保険　215
国務賃貸請負人　153-154
個人の受取り　16-18, 46
国家事業　152, 154-156, 209-210, 225,
　　245
国家事業の従業者数　239

固定資本マトリックス　　241
固定資本要因　　141-142, 251
古典派経済学　　1, 12, 19, 24, 124
雇用表　　225, 227-228, 236-239

さ行

サービス資本　　71, 117, 126-130,
　　135-136, 141, 144-145, 172, 188, 192,
　　246
サービス資本財生産（Ⅰa'）部門　　242
サービス資本の利潤　　132
サービス部門　　117, 137, 142, 167, 172,
　　207, 210, 213, 217, 219, 223-225, 242
サービス部門での投資拡大　　245
サービス部門の従業者数　　234, 238
サービス部門の付加価値額　　223
サービス部門用資材・設備　　127
サービス部門用資本財　　142-145, 154,
　　156, 167-169, 172, 175, 187, 188
サービス労働価値生産（形成）説　　2, 3,
　　10, 50, 54, 66, 125, 173-175, 178-180,
　　183, 187, 189
サービス労働価値不生産説　　2, 47, 48,
　　50, 54, 163, 167, 173, 189
サービス労働・労働力価値生産説　　3
サービス論争　　163
再生産上の機能　　90, 98, 144, 169, 174,
　　176, 191, 199, 200, 205, 207, 227, 254
再生産（表式）（論）　　87, 130, 152, 175,
　　187, 197, 240
産業連関表　　175, 197-199, 203, 204, 208,
　　227, 228, 232, 233, 236, 237, 239
産業連関表の部門分類　　198
事業所・企業統計　　233, 239
市場・収益性原理　　72, 120
市町村合併　　239
質的規定　　58
質的同一性　　62, 64, 67
資本一般　　3-6, 9, 11, 15, 17, 36, 58-60,

62, 89, 97, 125, 132
資本主義以前の社会　　26
資本主義経済における「人身的用役給付」
　　34
資本主義的形態規定　　2, 6, 14, 21, 24, 30,
　　43-45, 72, 120, 123-126
資本主義的生産の一般化　　6, 63
資本蓄積の一般的傾向　　251
資本蓄積の制限　　248, 254
資本蓄積の態様　　240, 247, 257
資本蓄積の動態　　173
資本の活動領域　　139, 225
資本のもとへの労働の実質的包摂　　68,
　　75, 118, 119, 127
『資本論』体系の論理構成　　184, 191
社会的（な）尺度　　51-55, 57, 62-63
社会的総生産物の購入・補填関係　　144
社会的に結合された労働能力　　43, 45,
　　75, 200, 202, 204, 227, 248
社会的労働の客観的対象化　　48, 50, 54
奢侈品類似の消費手段　　155
自由時間　　132
需給均衡関係　　165, 166
純粋な流通費　　9, 76-78, 81
純利潤率〔net rate of profit〕　　251-253
商業が目的とする交換価値　　61
商業資本の再生産上の機能・位置　　96,
　　101
商業資本の自立化　　5, 99, 102, 107
商業統計調査　　233, 237
商業マージン　　110-111
商業利潤の分与　　99, 102, 104, 109, 111
商業労働者　　94
少子化　　224, 238
消費過程　　1, 18
消費過程における不生産的労働　　34-35,
　　59, 68, 70-71, 74
消費過程に介在するサービス資本（部門）
　　13, 183, 252
消費時間　　18

消費者の享受対象　67
消費手段生産（Ⅱa）部門　242
消費手段（量）の社会的節減　128, 144
消費的生産　12, 13
消費費用　1, 10, 11, 14‐16, 18, 34, 36, 44, 81, 92, 117, 121, 128, 130‐134, 136, 152, 176, 188, 192, 203
消費費用の節減　129, 135, 191
消費部面を通じた賃金および利潤の連鎖　137‐138, 143
消費労働　1, 10‐11, 15, 17‐18, 26, 36, 50, 68‐71, 75, 81, 92, 117‐118, 121, 126, 128, 130, 134, 152‐154, 201, 203, 246
商品買取資本　105, 110, 140
商品交換を通じた依存関係　31
剰余価値の分与　4, 81, 90, 176, 203, 224, 225, 252
新時代の「日本的経営」　245
新自由主義的改革　255
人身的（歴史的）依存関係　31
人身的用役給付　10, 13, 14, 16‐18, 25‐30, 32, 35, 69, 92, 117, 121, 122, 125, 133, 152‐154
信用制度　91, 141
信用創造　141
正規雇用の非正規雇用への置き換え　237
生産一般　65
生産活動と消費活動との直接的同一性　33
生産者間の依存関係　30
生産手段生産（Ⅰ）部門　242
生産的（な）消費過程　11, 13, 44‐45, 74‐75, 80, 202
生産的部門内の部門構成　197
生産的部門の従業者数　232, 236
生産的労働論争　163
生産的労働論の意義と意図　42
生産と消費の「疎遠」「無関心」　30

生産と消費との分離　30
生産と消費の矛盾　31
生産の一般的条件　152
生産の無政府性　30, 31, 35, 71
生産力向上　124
世界産業連関表　255
1990年代不況　242
全体労働者　45
相対的価値形態の量的規定性　53
相対的剰余価値の生産　120
疎外された労働　31, 35, 71
素材・価値的補塡関係　178
租税　152‐155
租税で雇われた労働者　154

た行

対個人サービス　208, 223, 225, 234, 244, 245
対象化された使用価値　189
対象化されていない労働　67, 69‐72, 74‐75, 80, 118‐119, 127, 202‐203, 246, 254
対象的形態　25, 29, 60, 69
対象的生産物　29, 30, 72
対象的富　70
対人サービス　72, 120, 181
団塊ジュニア世代の進学　234
蓄積　21, 23, 33, 123‐125, 248
蓄積過程における需要側の要因　249
蓄積率　172‐173, 179‐180
知識レント　252, 254
地代　91, 205
「賃労働」篇　13, 133
転型期　214
投資が投資をよぶ　243
特殊的諸資本　6, 9, 58, 89, 97, 125
特別剰余価値　72
独立労働者　122, 126, 130, 134, 141, 145
土地所有者　88

な行

内需低迷　237
内生的貨幣供給説　141
日米包括経済協議　232
日米構造協議　232
日本標準産業分類　201
年金支給開始年齢引き上げ　237

は行

バブル景気　218, 219, 242
東日本大震災　223
非正規雇用　236, 239, 245
非物質的生産　45, 201, 208
付加価値構成　209-210
不生産的（諸）階級　34, 121, 152
不生産的賃労働　4, 7, 17, 58, 60
不生産的な資本ストック　253
不生産的部門（領域）での資本蓄積
　　172, 255
不生産的部門での投資需要　255
不生産的部門の拡大　240, 247, 253
不生産的部門の投資拡大　244
不生産的部門への経済活動の拡張　197
不生産的部門への剰余価値の分与　193
不生産的部門向けの建設投資　218
不生産的部門用（の）資本財　164,
　　166-167, 175-176, 191, 242-244, 254,
　　257
不生産的労働者　20-21, 23
不生産的労働の社会的意義（役割）　23,
　　72, 120
物質的財貨　2, 3, 8, 10, 44, 47-48, 54,
　　181
物質的生産　44
物神性論　61, 63
部門間均衡条件　171-172, 175, 180, 182,
　　247, 249-250

部門間交換　171
部門内転態　171
部門内補塡　164
部門分割基準　222, 228
プラン問題　125
平均利潤率　93-95, 101, 109-110, 140,
　　142-143, 169, 193
保管費の生産的性格　60
本源的規定　1-4, 6-10, 18, 24, 30, 36,
　　42, 44-47, 50, 59, 65-66, 72, 75-78,
　　118, 120, 123-126, 187, 189, 202, 246
本来の消費　12

ま行

マルクスの歴史理論　26
召使（い）　14, 133, 153

や行

有機的構成　4, 120, 144, 170, 179-180,
　　182-183, 252
有用効果〔Nutzeffekt〕　9, 10, 43,
　　48-49, 54, 64, 66, 75, 77
輸出依存的成長　216, 218-219, 222, 245
輸送労働のもたらす成果　77
余剰生産手段　108, 185, 249-251

ら行

利子生み資本　88, 91, 200
利潤圧縮〔profit squeeze〕　248
利潤率（の）均等化　97, 139, 157
利潤率の傾向的低下法則　120
利潤率の定式　94, 99, 101, 103-104
流通過程における不生産的部門　171,
　　183, 199, 205
流通過程における不生産的労働　71
流通過程の内部で生産過程の継続として現
　　われる労働　7

流通過程の内部で続行される生産過程
　76-77
流通資本財生産（Ⅰz）部門　　242
流通費　　88, 93-94, 96-99, 101, 103, 105,
　167, 169, 176, 185, 191, 203
流通費の節減　　107
流通費用の資本化　　95
流通費を導入した利潤率　　102
流通部面　　76
流通部門　　205, 210, 213, 217, 219, 223,
　225, 242
流通部門での投資の縮減　　245
流通部門の従業者数　　233, 237
流通部門用資本財　　140
流通部門用資本財生産部門　　177
量的規定（性）　　30, 46, 51-55, 57-58,
　60-63, 66, 74, 80, 118, 202
量的同一性　　6, 7, 62, 64, 67
量的に規定された交換可能性　　56
労働者派遣　　236
労働生産性（の）向上　　72, 74, 120, 189,
　246
労働生産力の社会的増進　　73
労働節約〔saving of labour〕　　23, 73
労働の合目的性からの疎外　　35
労働の疎外　　30
労働力構成　　225, 227, 229, 243, 245, 253
労働力調査　　227, 236
労働力の再生産費　　129, 132
ローゼンベルグの「修正式」　　95, 103,
　113
論理次元の相違　　97, 100, 104, 188

人名索引

あ行

青才高志　38, 66, 84
荒井晴仁　259
有沢広巳　259
伊木誠　259
飯盛信男　37-38, 48, 82, 84, 178-179, 181, 183, 195
井田喜久治　95, 114
市原健志　194
市村昌利　259
伊藤岩　183, 195
井村喜代子　115, 155, 161, 175-176, 191-192, 194-195, 260-261
宇野弘蔵　95, 114
梅村二郎　113
ウルフ（Wolff, E.）　247, 261
枝松正行　12, 39
エンゲルス（Engels, F.）　79, 96
大野秀夫　167, 169, 171-172, 183, 191, 194
大吹勝男　11, 38
大村泉　85
長田浩　37, 66, 84, 178-181, 183, 195
オルセン（Olsen, E. K.）　247-248, 251-252, 254, 261

か行

加藤義忠　114
金子ハルオ　2, 3, 8, 11, 37-38, 40, 47, 49-50, 82, 92, 113, 127, 160
川上正道　164-165, 166, 170, 193
川上則道　173-174, 191, 194, 198-201, 203, 243, 258
川波洋一　260
姜昌周　167, 170-172, 183, 191, 194
北原勇　194, 260-261
北村洋基　46, 82, 85
櫛田豊　37, 178, 181-183, 195
久留島陽三　37, 193
ゴードン（Gordon, D.）　247, 261
小林賢斉　113

さ行

斎藤重雄　11, 37, 38, 82
佐々木保幸　260
佐藤金三郎　65, 83, 113, 160
佐藤拓也　178, 184-185, 195
重森暁　81, 85
柴田信也　5, 38
島恭彦　85
シャイク（Shaikh, A. M.）　247, 261
頭川博　47-48, 82
杉本修　260
スミス（Smith, A.）　2, 4, 6, 12, 14, 19, 21-22, 25-26, 33-34, 73, 122-125, 133-134, 154, 156, 160, 166
セエ（Say, M.）　22
関岡英之　260
関根猪一郎　85
曽我千春　84

た行

高木彰　85
高須賀義博　251, 261
武市健人　83

人名索引 *273*

但馬末雄　8, 11, 38, 67, 84, 96, 98, 104, 114
建部正義　161
今江武士　259
今川宗隆　115
ツォウルフィディス（Tsoulfidis, L.）　251-254, 261
蔦川正義　198-199, 258
寺田隆至　138, 161
刀田和夫　38, 183, 195
トナク E. A.（Tonak, E. A.）　247, 261
富塚良三　95, 113-115, 160-161, 182, 194-195, 261
鳥居伸好　85

な行

仲村政文　75, 84
新飯田宏　258
延近充　155, 161

は行

パイタリディス（Paitaridis, D.）　251-254
橋本勲　95, 96, 114
羽田昇史　258
服部文男　113, 160, 182
馬場雅昭　38, 49, 69, 82, 84
林直道　83
藤島洋一　178, 185-189, 192, 195
藤田実　259
舟木勝也　54, 83
ヘーゲル（Hegel, G. W. F.）　58, 83
保志恂　37, 193
本間要一郎　114, 182

ま行

マカロック（McCulloch, J. R.）　12, 23, 38, 73

松尾純　113
松村一人　83
マルサス（Malthus, T. R.）　12, 21-25, 33, 34, 39, 73, 124, 125, 133, 161
宮川彰　85, 96, 104, 114
宮沢健一　258
メドヴェジェフ（Медведев, В. А.）　178, 179
モズリー（Mosely, F.）　247, 261
モハン（Mohun, S.）　247-248, 261
森川正之　189, 196
森下二次也　95, 103, 114

や行

八尾信光　194
八柳良次郎　79, 85, 96, 114
谷野勝明　5, 37, 83, 85, 87, 113-115, 160, 194
山口重克　97, 114
山田喜志夫　37, 167-168, 171, 175, 182, 191, 193-194
山田盛太郎　155, 259
吉澤文男　50, 82, 84
吉田三千雄　259
吉原泰助　251, 261

ら行

リカード（Ricardo, D.）　21, 23-24, 124-125
ローゼンベルグ（Розенбрг, Д. И.）　87, 95, 103, 113
ロッタ（Rotta, T.）　252-254

わ行

渡辺憲正　40
渡辺雅男　3, 5, 10, 37-38, 45, 81-82, 85, 123, 129, 160, 193, 198, 201, 258

【著者略歴】

村上 研一（むらかみ けんいち）

中央大学商学部准教授。1972年神奈川県生まれ。96年横浜国立大学経済学部卒業、2008年関東学院大学大学院経済学研究科博士後期課程修了、博士（経済学）。横浜市立高等学校教諭、都留文科大学講師・准教授を経て現職。著書に『現代日本再生産構造分析』（日本経済評論社、2013年）など。

再生産表式の展開と現代資本主義
──再生産過程と生産的労働・不生産的労働

2019年10月10日　第1版第1刷発行　　※定価はカバーに
　　　　　　　　　　　　　　　　　　　　表示してあります。

著　者──村上 研一

発　行──有限会社 唯学書房

　　　　　〒113-0033　東京都文京区本郷1-28-36　鳳明ビル102A
　　　　　TEL　03-6801-6772　　FAX　03-6801-6210
　　　　　E-mail　yuigaku@atlas.plala.or.jp

発　売──有限会社 アジール・プロダクション

装　幀──林 慎悟（D.tribe）

装　画──杉村 由香

ＤＴＰ──株式会社ステラ

印刷・製本──モリモト印刷株式会社

ⒸKenichi MURAKAMI 2019 Printed in Japan
乱丁・落丁はお取り替えいたします。
ISBN 978-4-908407-24-6 C3033